武汉大学百年名典

作者简介

何华辉（1925.11.07—1996.1.17），著名宪法学家、政治学家、武汉大学法学院教授、博士生导师、中国法学会宪法学研究会副总干事。何华辉教授是湖南益阳人，1946年毕业于湖南省立第一中学后考入北京大学法律系。在北大学习期间，曾积极参加党的外围组织，学习成绩优秀。1951年毕业后被选入中国人民大学研究生班，主攻宪法学专业。1953年毕业后调入武汉大学法律系任教。在1957年的政治运动中，因受到不公正待遇而不得不中止教学和科研生涯。中共十一届三中全会以后，才重又于1979年回到法学教育岗位，历任讲师、副教授、教授、博士生导师。在几十年的教学和科研生涯中，何华辉教授曾先后给本科生、研究生开设过“国家法”、“宪法学”、“外国宪法学”、“比较宪法学”、“西方政治思想史”等课程；曾独著、主编或与人合作著有《比较宪法学》、《人民代表大会制度的理论与实践》、《分权学说》、《宪法与民主制度》、《也谈人权问题》、《实行法制就要摈弃人治》、《论宪法监督》、《浅论三权分立》、《建立新的比较宪法学刍议》、《中国宪法之特色》等著作。

武汉大学
百年名典

比较宪法学

何华辉 著

武汉大学出版社
WUHAN UNIVERSITY PRESS

图书在版编目(CIP)数据

比较宪法学/何华辉著．—武汉：武汉大学出版社，2013.10
武汉大学百年名典
ISBN 978-7-307-11550-7

Ⅰ.比… Ⅱ.何… Ⅲ.宪法—比较法学 Ⅳ.D911.01

中国版本图书馆CIP数据核字(2013)第210932号

责任编辑:张 欣　　责任校对:鄢春梅　　版式设计:马 佳

出版发行：**武汉大学出版社**　(430072 武昌 珞珈山)
(电子邮件：cbs22@whu.edu.cn 网址：www.wdp.com.cn)
印刷：湖北恒泰印务有限公司
开本:720×1000 1/16 印张:20.25 字数:289千字 插页:4
版次：2013年10月第1版 2013年10月第1次印刷
ISBN 978-7-307-11550-7 定价:58.00元

《武汉大学百年名典》出版前言

百年武汉大学，走过的是学术传承、学术发展和学术创新的辉煌路程；世纪珞珈山水，承沐的是学者大师们学术风范、学术精神和学术风格的润泽。在武汉大学发展的不同年代，一批批著名学者和学术大师在这里辛勤耕耘，教书育人，著书立说。他们在学术上精品、上品纷呈，有的在继承传统中开创新论，有的集众家之说而独成一派，也有的学贯中西而独领风骚，还有的因顺应时代发展潮流而开学术学科先河。所有这些，构成了武汉大学百年学府最深厚、最深刻的学术底蕴。

武汉大学历年累积的学术精品、上品，不仅凸现了武汉大学“自强、弘毅、求是、拓新”的学术风格和学术风范，而且也丰富了武汉大学“自强、弘毅、求是、拓新”的学术气派和学术精神；不仅深刻反映了武汉大学有过的人文社会科学和自然科学的辉煌的学术成就，而且也从多方面映现了20世纪中国人文社会科学和自然科学发展的最具代表性的学术成就。高等学府，自当以学者为敬，以学术为尊，以学风为重；自当在尊重不同学术成就中增进学术繁荣，在包容不同学术观点中提升学术品质。为此，我们纵览武汉大学百年学术源流，取其上品，掬其精华，结集出版，是为《武汉大学百年名典》。

“根深叶茂，实大声洪。山高水长，流风甚美。”这是董必武同志1963年11月为武汉大学校庆题写的诗句，长期以来为武汉大学师生传颂。我们以此诗句为《武汉大学百年名典》的封面题词，实是希望武汉大学留存的那些泽被当时、惠及后人的学术精品、上品，能在现时代得到更为广泛的发扬和传承；实是希望《武汉大学百年名典》这一恢宏的出版工程，能为中华优秀文化的积累和当代中国学术的繁荣有所建树。

《武汉大学百年名典》编审委员会

出版说明

《比较宪法学》1988年由武汉大学出版社出版，是一部有影响的法学著作，现被列入“武汉大学百年名典”系列丛书而重版。本次重版，仅对原版中的一些笔误及印刷错误进行了订正，在内容方面则予以了最大限度的保留，以求保持原版本的时代精神与风貌。

武汉大学出版社

2013年8月18日

目　　录

第二编　宪法规范的比较研究

导　论

用比较的方法研究政治和法律，早在古希腊时代就已开始了。但是比较法学作为一门独立的科学，却是19世纪后半期才产生出来的。比较法学产生的经济根源，是资本主义经济的发展要求冲破国家界限。先进的资本主义国家要向落后国家寻找产品市场、原料基地和投资场所，因而增加了国际之间的经济交往，并且在经济交往中产生了许多法律问题，于是促使世界各国都希望了解别国的法律，比较其间的异同，寻求有利于自己的法律原则。与资本主义经济冲破国家界限相伴随的，是先进的资本主义国家对落后国家政治上、军事上的侵略与吞并。先进国家希望了解落后国家的法律，寻求适当的用以统治落后国家的法律形式，而落后国家则希望了解先进国家的法律，寻找变法图强，反对侵略和吞并的途径。这样就更加促进了世界各国对其他国家法律的比较研究，比较法学就产生出来了。

比较法学产生后，随即向法学的各个领域深入发展，产生了各个部门的比较法学，如比较民法学、比较刑法学等。在各个部门的比较法学产生过程中，由于资产阶级宪法学已经产生，也由于宪法在法律体系中居于根本法地位，因而比较宪法学也产生出来，并且在各部门比较法学中更为突出，更受重视。

比较宪法学自产生以来，经历了一个多世纪的时间。在这漫长的岁月里，它的历程十分曲折。它受过资产阶级狭隘的阶级利益的局限，也受过无产阶级的法学教条主义和法律虚无主义的排斥。直到近三十年才开始步入正轨，才具备建立一套完整的科学体系的条件，才能够确定它的研究对象和研究方法。

比较宪法学的研究对象非常广泛，世界各国宪法，资本主义的和社会主义的，历史的和现实的，都包含在内。但是作为宪法学的一门分支科学，它和宪法学有所不同。宪法学是研究宪法的产生、本质及其发展规律的科学；而比较宪法学则是从比较对照的角度加深对宪法的产生、本质及其发展规律的研究和认识的科学。比较宪法学的这一科学规定性，就决定着它的研究对象，研究的范围和内容。

比较宪法学的研究对象可分为两大类：一类是宪法原理的比较研究，一类是宪法规范的比较研究。

关于宪法原理的比较研究，应该包括诸如宪法的概念和本质，宪法的产生和发展，宪法的结构、分类，宪法的基本原则以及宪法的作用与监督实施等。比较研究这些基本理论和实践问题，有助于加强对宪法整体的理解，有利于促进对各国宪法的共性以及它们各自的特性的探讨，从而有利于把比较宪法学提到应有的理论高度，加深对宪法的产生、本质及其发展规律的理论认识。

以宪法结构为例，世界各国的宪法结构都以宪法内容作基础，都是把宪法内容加以合乎逻辑的顺序安排的结果。世界上作为整体国家根本法的成文宪法最早的一部是美国宪法。它以国家机关的组织与活动为基本内容，它的结构基本上是国家机关组织与活动的顺序安排。其后美国宪法加入了称为权利法案的十条修正案，各资本主义国家制定的宪法除国家机关的组织与活动的规定以外，都规定了公民的基本权利和义务，于是宪法的结构发生了相应的变化。迄至十月革命胜利，世界上产生了社会主义国家以后，宪法的内容又逐步加入了社会制度与国家制度的基本原则，宪法的结构又产生了新的发展。比较研究宪法结构的这些变化发展，无疑对宪法的整体，宪法的共性和特性，宪法的变化发展，会有更为深刻的理解。

关于宪法规范的比较研究，所涉及的是数以万计的宪法条文，内容十分繁杂。但归纳起来不外三种：

第一，比较研究资本主义各国宪法在同一本质下的不同表现形式。一切资本主义国家的宪法都是确认、维护生产资料的资本主义私有制和资产阶级专政的，它们的本质都是维护资产阶级的经济和政治利益，但不同的国家、不同的时期，甚至同一国家的不同时期都有不同的表现形式。在保护私有制方面，早期的宪法，从 1791 年以法国《人权宣言》作序言的法国宪法宣布私有财产是神圣不可侵犯的权利起，大多宣布了这项原则。而对人权宣言所宣布的“除非当合法认定的公共需要所显然必需时，且在公平而预先赔偿的条件下，任何人的财产不得受剥夺”的原则精神却未予重视。但是，资产阶级在进行经济统治的过程中，逐步意识到要保护整个阶级的经济利益，各个阶级成员就应该对社会、对阶级担负连带责任。于是在 1919 年德国威玛宪法之后，各国宪法对财产权多作限制性的规定。如财产权负有义务，其使用须有益于公共福利；为了公共利益的需要，得公用征收等等。表面上看来，私有财产似乎并不那么神圣了，但实质上，私有财产仍然受到宪法的精心保护，作为一种资产阶级的权利，它仍然是神圣不可侵犯的。在维护政治统治方面，资产阶级专政的形式更是多种多样，有君主政体，有共和政体，在君主政体中又根据君主权力受议会和宪法的限制情况而分为二元君主立宪制与议会君主立宪制两种，在共和政体中又根据立法、行政、司法三种国家机关的权限与相互关系不同等情况而分为议会共和制、总统制、委员会制以及具有议会制特点的总统制等几种。对于各种不同表现形式的实际运用和理论说明都需要进行比较研究。

第二，比较研究社会主义各国宪法在同一本质下的不同表现形式。社会主义宪法确认、维护生产资料的社会主义公有制和无产阶级专致。它的共同本质是维护无产阶级、广大劳动人民的经济和政治利益。同样地，不论在历史上或在现实中，不论是中国或外国，维护这种利益的方式也有不同，因而在宪法规范中也有不同表现形式。在建立和发展社会主义公有制方面，多数国家采取剥夺剥夺者的方式，剥夺一切资本家阶级，建立全民所有制经济；有的国家则在建立全民所有制经济过程中只剥夺了一部分资本家阶级，而对另一部分民族资产阶级采用限制利用改造政策。社会主义公有制建立以后，有的国家实行工人自治制度，赋予企业内部的工人在管理方面以较大的自主权，以促进全民所有制（社会所有制）经济的发展；多数国家在发展全民所有制经济过程中，工人有权参加企业的民主管理，但自主权没有实行自治制度国家的工人那么大。在实现无产阶级专政的形式方面，社会主义国家普遍采用共和政体，以人民代表制作为政权组织形式。但是它们的最高代表机关的组织与活动方式却并不完全相同，有的国家采取一院制，有的国家采取两院制；有的国家由最高代表机关的常设机关行使国家元首职权，有的国家设立了国家主席，国家元首的职权由最高代表机关的常设机关和国家主席结合起来行使。此外，还有人民代表的产生方式也不完全一样等。所有各种不同表现形式都应加以比较研究。

第三，比较研究两种不同类型宪法所反映的不同本质以及不同的与相同的表现形式。两种不同类型的宪法表现不同的阶级的意志和利益，各自维护它所由制定的阶级的政治和经济统治。这种不同的本质是比较宪法学所要研究的一个极其重要的方面。但是，资本主义国家宪法规范常常对本质问题不作完全真实的反映，有的规范甚至具有虚假性，因此，必须进行仔细的去伪存真的分析研究工作，才能把它的本质揭示出来，才能比较出它和社会主义宪法的本质差异。与本质区别相联系的是形式上的区别，这方面有的表现得非常明显，有的却并不显著。如保护财产权的宪法规范中，公共财产神圣不可侵犯和私有财产神圣不可侵犯两个对立的原则是一目了然的；而政权组织形式的宪法规范中民主集中制、议行合一原则与三权分立原则的不同，则需要对国家机关的组织与活动进行综合分析才能弄清。这种形式上的区别，不论其明显的程度如何，都要进行比较研究。在本质与形式的关系中，还有一种情况是两种不同本质的宪法规范中，具有相同的表现形式。这一特殊问题的产生，是因为两种宪法规范有着类似的调整对象，资产阶级宪政工作长期积累的经验中，有些可供社会主义国家借鉴利用。比如选举制度中的普遍、平等选举权，直接选举和秘密投票等原则，就是资产阶级宪法确立起来的，社会主义宪法可以改造利用。当然，两种不同类型的宪法即使有相同的表现形式，这些形式也决不会脱离它们各自的本质，这是在比较研究中应该特别予以重视的。

真正的科学必须真实地反映客观事物的本质特征及其内在联系。

它要求有特定的研究方法。比较宪法学顾名思义，应以比较对照作为首要的研究方法。但是，这种比较方法是可以在不同的指导原则之下进行的。如果指导原则错误，比较方法就会误入迷途；只有在正确的指导原则之下，比较方法的运用才能使比较宪法学成为真正的科学。

西方学者运用比较方法开展比较宪法学的研究，已有一个多世纪的历史。他们确实在自己的研究领域内取得了巨大成就，为比较宪法学的建立创建了丰功伟绩。但是，他们的成就和业绩，多局限在宪法形式的比较研究范围以内。尽管这些形式上的研究成果对比较宪法学的创建是十分必要的，但它毕竟没有反映出比较宪法学所应该揭示的宪法的本质特征，未能把这门学科建立在真正的科学基础之上。西方学者用比较方法研究宪法付出了辛勤的劳动而未能收到预期的效果，其根本原因就在于他们用以指导比较方法的原则是形而上学和唯心主义。

我们用以指导比较方法的原则应该是辩证唯物主义。

唯物主义的基本原理之一是存在决定意识。用这个原理指导宪法的比较研究，就能揭示宪法产生的根源和宪法表现的本质。

用存在决定意识的原理去观察社会生活、观察历史，所得出的结论必然是社会物质生活条件决定着社会的思想观点和政治设施。宪法作为确立国家政治设施的基本的规范性文件，自然由社会物质生活条件所决定。这就是说，产生宪法的根源，应当从社会物质生活条件中去寻找，而不应当从法学家的个人意志或者从所谓人类理性中去寻找。凡属具备产生宪法的条件的国家，有什么样的社会物质生活条件，就会有和它相适应的宪法。

所谓社会物质生活条件，就是社会的物质生产方式，它包括生产力和生产关系两个方面。资本主义的生产方式是资本主义类型宪法赖以产生的根源，社会主义的生产方式是社会主义类型宪法赖以产生的根源。由于在同一生产方式之下有着各种不同的发展水平，这种发展水平主要由生产力所制约，因而属于同一生产方式的国家又有和这种发展水平相适应的宪法。资本主义类型的宪法中有自由资本主义时期的宪法和垄断资本主义时期的宪法，有发达的资本主义国家宪法和发展中的资本主义国家宪法，社会主义类型的宪法中也有向社会主义过渡的宪法和建设社会主义的宪法，有社会主义初级阶段的宪法和社会主义高级阶段的宪法。但是，不论哪一类型的哪一种宪法，都是由特定的社会物质生活条件中产生出来的。

宪法的比较研究十分强调揭示宪法的本质，即强调揭示宪法的阶级属性。而社会物质生活条件、社会生产方式所包括的生产关系则是决定特定社会的阶级关系的基本因素。列宁说过："所谓阶级，就是这样一些大的集团，这些集团在历史上一定社会生产体系中所处的地位不同，对生产资料的关系(这种关系大部分是在法律上明文规定了的)不同，在社会劳动组织中所起的作用不同，因而领得自己所支配的那份财富的方式和多寡也不同。"①可见，以唯物主义的存在决定意识的原理指导宪法的比较研究，不仅可以揭示宪法产生的根源，而且还能够揭示宪法表现的本质。

辩证法的基本要求之一是重视事物的普遍联系。根据这个基本要求指导宪法的比较研究，就能深入理解宪法的整体内容，深入揭示宪法所产生的不同形式及其发展的轨迹。

恩格斯称辩证法为普遍联系的科学。② 从总体说，各种事物有联系才有运动，才有运动的规律。从单个的事物说它既有其本身的内部联系，也有它和外部事物的联系。一部宪法从它本身的内部联系来看，从内容到形式都是一个互相联系的整体。如果没有整体观念，不从整体考察，它的各个宪法规范以及由宪法规范所确立的制度就难于理解；只有把各个宪法规范及其所确立的制度作为一个整体加以考察，才能全面地、深刻地理解这个宪法。一部宪法从它的外部联系来看，既有和其他各种事物的联系，也有和其他宪法的联系。在和其他宪法的联系中，它又和其他宪法构成一个宪法的整体，同其他事物发生联系。正因为有这种宪法整体同外部事物的联系，才会有不同类型宪法的产生，才会有同一类型中的各种不同的宪法规范的表现形式。

---

① 《列宁选集》第 4 卷，第 10 页。

② 参见《马克思恩格斯选集》第 3 卷，第 521 页。

在同一社会物质生活条件下产生的宪法，往往因为民族特点、文化历史传统以及具体的阶级力量对比关系的差异，而使宪法规范的表现形式也发生差异。列宁说过："国家的统治形式可以各不相同，在有这种形式的地方，资本用这种方式表现它的力量，在有另一种形式的地方，资本就用另一种方式表现它的力量。"①列宁还说："一切民族都将走到社会主义，这是不可避免的，但是一切民族的走法却不完全一样，在民主的这种形式或那种形式上，在无产阶级专政的这种或那种类型上，在社会生活的各方面的改造的速度上，每个民族都会有自己的特点。"②由宪法规范所确认的这种国家的统治形式的特点，只有通过宪法和其他事物的外部联系的比较研究，才能有正确的理解。

辩证法在强调事物之间的外部联系时，特别重视它们的历史联系。列宁曾说："为了解决社会科学问题，为了真正获得正确处理这个问题的本领而不被一大堆细节或各种争执意见所迷惑，为了用科学眼光观察这个问题，最可靠、最必需、最重要的就是不要忘记基本的历史联系。"③宪法的比较研究问题属于社会科学问题，当然不能忘记它的基本的历史联系。只有以辩证法的历史联系观点作指导对宪法进行比较研究，把宪法放置在一定的历史范围之内，考察它在历史上怎样产生，经过了哪些发展阶段，现在的情况怎样，才能准确地揭示出宪法的产生和发展的规律。

辩证唯物主义的基本原理不只是认定存在决定意识，强调事物的联系，还有一些其他的原理也对指导宪法的比较研究具有重要意义。如它在认定存在决定意识的同时，也承认意识对存在具有反作用，这就为指导宪法作用的比较研究提供了理论依据。又如它在强调事物的普遍联系的同时，还强调事物的对立和统一、从量变到质变的转化、否定之否定等规律。这些规律表现了辩证法理解运动、现象发展的根源和实质，以之指导宪法的比较研究，就更能揭示宪法的变化发展的

① 《列宁选集》第4卷，第54页。
② 《列宁全集》第23卷，第64~65页。
③ 《列宁选集》第4卷，第43页。

根源和实质。

辩证唯物主义是无产阶级的世界观和方法论。我们运用它来认识宪法，指导宪法的比较研究，就能使比较宪法学成为真正的科学。

第一编　宪法原理的比较研究

第一章　宪法的基本理论

第一节　宪法的概念

一、宪法词义的演变

宪法一词，中国古书中早就有了，如《尚书》中有“监于先王成宪”。《国语》中有“赏善罚奸，国之宪法”，《史记》中有“怀王使屈平造为宪令”，《晋书》中有“稽古宪章，大厘制度”，《唐书》中有“永垂宪则，贻范后昆”，等等。但是，这些宪、宪法、宪令、宪章、宪则，指的是典章制度或普通法规。它们的含义不同于近代的宪法。我们现在所说的宪法是旧词新用，是从外国文字中翻译过来的。

追索近代意义的宪法词源，应是拉丁文中的 Constitutio。这个词的原意是组织、确立。古罗马帝国用它表示皇帝的各种建制和诏令，用以区别于当时的市民会议制定的普通法规。

西方学者最早谈论宪法而又影响最大的是古希腊的哲学家、政治学家亚里士多德。相传他曾研究过 158 个古希腊城邦政制，但现在流传下来的只有《雅典政制》。亚里士多德观念中的宪法是和政体紧紧相联的，有时甚至在它们之间划上等号。他在《政治学》一书中写道：“政体（宪法）为城邦一切组织的依据，其中尤其着重于政治所由决定的‘最高治权’组织。”①在同一著作中，他还指出：“法律实际是，也

① 亚里士多德：《政治学》，商务印书馆中译本 1956 年版，第 129 页。

应该是根据政体(宪法)来制定的，当然不能叫政体来适应法律。”①接着又指出：“政体可以说是一个城邦的职能组织，由以确定最高统治机构和政权的安排，也由以订立城邦及其全体各分子所企求的目的。”②在这里，亚里士多德既说明了宪法和其他法律的关系，也说明了宪法本身的内容。继亚里士多德之后，古罗马法学家西塞罗在他的著作中也涉及宪法。他在《法律篇》中写道：“法律是最高的天理，从自然出来的，指导当做的事，禁止不当做的事。最高的法律是万世长存的，发生于成文法未制定、国家未成立之前。”③在他看来，自然法是全世界的宪法。

欧洲中世纪是王权神授学说鼎盛时期，古希腊罗马的政治法律学说已被神化，宪法的词义不可能有新的发展。至中世纪末，英国确立议会制，并且确立了非经国会同意国王不得征税和立法的原则。英国学者称这种代议制度为英国特有的宪法。这时，宪法的词义才开始发生演变，才从政体中具体说明国家权力的运用原则和国家的立法原则。但宪法词义演变发生质的飞跃，还是发生在欧洲的文艺复兴时期人文主义思潮发生巨大影响以后。从17、18世纪开始，才开始发生对宪法词义进行限制的趋势。法国学者蒂尔戈认为，君主制的法国没有宪法可言，因为没有任何一个法律文件规定帝国各种政治机构之间应如何相互联系和协作。同时，有些法国学者还认为，仅有一部成文法规定各种政治组织的产生、职能以及它们之间的关系，还不足以称为宪法。唯有在法律条文中主要通过三权分立的原则保证被统治者享有一定权利，才算有宪法。④ 这种对宪法词义的限制观点被1789年的《法国人权宣言》所吸收，该宣言第十六条宣布：“凡权利无保障和分权未确定的社会，就没有宪法。”自此以后，在宪法的词义中人民的权利占有重要地位。这是古代和中世纪宪法词义中所没有的。

---

① 亚里士多德：《政治学》，商务印书馆中译本1956年版，第178页。

② 亚里士多德：《政治学》，商务印书馆中译本1956年版，第178页。

③ 西塞罗：《法律篇》，第1卷，第6章。

④ 参见法国《拉鲁斯大百科全书》第六卷。

1787 年美国宪法诞生。1791—1792 年美国的革命家托马斯潘恩在他的《人权论》中强调宪法一词的政治意义，使之赋有更新的含义。潘恩着重指出："宪法是一种先于政府的东西，而政府只是宪法的产物。一国的宪法不是其政府的决议，而是建立其政府的人民的决议。"①"政府如果没有宪法，就成了一种无权的权力。"②继潘恩以后，随着世界各国宪政运动的发展，政治学、法学家们对宪法的概念作了许多论述，从而从根本上改变了宪法一词的原有的、古老的含义，增添了许多新的内容。前面所说的宪法一词是旧词新用，就是这个意思。

二、近代和现代的宪法概念

近代和现代世界各国的学者对宪法概念的阐述很多，下面就西方学者和社会主义国家学者的论述分别加以说明。

（一）西方学者的宪法概念

自第一部整体国家的成文宪法颁布实施以后的两百年时间里，西方学者对宪法概念所作的说明可谓不胜枚举。但概括起来，其中具有代表性和权威性的不外两种：

第一，从宪法的内容表述宪法的概念。例如德国学者叶林涅克说，宪法是"规定最高国家机关及其履行职能的程序，规定最高国家机关的相互关系和职权，以及个人对国家政权的原则地位的各种原则的总和"。③ 加拿大学者柯里也说："宪法决定和规定最高的国家机关的设立。它规定这些机关与公民之间、国家与个人之间的相互关系。"④这些都是从宪法所包含的内容、国家机构的组织活动和公民权利的角度说明宪法的。

从这个角度表述宪法概念的西方国家学者中，有的又有所偏重。

---

① 《潘恩选集》商务印书馆中译本 1982 年版，第 146 页。

② 《潘恩选集》商务印书馆中译本 1982 年版，第 250 页。

③ 叶林涅克：《国家通论》，1908 年俄文版，第 371 页。

④ 柯里：《民主政府与政治》，1954 年英文版，第 85 页。

如美国的特里索利尼强调"宪法有双重功能，即授予权力并限制权力"。① 日本的小林直树认为："宪法是规定国家统治结构的统治规范。"②他们偏重于国家机构。史特朗强调"宪法是要确定主权的确实地位"。③ 布朗戴尔指出宪法是"强调对政府活动进行限制，给予公民以最大限度自由的强制性规范"。④ 他们兼顾两个方面，但更重视人民的主权者地位和公民权利。

第二，从宪法的法律形式特点表述宪法概念。如美国百科全书宪法条目的作者认为"宪法是治理国家的根本法和基本原则的总体"。⑤ 美国学者施华兹也说"宪法是包括治理国家的指导原则的国家根本法"。⑥

从总体考察西方学者的宪法概念具有以下优点：一是反映了西方国家制宪历史的实际状况，如很多西方学者把宪法归结为规定国家权力、国家机关的权限等方面的法律，即是对美国宪法本文的真实反映；二是阐明了宪法的表现形式，他们所阐述的宪法关于国家机关体系的组织与活动原则，公民的基本权利和自由，以及宪法在国家法律体系中的根本法地位，把宪法的形式显现得十分清晰。西方学者的宪法概念的缺点是没有揭示出宪法的本质，他们很少有人论及宪法的阶级属性。

但是，对西方学者的宪法概念的优点和缺点也不可以绝对化。其优点中有不足之处，如把宪法归结为规定国家机关的组织与活动原则的法律，固然反映了最有影响的美国宪法本文的特色，却降低了宪法的根本法地位。其未能揭示宪法本质的缺点中，也可从个别学者的论述中察觉到宪法的阶级分析的闪光。如英国宪法学家詹宁斯在论述宪法的实质意义时就曾说过：宪法的性质依统治者和被统治者的性质而

① 特里索利尼：《美国宪法》，1959年英文版，第9页。
② 小林直树：《宪法讲义》，1980年东京大学日文版，上册第10页。
③ 史特朗：《现代政治宪法》，1930年英文版，第10页。
④ 布朗戴尔：《比较政府导论》，英文版，第226页。
⑤ 《美国百科全书》第7卷，第658页。
⑥ 施华兹：《宪法》，1979年英文版。

转移。①

（二）社会主义国家学者的宪法概念

社会主义国家的学者以马克思列宁主义为指导，他们对宪法概念的论述大致有以下四点：

第一，从阶级本质的角度说明宪法是集中表现统治阶级意志的国家意志。如吴家麟教授认为："宪法是统治阶级意志和利益的集中表现。"②

马克思、恩格斯多次指出，法是被奉为法律的统治阶级的意志。列宁曾经说过，宪法的实质在于国家的一切基本法律和关于选举代议机关的选举权以及代议机关的权限等的法律，都表现了阶级斗争中各种力量的实际对比关系。任何统治阶级都不可能为所欲为地随便反映它们的意志，必须根据阶级力量的对比关系采用适当的方式把它们的意志表现出来。因此，马克思、恩格斯所说的法律的阶级属性和列宁所说的宪法的实质，尽管在论述的角度上各不相同，但基本精神是完全一致的。吴家麟教授的论述完全符合马列主义宪法原理。

第二，从宪法借以产生的社会物质生活条件的角度说明宪法是一定社会经济基础的上层建筑。中国和苏联的学者中很多人在阐明宪法概念时，专门论述宪法是一定社会经济基础的上层建筑。从历史唯物主义观点出发，运用基础决定上层建筑的原理，得出宪法是特定社会经济基础的反映，也是正确的。

第三，从宪法和民主制度的联系的角度，说明宪法是民主制度的法律化，如吴家麟教授在他主编的《宪法学》中说："宪法是国家的根本大法，是民主制度的法律化，是阶级力量对比的表现。"③他把民主制度的法律化作为宪法概念的一部分，是符合宪法的产生的原理的。

第四，从宪法在法律体系中的地位的角度，说明宪法是国家根本法。如苏联学者特拉伊宁说："宪法，或根本法，乃是法规有系统的

---

① 詹宁斯：《法与宪法》，英文版第3版，序言第15页。

② 吴家麟主编：《宪法学》，第37页。

③ 吴家麟主编：《宪法学》，第46页。

运用之总和，这些法规被赋予了最高的法律效力，缔定了适合统治阶级利益的社会经济制度及社会政治组织的基础。”①另一苏联学者法尔别洛夫说：“宪法是规定国家政治形式、国家机关体制、国家机关成立和活动的程序以及公民基本权利和义务的根本法。”②南斯拉夫学者阿列克桑达尔·费拉教授在他所著的《宪法学》一书中，引用捷沃尔杰维奇教授关于宪法概念的说明：“所谓宪法，是指公开的法令或文献，是一个国家基本的和最高的法律，它调整本国的基本社会政治关系，尤其是解决政治权力的形成和职能的发挥。它同时规定社会特别是社会的某些行为与权力的界限，以作为保障人身不受侵犯和人的基本权利和限制公共权力的手段。”③

其他社会主义国家学者都把根本法作为宪法概念的重要组成部分，不过对根本法内容的描述不尽相同。

社会主义国家学者的宪法概念中的突出的优点，是揭示了宪法的实质内容，他们普遍地强调宪法的阶级属性。这一优点的取得，应该归功于他们善于运用辩证唯物主义原理、马克思主义的国家和法律学说指导自己的宪法学研究工作。至于在宪法的表现形式方面，他们的宪法概念中大多论述了其中的主要问题，但总的说来，不如实质内容的优点那么突出，而且其中包含着西方学者在以往探索中的某些成就。

社会主义国家学者的宪法概念中，仍然包含着某些不必要的表述成分，对于表述一个事物的科学概念来说，不能不是一种缺陷。如以宪法是特定社会经济基础的上层建筑作为宪法概念的一部分就是多余的、不必要的。因为其他法律，乃至政治、文学、艺术、宗教等，都是特定社会经济基础的上层建筑，这种表述成分不能反映出宪法的本质特征。再如把“宪法是民主制度的法律化”作为宪法概念的组成部

① 特拉伊宁：《苏联国家法教程》，中译本第49页。

② 转引自库德里采夫主编：《发达社会主义宪法》第一章。

③ 阿列克桑达尔·费拉：《宪法学》，1981年贝尔格莱德塞尔维亚文版，第24页。

分，并把它作为宪法的政治内容，同宪法的实质——宪法是阶级力量对比的表现——并列起来，就显得重复，因为宪法的阶级实质中包含了它的政治内容。

三、合理的宪法概念刍议

科学的概念是反映科学研究对象所具有的特殊属性的一种思维形式，它要求反映出一个事物得以区别于其他事物的本质特征。

法律和其他社会事物、社会现象一样，具有阶级性，但它的阶级性是以规范的形式表现出来，即由统治阶级制定行为规范并由统治阶级运用它所掌握的国家权力加以强制执行。这是它和其他社会事物、社会现象所具有的阶级性的不同之处。

宪法作为法律的一种，和其他的法律一样具有阶级性，它也是由统治阶级制定，由国家强制力保障其实施的行为规范。它和其他法律一样，都通过行为规范的制定和实施，表现统治阶级的意志和利益。但是，宪法在法律体系中所表现的统治阶级的意志和利益，和其他法律又有不同之处。其他法律只在某一方面或在某几方面反映统治阶级的意志和利益，如民法是调整特定社会内一定范围的财产关系和人身关系的规范的总和，它只是在这些规范的范围内，即在一定的财产关系和人身关系方面反映统治阶级的意志和利益。又如刑法是关于犯罪和刑罚的法律规范的总和，它只是在制止犯罪活动和惩治犯罪分子方面反映统治阶级的意志和利益。至于宪法，则是关于国家根本制度和根本任务的规范的总和，它所涉及的是国家各个方面的根本问题，因而全面地、集中地反映统治阶级的意志和利益。由此可见，在宪法的概念中首先应该吸取的是吴家麟教授所阐述的宪法“集中表现统治阶级的意志和利益”，并把它作为宪法概念的首要部分，以表现宪法的本质属性。

宪法的本质属性决定着它在法律体系中的形式方面的特殊属性。尽管这种特殊属性只是形式上的，但它能使宪法的本质属性表现得更加显明，更为深刻，因而也应该成为宪法概念的重要组成部分。宪法的形式上的特殊属性，是它在法律体系中居于根本法地位。

宪法作为国家的根本法，具有和其他法律不同的特点：

第一，宪法的内容不同于普通法。宪法规定社会制度和国家制度的基本原则、公民的基本权利和义务以及国家机关的组织与活动原则。正如前面所说过的，宪法所规定的是涉及国家各个方面的根本问题。不仅如此，宪法对涉及国家各个方面的根本问题只作原则性规定，它们的各种细节分别由普通法加以具体化。宪法为普通法提供立法依据：

第二，宪法的效力不同于普通法。既然普通法要以宪法作为自己的立法依据，它所规定的内容就必须符合宪法的精神原则，如果和宪法相抵触，它便不能发生法律效力。全部和宪法相抵触的，全部无效；部分和宪法相抵触的，部分无效。宪法是具有最高法律效力的法律。

第三，宪法的制定和修改程序不同于普通法。既然宪法所规定的是国家的根本问题，而且具有最高法律效力，对它的制定和修改就应该持比普通法更为慎重的态度，应该有比普通法更加严格的要求。现代世界各国一般经立法机关全体成员二分之一以上的多数赞同即可制定和修改普通法；有些国家则须设立制宪会议之类的专门机关才能制定和修改宪法，多数国家须经代表机关全体成员三分之二以上的多数赞同才能通过新宪法或宪法修改条款；有的国家甚至还须进行全民公决。

宪法作为国家根本法的这一法律形式上的特殊属性，固然应该表述在宪法概念之中，但究应如何表述，却很有探索的必要。通常的宪法概念中都对“根本法”一词加以限制语，如规定国家机构的组织与活动原则等，但大多只涉及国家根本制度和根本任务问题，极少论及宪法的最高法律效力及其特定的制定和修改程序。而且在宪法所规定的内容方面加予根本法的限制语，也很不一致，事实上也很难全面，很难一致。如西方国家的宪法一般不系统地规定社会经济制度，而社会主义国家的宪法中对社会经济制度的规定则占重要地位；西方国家的宪法中有的规定旅游、屠宰等事项，而社会主义中国则以计划生育为基本国策而订入宪法之中。社会制度不同，国情各异，不能强求一致。宪法概念中所应包含的根本法部分，如果采用宪法学家以往的表述方法，对根本法加以限制语，势必在限制语的范围和内容上发生歧异和纷争。与其产生这样的后果，不如对根本法不加任何限制语更为妥善。

综上所述，合理的宪法概念应该是：宪法是集中表现统治阶级意志的国家根本法。

第二节　宪法的产生和发展

一、资本主义国家宪法的产生

（一）奴隶制、封建制国家不可能产生作为国家根本法的宪法

作为国家根本法的宪法是在资产阶级取得革命胜利，建立资产阶级专政国家以后才产生出来的。

奴隶制、封建制国家虽然有法律，但是不可能有作为国家根本法的宪法。因为宪法和民主制度紧密相联，而奴隶制、封建制国家的典型的统治形式、典型的政体是君主制。君主制政体的特征是国家权力由一人掌握。法国国王路易十四公开宣称："朕即国家。"中国古代的皇帝被奉为"真命天子"。他们言出法随，口含天宪，在这种情况下，如果出现一个国家根本法，而且这个根本法还具有最高的法律效力，君主的至高无上的权威便会受到限制，这是他们所绝对不能容忍的。

在奴隶制、封建制时代也有实行民主制度的国家，如古希腊、罗马和中世纪欧洲的城市共和国即实行民主制。即使在这些实行民主制的奴隶制和封建制国家里，也不可能产生作为国家根本法的宪法。主要原因是那时候的法律形式表现为各法归一，即在同一个法律文书里规定各种法律，而各种法律的效力以及制定和修改程序完全一样。在古希腊虽有亚里士多德所说的那种规定国家最高统治机构的、法律必须与之相适应的宪法；古罗马虽有必须由保民官参加方可变更的关于国家根本组织的法律以区别于仅由执政官决定即可变更的普通法律；但由于它们的一切法律均由人民大会制定，而且各种法律的效力完全

相同，因而虽然在罗马有须由保民官参加的和仅由执政官决定的变更法律的不同程序，却没有按照这一程序变更法律的客观标准，不可能把宪法从普通法中分离出来。

(二)资本主义国家制定宪法的必然性

随着资产阶级革命的胜利和资产阶级专政国家的诞生，作为国家根本法的宪法的产生便具有历史的必然性。

首先，在政治上具备了制定根本法的条件。资产阶级在建立自己的国家的初期，面临着三项严重的任务，即：防止封建势力复辟，防止工农革命，培养本阶级管理国家的人才。要反对封建势力复辟，就必须证明自己所建立的新制度比封建制度优越，要防止工农革命，就必须实现在反封建革命斗争中用以吸引工人农民参加革命的诺言，如自由、平等、博爱口号，天赋人权、人民主权理论，民主共和国、法治国家的建国方案等。要培养本阶级的管理国家的人才，就必须使本阶级的成员在政治生活实践中受到锻炼，增长才干。这些任务的完成，最好的办法就是倡导民主形式的普遍化，并且把这种普遍化了的民主形式规定为法律，再把这种法律提到特别崇高的地位，提高到国家根本法的地位。

其次，在经济上具备了制定根本法的条件。资本主义经济和以往的奴隶制、封建制经济一样，都是私有制经济。但是，资本主义的剥削方式和奴隶制、封建制相比却有所不同。在奴隶制社会里，奴隶本身属于奴隶主的财产，奴隶生产的一切产品全部归奴隶主占有，奴隶所得到的只是维持生存、维持为奴隶主进行再生产的最低的生活资料。在封建制社会里，农奴也没有完全摆脱对地主的人身依附关系，他们要为地主服劳役，他们生产的产品大部分交给地主。奴隶和奴隶主、农奴和封建主的地位不平等，奴隶、农奴无自由，奴隶和农奴所受的剥削是公开的。在资本主义社会里，工人对资本家不存在人身依附关系，他们在“平等”地位下通过“自由”契约买卖劳动力，然后再由资本家榨取工人生产的剩余价值。这时的剥削方式已不再是公开的，而是隐蔽的了。如果说奴隶制、封建制的公开的政治统治能够适应当时的公开的经济剥削方式，那么这种公开的政治统治形式就再也不能适应资本主义的隐蔽的剥削方式了。这就要求资产阶级创造一种新的隐蔽的统治形式以适应其经济上的需要，而制定一个民主形式普遍化的宪法正好能够适应这一需要。

最后，在法律形式上具备制定根本法的条件。随着历史的发展，资本主义生产关系在封建社会内部开始孕育成长。这种新型的生产关系突破了原来的自然经济的老式框架，发展了商品经济，因而使民事方面的法律关系在整个法律体系中的地位日益突出，原来以刑法为主的各法归一的法律表现形式已经不能适应现实的要求，各种部门法分离独立的倾向已经显露出来。这种法律表现形式的变化为根本法的产生提供了可能条件。

资本主义国家的宪法就是根据上述三方面的条件产生出来的。

(三)资本主义国家宪法产生的一般规律与特殊方式

世界各国资产阶级革命的一般规律是：封建主阶级作为整个的反动阶级反对革命；资产阶级经过多次战斗后，在一次决定性的战斗中彻底战胜封建主阶级，取得革命的胜利。这种革命的一般规律决定着宪法产生的一般规律，即资产阶级在取得革命胜利后有可能也有必要总结自己的胜利成果，确认自己已经争得的民主，制定反映自己的意志和利益的成文宪法。北美独立战争胜利后的1787年的美国宪法、法兰西革命胜利后的1791年的法国宪法都是根据这种一般规律产生出来的。

但是，英国的资产阶级革命有着自己的特点，即一部分资产阶级化了的封建主阶级参加了革命。正如恩格斯所说：“对英国幸运的是，旧的封建诸侯已经在蔷薇战争中自相残杀殆尽。他们的继承人，虽然大部分是这些旧家族的后裔，但是离开嫡系已经很远、甚至形成了一个崭新的集团，他们的习惯和倾向，与其说是封建的，倒不如说是资产阶级的。”①恩格斯还说：“从亨利七世以来，英国的‘贵族’不但不反对工业生产的发展，反而力图间接地从中取得利益；而且经常有这样一部分大地主，由于经济的或政治的原因，愿意同金融资产阶

① 《马克思恩格斯选集》第3卷，第393页。

级和工业资产阶级的首脑人物合作。”①

英国革命的特点决定着它在革命胜利后的政权建设的特点，即资产阶级和封建主阶级妥协，分享政权。对于这一特点，恩格斯也作了说明，他指出：“这样，1689年的妥协就容易达成了。‘俸禄和官职’这些政治上的战利品留给了大地主家庭，其条件是充分照顾金融的、工业的和商业的中等阶级的经济利益。而这些经济利益，在当时已经强大到足以决定国家的一般政策了。”②

由于两个阶级分享政权，英国在革命胜利后所制定的宪法性文件便不能不反映两个阶级的意志和利益。1689年的权利法案就是这样的宪法性文件。但是英国的资产阶级并不满足于和封建主分享政权。随着资本主义经济的发展，他们在政策上采取对封建主步步进逼的办法，迫使封建主步步退让。而每一次比较重大的进逼和退让就产生一个宪法性文件或宪法惯例。多次进逼和退让的结果，便累积起来产生了英国的不成文宪法。这是宪法产生中的一种特殊方式。

和上述特殊方式相联系的，是英国宪法产生的时间上的特点。作为国家根本法的宪法，通常是在资产阶级取得革命胜利、夺得政权以后才产生出来的。照此推论，英国宪法产生于1688年的“光荣革命”之后。可是实际上1215年的大宪章、1627年的权利请愿书却构成英国宪法的重要组成部分。究其原因，是这些文件是英国国王被迫接受颁布的。它们的基本精神是限制国王的权力，确认臣民的权利，如大宪章确立了国王必须受法律约束的原则，权利请愿书确认了依法尊重并保障人民的各种权利和自由。这些历史文件符合资产阶级的现实利益，英国的资产阶级可以作出有利于自己的解释，并用来作为国家制度的基本原则，成为宪法的组成部分。

二、社会主义国家宪法的产生

（一）1918年苏俄宪法的产生

1917年11月17日俄国十月革命的胜利，在世界上开创了建立

① 《马克思恩格斯选集》第3卷，第393页。

② 《马克思恩格斯选集》第3卷，第393页。

社会主义国家的新纪元，也为在世界上制定社会主义国家宪法提供了可能条件。

十月革命的胜利摧毁了代表地主、资产阶级利益的沙皇政权，确立了俄罗斯工人阶级领导的劳动人民政权。为了巩固这一胜利成果，俄国的工人阶级、劳动人民有必要着手制定一部新型的宪法，向全世界表明俄国的社会主义本质。但是，这种新型的宪法是世界上从未有过的，它的基本原理、原则以及具体规范都须探索创造。十月法令则是新的宪法原理、原则的创造性成果。

所谓十月法令，是指苏维埃政权于 1917 年 11 月至 1918 年 7 月通过的一系列的法令和决议，其中包括和平法令、土地法令以及关于建立工农政府的法令等。这些法令确定了苏维埃国家和国家机关的创设，宣布了经济领域中开始向社会主义迈步，宣布了俄国人民的解放，并规定了劳动者的民主权利和自由。在制定和执行十月法令的基础上，1918 年 7 月召开的全俄苏维埃第五次代表大会上通过了《俄罗斯苏维埃联邦社会主义共和国宪法(基本法)》(简称苏俄宪法)。这部宪法的诞生在人类历史上开创了制定社会主义国家宪法的新纪元。

1918 年的苏俄宪法是俄国工人阶级取得胜利的经验总结。正如列宁所强调的："我们知道，7 月间批准的这个苏维埃宪法，不是某个委员会臆造出来的，不是法律家杜撰出来的，也不是从别的宪法抄来的。世界上没有过我们这样的宪法。这个宪法记载了无产阶级群众反对国内和全世界剥削者的斗争经验和组织经验。"①

（二）苏俄宪法的地位和作用

1918 年的苏俄宪法是十月革命的产物，如同十月革命在人类革命历史上占有十分重要的地位和起着巨大的作用，这个宪法在宪法史上也有重要的地位和作用。

第一，它首次宣布世界上存在两种不同历史类型的宪法。在 1918 年苏俄宪法问世之前，无论是由长期积累而成的英国不成文宪法，费城会议制定的世界上第一部整体国家的美国成文宪法，或是后

① 《列宁全集》第 28 卷，第 129 页。

来制定的其他国家的宪法，无不表现资产阶级的意志和利益。这就是说，不管这些国家的宪法模式有多少差异，它们的本质却是相同的，都是属于资本主义类型的宪法。与此相反，1918 年的苏俄宪法却表现无产阶级的意志和利益。列宁说过："苏维埃宪法和苏维埃一样是在革命斗争时期产生的，它是第一个宣布国家政权属于劳动人民、剥夺剥削阶级即新生活建设者的敌人的一切权利的宪法。这就是它和其他国家宪法的重要区别。"①自从这个宪法颁布以后，世界上只存在一种历史类型的宪法的时代宣告结束，开始出现了两种历史类型宪法并存的局面。这对宪法的发展、宪政运动的发展，都具有重大的意义。

第二，它为社会主义类型宪法的制定提供了指导原则。1918 年苏俄宪法虽然只反映苏俄社会主义革命和改造初期的特点，但它以《被剥削劳动人民权利宣言》作序言，确认了劳动者的权利；它规定了国家实行无产阶级专政、土地社会化和主要生产资料国有化。它所确认的人民权利原则，它所规定的无产阶级专政的国家制度和以生产资料的社会主义公有制为基础的社会经济制度，成为一切社会主义国家宪法所共同确认的基本原则。自从这个宪法颁布以后，世界上出现了许多属于社会主义类型的宪法。这些宪法虽因各制宪国家的社会主义发展阶段、阶级力量对比关系以及国情的不同而各有自己的特点，但无不确认人民权利、无产阶级专政（人民民主专政、工农民主专政）和生产资料的社会主义公有制原则。

第三，它为全世界的宪政运动增强了活力。十月革命的胜利，改变了国际间的阶级力量对比关系；苏俄宪法的出现，打破了资本主义类型宪法一统天下的局面。这种状况无疑对世界宪政运动的发展产生了深远的影响。各资本主义国家在制定和修改宪法时，除根据本国国情表现资产阶级的意志和利益之外，还必须考虑上述国际局势和宪法的发展变化。就在这个宪法颁布的第二年，即 1919 年，德国制定并颁布了威玛宪法。威玛宪法是资本主义国家宪法史中的一个具有划时代意义的宪法。它在宣布国家权力来自人民的基础上，规定公民享有

① 《列宁全集》第 27 卷，第 520 页。

广泛的权利和自由，并且首次系统地规定了公民的社会经济文化权利。这在资本主义国家制宪史上是具有开创性的。威玛宪法的内容固然决定于德国当时的国情，但国际阶级力量对比关系的变化，苏俄宪法的出现，无疑是起着影响和作用的。接威玛宪法之后，从其他一些资本主义国家的宪法中也可以窥探出类似的影响和作用的痕迹。

三、两种不同类型宪法的历史发展

（一）资本主义类型宪法的发展

在探索资本主义类型宪法的发展规律时，有的学者从资本主义的两个发展阶段出发，断言这种宪法的发展规律是从民主化到法西斯化，即自由资本主义时期的资本主义类型的宪法是民主化的宪法，垄断资本主义时期的资本主义类型的宪法是法西斯化的宪法。这种观点值得商榷。各资本主义国家的宪法要受本国国情的制约，在同一时期内必然各有自己的特点，不可能齐头并进；而且世界上只出现过法西斯统治形式，从来没有出现过反映这种统治形式的法西斯化的宪法。当希特勒在德国实行法西斯统治时，并没有直接废除威玛宪法而另外制定一个什么法西斯化的宪法，只是颁布一些违背宪法的特殊条例和非常法令推行其法西斯专政。

宪法的发展决定于社会经济制度的发展，这一历史唯物主义的命题无疑是正确的。但并不是说在同一的社会经济制度，甚至同一社会经济制度的各个发展阶段，只能产生同一模式的宪法。社会经济制度对宪法的决定作用，是通过它所产生的社会阶级体现出来的。所以社会经济制度的发展决定宪法的发展，更直接些说也就是在特定的社会经济制度下的社会阶级力量对比关系的发展变化决定着宪法的发展变化。

在资本主义国家里，阶级力量的对比关系总是处在不断变化之中，不是此长彼消，就是此消彼长，而且这种彼此消长的国内阶级力量对比关系又常和国际间的阶级力量对比关系发生密切联系。这就决定着同一时期的不同国家、不同时期的同一国家都可能因阶级力量的对比关系的变化消长而产生不同的宪法。

从阶级力量对比关系的变化考察各资本主义国家宪法的发展，可以分为近代和现代两个时期，每个时期又可分为两个阶段。

第一，近代资本主义类型宪法的发展状况。从18世纪末美、法两国宪法的制定开始到第一次世界大战为止，即从1787—1918年这段时间，为资本主义类型宪法的近代时期。这个时期的特点是资本主义国家在美、法两国的影响下普遍开展了立宪运动。据王世杰、钱端升两教授合著的《比较宪法》记载，在这个时期内，从1800年到1880年"欧洲各国前后成立或改订的宪法，综计不下三百种。欧洲各国，除俄国而外，至1880年，盖无一不有一种宪法；除英吉利及匈牙利宪法而外，且无一非成文宪法"①。在这个时期内，南美洲的巴西、智利、乌拉圭，亚洲的日本等国，也都制定了宪法。因此，这个时期可以说是世界各国普遍制定资本主义类型宪法的时期，或者说是资本主义类型宪法的普及时期。

但是，在这个时期内，由于各国阶级力量对比关系的变化，又可分为两个发展阶段。这两个阶段以1848年欧洲大陆爆发的革命运动为分界线。在前一阶段内，新兴的资产阶级和旧的封建主阶级的斗争比较激烈，封建主阶级在一些国家还有一定的势力。有的国家由于封建势力的复辟，共和制宪法改成了君主制宪法，如法国就经过多次的复辟与反复辟的斗争，时而出现共和宪法，时而出现帝制宪法；有的国家则因封建主阶级仍然保持着相当的势力，而产生资产阶级与之妥协的君主立宪制的宪法。总的说来，在这个阶段上，民主共和制的宪法居于少数，君主立宪制的宪法居于多数。这是同当时的阶级力量对比关系相适应的。在后一阶段内，由于1848年革命的影响和资本主义生产关系的发展，阶级力量对比关系朝着有利于资产阶级的方向发展，因而制定共和制宪法的国家较多，制定君主制宪法的国家较少。如法兰西的共和体制就是由1875年的宪法最终确立起来的，瑞士的民主共和制宪法也是在这个阶段上产生出来的。同时，这个阶段上的君主立宪制宪法，除德、日两国之外，多属于虚君制宪法。

---

① 王世杰、钱端升：《比较宪法》，第33页。

第二，现代资本主义类型宪法的发展状况。从第一次世界大战结束时起到现在为止，即从1918年到现在这段时间为资本主义类型宪法的现代时期。这个时期又可分为从第一次世界大战结束到第二次世界大战结束，第二次世界大战结束到现在两个阶段。

在前一个阶段内，爆发了俄国的十月革命，而且这个革命的胜利导致世界上出现了第一个社会主义国家。接着出现了1918年的欧洲革命浪潮，这个浪潮虽然平息下来，各国革命遭到镇压，但资产阶级却因此受到震惊，深感已经不能再照原来的方式进行统治。于是改良主义思潮、社会民主主义思潮应运而生，而这个思潮又进一步推动了资本主义国家的立宪高潮。据吴家麟教授主编的《宪法学》（统编教材）记载，“从1918年第一次世界大战结束到1928年的十年间，产生了20部以上的资产阶级宪法”①。在这些宪法中具有划时代意义的是1919年的德国威玛宪法。这个宪法在确认主权在民、确认公民基本权利的基础上比较系统地规定了公民的社会经济文化权利。这在资本主义类型宪法中是破天荒第一次。但是资本主义宪法发展的好景不长，在这个阶段上出现了德、意、日法西斯统治，接着便由这些法西斯统治者发动了第二次世界大战，德国的威玛宪法已经名存实亡，其他资本主义国家宪法中的一些民主条款多被停止实施。从1933年希特勒上台执政到第二次世界大战结束，资本主义宪法的民主原则遭受破坏，资本主义宪法的发展陷于倒退和停滞的年代。

在后一个阶段内，由于反法西斯战争的胜利，德、意、日法西斯政权被摧毁，并且在欧洲出现了一些社会主义类型的国家，在亚、非、拉三洲出现了一些民族独立国家。各资本主义国家内部的阶级力量对比以及国际间的阶级力量对比都起了重大的变化。这种变化又引起了资本主义类型宪法的发展变化。首先是日本、意大利和德意志联邦共和国先后制定了新的宪法。日本宪法改变了以往天皇大权在握的君主制，采用类似于英国的虚君制，确立了资产阶级民主制度；意大利宪法第一次宣布意大利为民主共和国；西德的基本法移植了许多威

① 吴家麟主编：《宪法学》，第59页。

玛宪法的条款。这些宪法都具有比较浓厚的资产阶级民主主义色彩。其次是属于资本主义类型的民族独立国家制定了新的宪法，这些宪法从本质特征来说，属于资本主义宪法体系，但又十分强调民族独立、国家主权和领土完整，强调自主地处理自己的物质资源、发展经济和文化事业，具有反帝、反霸的特色。其次是一些老牌资本主义国家进行宪法的改革。如法国在战后曾经制定了1946年的第四共和国宪法，该宪法采责任内阁制，由于法国是一个多党制国家，执政党难于在议会中取得稳定多数，时常产生政府危机，再加上一些其他的原因，便在1958年制定了第五共和国宪法，改责任内阁制为半总统制。

（二）社会主义类型宪法的发展

社会主义类型宪法的发展，同样受阶级力量对比关系的变化的制约。但是，社会主义国家阶级力量对比关系的变化和资本主义国家阶级力量对比关系的变化有所不同。后者基本上是在同一种生产资料的资本主义私人占有制的基础上发生的，而前者则是在私有制逐步消灭，社会主义公有制逐步巩固和发展的基础上发生的，这就决定了我们在谈论社会主义类型宪法的历史发展时，必须以社会主义的发展阶段作为划分时期的标准。

根据以上所说的标准，社会主义类型宪法从它产生起到现在为止，可分为两个时期：即向社会主义过渡的时期（或称社会主义改造时期）和社会主义建设时期。

在向社会主义过渡的时期内，各社会主义类型的国家有三种不同的起点：一是从资本主义向社会主义过渡，如苏联和欧洲的民主德国、捷克斯洛伐克、南斯拉夫等国家，二是从半封建、半殖民地向社会主义过渡，如中国、朝鲜、越南等国；三是从封建社会向社会主义社会过渡，如蒙古。由于过渡的起点不同，各社会主义类型国家宪法的内容也有差异。就宪法所确认的国家性质来说，虽然都属于无产阶级类型的国家，但苏联确认的是无产阶级专政。欧洲的民主德国等和苏联一样是从资本主义向社会主义过渡，却由于革命胜利的取得和苏联不同，它们是从德、意法西斯统治之下获得解放的，在反法西斯斗争中的阶级关系，不同于俄国革命时期的阶级关系，因而这些国家宪法所确认的国家性质是人民民主国家或工农民主专政国家。朝鲜、中国、越南则由于社会性质的特点和革命的特点，决定着它们的宪法所确认的也只是人民民主国家。蒙古在革命时期没有工人阶级，因而革命胜利后的国家宪法只能确认它是革命人民的国家。

再从宪法所确认的经济制度来说，虽然都规定建立社会主义公有制经济，而且都有关于个体农业、手工业的社会主义改造的规定，但着手建立国营经济的方式却不完全相同。苏联采取剥夺一切剥夺者的方式建立国有化企业；欧洲和亚洲的一些国家，并不把一切资本家置于被剥夺的行列，而是根据其在革命和解放斗争的政治态度予以区别对待，采取较为灵活的政策。蒙古在革命胜利之前几乎没有资本主义企业，它的国有化企业是在没收封建牧主的财产以后才开始创立起来的。

关于这个时期的宪法还要特别加以说明的是：由于革命胜利的时间有先有后，各社会主义类型国家向社会主义过渡的时间起点和终点也有先有后。苏联的起点是 1917 年，终点是 1936 年，其他国家除蒙古外，起点大致都在第二次世界大战结束到 20 世纪 50 年代初，终点大致在 50 年代末至 70 年代初。由于苏联的起点和终点时间较早，在苏联完成了向社会主义过渡并且颁布了 1936 年苏联宪法（基本法）以后二十年，各国才开始制定第一部过渡时期的宪法，而且也由于社会主义类型宪法有许多必须遵守的共同原则，所以 1936 年的苏联宪法对其他国家的宪法起着重大的影响。这种影响的积极方面，是坚持无产阶级专政类型的阶级专政，坚持巩固和发展社会主义公有制经济。但却有它的消极方面，即经济管理体制、计划经济管理非常僵化。这对社会主义的发展起着不良作用。最初力图消除这种消极影响的是南斯拉夫。它在第一部宪法实施五年以后，着手修改。在修改 1946 年的第一部宪法时，南斯拉夫著名理论家卡德尔指出，这部宪法“……机械地搬用苏联一些东西，这样一些问题和缺点，不能再让它保留下去，需要修改”。宪法的修改历时两年，在 1953 年的新宪法中，确认了工人自治制度，确认了企业中工人委员会的法律地位，相应地改变了社会主义公有制，改国家所有制为社会所有制，以便削弱国家对企业的干预。这可说是社会主义类型宪法发展史中第一次经济管理体制的改革。

在建设社会主义时期内，各社会主义国家均在基本完成生产资料私有制的社会主义改造以后制定了新的宪法，其中有些国家还根据社会主义建设事业的发展，对原来的建设社会主义的宪法作了修订。如苏联在进行建设社会主义时期于1936年制定了宪法，其后又在1977年制定了新宪法，南斯拉夫在1963年制定了宪法，改南斯拉夫联邦人民共和国为南斯拉夫社会主义联邦共和国，标志着新的社会主义建设时期的开始，1974年又在社会主义建设事业的胜利的基础上制定了新的宪法。

建设社会主义时期最初阶段的宪法的特点是：它们总结了生产资料的社会主义公有制已经确立并且成为社会经济制度的基础的胜利成果，记载了社会阶级结构已经发生根本变化的事实，以及其中某些国家政权性质进一步转变的事实，等等。

至于在70年代制定的社会主义建设时期的宪法则具有以下特点：一是总结了社会主义建设的胜利成果；一是总结了取得胜利的经验。在总结胜利成果和取得胜利的经验中，确认经济体制改革和政治改革措施。以1972年的匈牙利宪法为例，它确认生产资料的社会所有制是经济制度的基础，和南斯拉夫一样改国家所有制为社会所有制，以削弱国家对企业的干预和控制，同时还规定国营企业和经营机构在服务于社会总体利益的情况下，以法律规定的方式和责任，独立经营委托给它的财产，以扩大企业的自主权，增强企业的活力；匈牙利宪法在确认社会所有制和合作社所有制地位和作用的同时，还承认小商品生产者对社会有益的经营活动。同时，各社会主义国家宪法都遵循马列主义国家学说，规定了许多实现人民权力，发展社会主义民主的规模，如进一步改善国家机关的组织活动，扩展公民的基本权利等。此外，各社会主义国家大多在探索政治、经济体制改革的途径，力图加速社会主义建设事业的发展，相信在以后会有更多的成功的经验总结于宪法之中。

（三）宪法发展的趋势

两种不同历史类型的宪法的发展，各有自己的特点，但也可窥探某些共同的发展趋势。

第一，相互影响的趋势。宪法是集中表现统治阶级意志和利益的国家根本法。它虽然因为国家的统治阶级的不同而有本质的差异，但作为一种实现阶级统治的根本法来说，它又必然存在某些历史的联系，特别是它所表现的实现统治的手段和形式的各种规范，更能显现出这种联系。在宪法发展的历史进程中，无产阶级曾经把资本主义类型宪法中的某些原则和条款加以改造，使之符合于自己的利益而移植在自己制定的宪法里面；社会主义类型宪法出现以后，资产阶级也不乏移植社会主义类型宪法中的原则条款于自己制定的宪法之中的事例。现在，世界各国的统治阶级都非常注重改革，力图探索巩固和发展自己的政治、经济统治的途径。在这种改革和探索中，必然会出现某些可供两种不同类型国家共同利用的改革措施，必然会出现彼此借鉴的事实，相互影响对方的宪法的发展。如在市场机制与计划经济方面，两种不同历史类型的国家虽然不可能在理论和实践中完全一致，但相互影响的势头已经呈现出来。

第二，扩展公民权利的趋势。自从第二次世界大战结束以后世界各地的局部的、小范围的冲突虽然从未停止，但基本上没有出现巨大的军事冲突。战后的国际环境为绝大多数的国家，不论是资本主义国家、还是社会主义国家，提供了建设和发展的可能条件。两种制度共处共存，各自在发展自己的民主道路上向前推进、其重要表现就是扩展了公民的权利。尽管这种权利的扩展有形式的和实质的区分，但宪法上所表现的这种共同趋势却不能否认。至于这种共同的趋势能够维持多久则尚难预料。

第三，面向世界趋势。世界各国不论其社会制度如何，都生存在同一个地球之上。它们彼此之间都要进行交往，而且在长期的交往中形成一些国际法准则，有的国家还参加了国际组织，同其他国家签订了条约。这样就为它们带来了遵守公认的国际准则、国际组织章程和条约的义务。许多国家，其中既有资本主义国家，也有社会主义国家，都在宪法中明确规定承担这种义务，明确规定它和外国签订的条约具有最高的法律效力。这些规定使宪法在特定的领域里超越了国内法的范围，趋向国际化。

第三节　宪法的分类

一、宪法形式上分类的历史必然性

（一）传统的形式上的分类

1884年英国法学家蒲莱士首先从宪法的文书形式把宪法分为成文宪法和不成文宪法。他称用一种文书或少数几种文书表现的宪法为成文宪法；称无统一法律文书，而表现为多种法规、宪法惯例和法院判例的宪法为不成文宪法。

1901年，蒲莱士又根据宪法的制定机关和制定程序，把宪法分为刚性宪法和柔性宪法。称由特别的机关制定或修改、由普通立法机关制定或修改但须经其他机关批准或全民公决、由普通立法机关制定或修改但表决程序比普通法更为严格的宪法为刚性宪法，称由普通立法机关按一般立法程序制定或修改的宪法为柔性宪法。

继蒲莱士之后，还有学者根据立宪的主体，把宪法分为钦定宪法、民定宪法和协定宪法。称由君主以诏令颁布的宪法为钦定宪法；由代表民意的立宪机关或公民投票公决的宪法为民定宪法；称由君主和代表民意的代议机关协议制定的宪法为协定宪法。

（二）宪法分类不可能逾越形式分类阶段

近代意义的作为国家根本法的宪法的产生，始于1787年的美国宪法；或者根据宪法产生的特殊情况，可以追溯到1215年的英国大宪章。但是在1918年苏俄宪法产生以前，世界上一切宪法都是资本主义类型的宪法，它们的本质相同，因而不可能从本质上加以区分。

对于以往的传统的分类方法，社会主义国家的学者常常加以指责，批评传统的形式上的分类没有揭示出宪法的本质。这种批评带有一定程度的片面性。的确，从宪法的产生开始到现在为止，宪法发展的全部历史已经把传统的形式上的分类的缺陷暴露得十分明显。但是，把这种分类法放在一定的历史范围内加以考察，就会发现我们对形式上的分类方法的指责过于苛刻。当宪法本身尚无本质上的区分的时候，要求前辈学者对宪法进行本质上的分类，是违背科学研究中的历史主义原则的。而且即使从宪法发展的全过程考察，形式上的分类方法虽然没有揭示宪法的本质，也不能因此而对它全盘否定。

（三）传统的形式分类的意义和作用

如同其他事物一样，宪法的本质是通过宪法的形式表现出来的，对宪法的不同形式的考察可以深入地探究宪法的本质。因此，传统的宪法形式上的分类并非毫无意义、毫无作用。

首先，它有助于理解同一本质的资本主义各国宪法的特点，进而探索这一特点产生的原因及其后果。以成文宪法和不成文宪法的分类方法为例，各资本主义国家的宪法大多是成文宪法，惟有英国宪法成为不成文宪法的典型，究其原因，正如我们在宪法的产生中所论述过的，英国不成文宪法的产生决定于它的革命特点和政权建设特点，决定于英国的一部分封建主阶级参加了革命并在革命后和资产阶级分享政权。于是我们对英国不成文宪法产生的原因就能有比较深刻的理解。若再进一步考察英国不成文宪法实施的后果，即可发现不成文宪法是一种不十分明确，而又为执政者所易于摆布的宪法，可是英国的宪政运动却能在不成文宪法的指导下运用自如，足见英国人具有优良的宪政素质，英国作为近代宪政运动的开拓者并非偶然。再以刚性宪法与柔性宪法的分类为例，各资本主义国家的宪法多是刚性宪法，惟独英国宪法为柔性宪法，究其原因，也如宪法的产生与发展一节所说，是因为在分享政权的时候，资产阶级为了便于巩固其对封建主阶级步步进逼所取得的成果，要求有简便的立宪程序。这种柔性宪法在英国虽然基本上得到正常的运用，但其后在德国却为希特勒所利用，他仿效柔性宪法的制定与修改办法，颁布一些特别法规与非常法令，使威玛宪法名存实亡，实现他的根本没有宪法的法西斯统治。

其次，它有助于理解不同本质的宪法的特点。同以成文宪法和不成文宪法、刚性宪法与柔性宪法的分类为例，各社会主义类型国家从未出现过不成文宪法，柔性宪法。其实社会主义国家的革命进程中也有类似于英国革命的特点。在英国革命中，有一部分封建贵族已经资产阶级化。他们和资产阶级结成联盟，参加了反对封建专制制度的斗争，因而在革命胜利后出现了两个阶级分享政权的局面。而在中国革命中，也有一部分资产阶级、即民族资产阶级、他们具有反帝反封建的革命性，并且在一定时期，一定程度上，在无产阶级政党中国共产党的领导下参加了反帝反封建的革命斗争，因而在革命胜利后的国家政权中也有一定的地位。但是中国宪法却是成文宪法、刚性宪法。究其原因是，新中国初期的政权不是阶级妥协的产物，而是在工人阶级领导下的各民主阶级的统一战线政权，宪法中反映的阶级意志和利益虽然在一定程度上包含着民族资产阶级的意志和利益，但以服从工人阶级的意志和利益为前提。工人阶级通过它领导制定的宪法规定适当的方针政策和具体步骤，以达到不经过流血斗争消灭民族资产阶级的目的，最后完成了从新民主主义向社会主义过渡的任务，修改了向社会主义过渡的、社会主义改造时期的宪法，制定了建设社会主义的宪法。中国宪法的产生和发展的过程，说明中国工人阶级和英国资产阶级不同，英国资产阶级在最初制定宪法性文件时，只有阶级妥协、分享政权，没有自己的明确的纲领目标，而中国工人阶级在开始制定宪法时，却不仅有明确的纲领目标，而且把自己的纲领目标写进了宪法之中(当然，这个纲领还不是最高纲领)，因而也就用不着通过宪法性文件，也没有必要运用简易的修改宪法程序补充自己的纲领目标。

当然，传统的形式上的宪法分类虽有它的意义和作用，但它毕竟没有揭示宪法的本质，因而不是一种科学的分类。

二、宪法实质上的分类的科学性

(一)宪法实质上的分类的标准

宪法的实质上的分类，是以国家类型、国家的阶级属性为标准对宪法进行分类。根据这个标准，可以把宪法分为资本主义类型的宪法和社会主义类型的宪法。

自从社会主义国家及其宪法出现以后，原来的形式上的分类方法已经不能适应宪法的发展情况和宪法科学发展的需要。以成文宪法与不成文宪法的分类为例，资本主义国家的美国、日本、法国等国家的宪法是成文宪法，社会主义国家的苏联、南斯拉夫、罗马尼亚等国家的宪法也是成文宪法。两种宪法的本质不同，却归到了同一类别。这和科学的分类的目的是不相符合的，因为事物的科学分类必须以区分事物的本质为首要目的。至于按照国家类型、国家的阶级属性把宪法分为资本主义类型宪法和社会主义类型宪法，宪法的本质属性便昭然若揭，不至产生上面所说的那种混乱。

(二)宪法实质上的分类的优点

宪法实质上的分类方法，与形式上的分类相比较，除了能揭示宪法的本质以外，还能避免形式分类方法的一些意义含混之处。例如以文书形式为标准所划分的成文宪法和不成文宪法就有时难于划分界限。通常称美国宪法为成文宪法，但在实践中美国却产生了许多不成文的宪法惯例。司法审查制度，由联邦最高法院审查国会制定的法律的合宪性；文官领导原则，总统和国防部长只能由文职人员担任；政党政治制度，总统候选人由两党的全国代表大会提名；等等，都具有不成文宪法的性质。通常称英国宪法为不成文宪法，但在实践中英国却有不少宪法性法律文件。于是，成文宪法和不成文宪法的实际区别，不在于有无文书，而在于文书的多寡。而宪法的实质分类中则绝对不可能出现资本主义类型宪法里有社会主义类型的成分。

实质分类方法比形式分类方法的另一优越之处，是它能避免形式上的相互转化。以美国的成文宪法为例，在华盛顿拒绝第三届连任总统的竞选之后，即已形成任何人当选总统职位不得超过两届的不成文宪法惯例。第二次世界大战期间，由于战争的原因，富兰克林·罗斯福担任了三届总统，死在第四届总统的任期上。1951 年生效的美国宪法修正案第二十二条对总统的任期不得超过两届作了明确规定，从而使这一不成文宪法惯例转化为成文宪法。再以英国的柔性宪法为例，由于英国没有成文宪法，宪法性法规和普通法法规难于区别。但英国学者从实践中找到两种区别的途径：第一，宪法性法规多由下院全院委员会审查，而不由常设委员会审查；第二，重要的宪法法规如

1689年的权利法案、1972年的欧洲共同体法，在其以后制定的法律与之冲突时，法院有时不愿适用后法优于前法的原则。① 可见在宪法的制定程序以及宪法的法律效力方面，英国的柔性宪法已出现某些向刚性宪法转化的趋势。至于实质上的分类方法，虽然也产生转化问题，但这种转化只能是由革命产生的结果，而且是一种全面性的转化，不至导引出上述形式上的部分转化而产生分类上的混乱。

和实质的分类方法有密切联系的是，列宁把宪法分为虚假的宪法和非虚假的宪法。他指出："当法律同现实脱节的时候，宪法是虚假的，它们是一致的时候，宪法便不是虚假的。"②从总体上说按照列宁的原理，资本主义类型的宪法是虚假的，社会主义类型的宪法是非虚假的。但我们理解这一原理时，不能把它教条化、机械化，要作具体分析。

资本主义类型的宪法确有虚构成分，如国家的资产阶级专政性质在宪法中被表现为全体国民的主权。但其中也有真实的成分，如私有财产神圣不可侵犯的原则在宪法中被确切地表现出来。由此可见，资本主义类型的宪法是一种真真假假、虚虚实实的宪法。不仅如此，资本主义类型宪法的虚构成分中也有真实的因素，如国家本质的虚假规定中有如实反映国家本质的叛国罪的规定。在它的真实成分中却又包含着某些虚假的因素，如私有财产神圣不可侵犯的原则是通过对财产权的平等保护的形式来实现的，可实际上受到特别保护的只是富有者的财产。可见资本主义类型的宪法又是一种假中有真，真中有假，虚中有实，实中有虚的宪法。

至于社会主义类型的宪法，确实是一种非虚假的宪法，但并非一切条款均与现实完全一致。其中也包含着某些纲领性的成分，有的是作为奋斗目标加以规定的，有的是经过短期的努力奋斗就可以实现的。这种纲领性的成分虽然不是完全实现了的东西，在宪法中却有必要加以规定，而且规定它是为了努力实现它，这和资本主义类型宪法

---

① 参见韦德、菲力普：《宪法与行政法》，1977年英文版，第13页。

② 《列宁全集》第15卷，第309页。

用以粉饰门面的虚假的规定有原则上的区别。另外，在社会主义类型的宪法中，也还有个别与现实不一致的条款，它是由于立宪者的认识错误或立法技术的谬误产生出来的。这可以说是一种虚假的条款，决不能文过饰非，应该加以修正。

三、西方学者的新的宪法分类评介

1918 年苏俄宪法出现和实质上的宪法分类方法产生以后，许多西方学者仍然坚持以往的传统分类方法。其主要原因，是他们对宪法所持的超阶级观点阻障了他们的视听，对新的实质上的分类方法视而不见，听而不闻。但也有少数西方学者提出了新的宪法分类的见解。其中较为重要的有以下几种：

（一）狭义宪法与广义宪法

韦德、菲力普引用肯尼斯·惠尔的《现代宪法》一书的观点，称“经特许批准、规定政府机构的框架和主要职能，并宣布其必须运用的各项原则的法律文件”①为狭义宪法：称“国家的整个政府体制，确立、规定或控制政府的各种规则的汇集”②为广义宪法，加拿大学者柯里也有类似主张，他曾断言“在成文宪法中只能找到一部分宪法”③即承认广义宪法的存在。

这种分类实际上只是成文宪法和不成文宪法分类的变种。如果说西方学者的传统分类方法还有它的历史作用的话，这种分类只不过是再次强调了英国宪法的存在。正如菲力普所说的：从狭义解释，英国没有宪法；从广义解释，英国也有宪法。而英国宪法的存在，早已为全世界所公认，只有少数学者持反对意见。

这种分类有一个明显的缺陷，它混淆了宪法和普通法的界限。它一方面在狭义宪法中削减了宪法作为国家根本法所应该包含的内容，把一些本来属于宪法范围的法律规范排斥于宪法之外；另一方面在广

---

① 韦德、菲力普：《宪法与行政》，1977 年英文版，第 1 页。

② 韦德、菲力普：《宪法与行政》，1977 年英文版，第 1 页。

③ 柯里：《民主政府与政治》，英文版，第 96 页。

义宪法中却又把一些本来不属于宪法范围的法律规范提到了宪法的高度。至于这种分类和西方学者的其他分类一样，具有未触及宪法实质的缺点，就不必赘述了。

（二）规范宪法、名义宪法和语义宪法

美国学者罗文斯坦在《我们革命时代宪法的价值》一文中把宪法分为规范宪法、名义宪法和语义宪法。他称经合法制定并完全实施的宪法为规范宪法；称只有法律效力，在生活中并不适用，实际上只是一种将来应当成为现实的宣言的宪法为名义宪法；称既不反映现实状况、也不起实际作用的宪法为语义宪法。①

这种分类在一定程度上揭示了宪法的虚构性和宪法的纲领性，似乎有损宪法的尊严，不易为西方学者所赞同；而他们揭示的宪法的虚构性没有和宪法的本质联系起来，却又为社会主义国家的学者所不能接受。同时，他本人也没有表明对这三种宪法是一视同仁，还是分别持赞同、默许或反对态度，因而使人对他这种分类的目的难以捉摸。

（三）各种不同世纪的宪法

罗文斯坦还同另一个美国学者祖尔切根据历史时期把宪法分为18世纪的宪法，19世纪的宪法和20世纪的宪法。在他们看来，18世纪的宪法是表现社会一致的庄严宣言，社会力量的理想协议，是一种具有良好的组织、秩序和道德基础的宪法；19世纪的宪法表现政治变动中的和平妥协方法，是用以建立合理而进步的政治制度或防止政治权力的滥用的宪法；20世纪的宪法则是调整国家机关的活动的宪法。②

这种分类对18世纪的宪法推崇备至，当时的两个著名宪法是1787年的美国宪法和1791年的法国宪法，这两个宪法无论是对整个世界历史或者对宪法发展史都具有深远的影响，起过推动的作用。但这两位美国学者对当时宪法的描述却有片面溢美之处，所谓理想协议，一致宣言，良好的组织、秩序和道德基础等，不外是通过对资本

① 参见《第二次世界大战以来的宪法趋势》，英文版，第204~205页。

② 参见《第二次世界大战以来的宪法趋势》，第193~195页。

主义类型宪法的赞美，以表示其对资产阶级理想王国的赞美。他们却没有看到这个时期的宪法并不能超越它的阶级局限和时代的局限。

这种分类对19世纪的宪法持赞赏态度。当时欧洲的无产阶级已经壮大得足以和资产阶级相对抗，革命风暴此伏彼起，所谓和平妥协不过是统治者对被统治者作出的让步；而所谓建立合理的政治制度，防止滥用权力，固然包含着资产阶级有意识地完善自己的民主制度的愿望，但也有面对无产阶级的反抗，资产阶级对自己的暴力统治手段不能不有所收敛的因素。19世纪的资本主义还处在和平上升的自由资本主义时期，从总体来说，资本主义类型宪法显示了它的历史进步作用，但并不如罗文斯坦和祖尔切所说的那么美好。

这种分类对20世纪的宪法采取以一概全的态度。20世纪初开始出现了两种类型宪法并存的局面，这在宪法发展史上是值得大书特书的。可是罗文斯坦和祖尔切却轻描淡写，把这个时期的宪法局限为只是调整国家机关活动的宪法。他们的这种以一概全的论调，不只是缩小了宪法规范的范围，降低了宪法作为国家根本法的作用，而且也严重地脱离了实际，违背了实事求是的科学原理。

此外，一些西方学者还根据宪法所确认的实现国家权力的形式，分宪法为联邦宪法和单一宪法，分权宪法和集权宪法，共和宪法和君主宪法等。这些分类都没有脱离形式分类的窠臼。

第四节　宪法的结构

一、序言在宪法中的地位和作用

（一）序言的产生缘由

宪法的结构是根据其内容作出的合乎科学原理的顺序排列。

宪法的顺序排列中，序言居于首位。

宪法序言的产生，是由制宪者的需要和宪法的规范性的特点决定的。当资产阶级取得革命胜利、制定宪法的时候，他们需要宣布已经取得的胜利成果，还需要宣布自己的不同于封建专制制度的民主原则和新的建国纲领与建国方案；当无产阶级取得革命胜利、制定宪法的时候，也需要宣布已经取得的胜利成果，需要宣布自己的不同于资本主义制度的建国纲领和建国方案。但是，宪法是一种具有法律规范性的文件，它是一种现实的行为规则。对于过去已经取得的胜利成果和未来的行动纲领，不便以现实的行为规则加以规定，这样就产生了宪法的序言。

1791 年的法国宪法以《法国人权宣言》作序言，1918 年的苏俄宪法以《被剥削劳动人民权利宣言》冠于宪法本文之首。这两种不同历史类型的序言都有较长的篇幅。

1787 年的美国宪法也有序言，但文字非常简短。这种序言形式的产生决定于两个因素：其一是美国人所具有的求实精神，其二是美国在制宪时难于找到兼顾各种势力的共同原则。

美国人的求实精神连社会主义国家的领导人也非常赞赏。他们的这种求实精神渊源于英国殖民主义者的影响和他们自己在殖民者统治时期艰苦实干的成功经验。关于这一点，只要考察一下英国经验主义哲学和美国实用主义哲学的产生根源，以及这种哲学派别之间的相互联系，即可一目了然。美国人的求实精神崇尚实际，轻视理想，这就是美国宪法序言文字简短的原因之一。

北美独立战争胜利之后，美国存在着资产阶级和种植园之间的矛盾。《独立宣言》中所宣布的一些原则，不能兼顾这两种势力的利益，统一它们的矛盾。如果以《独立宣言》作宪法序言，势必引起冲突；而舍弃《独立宣言》另求妥协方案，却有实际困难，而且具有求实精神的美国制宪者在宪法规范的制定过程中已经为达成妥协而费尽了心力，不想再在理想原则上自寻苦恼。这就决定着美国宪法只能采用简短序言形式的另一原因。

受美国宪法的影响，有些国家的宪法只有简短的序言，有的国家则根据本国的社会历史条件和现实的政治经济发展情况，制宪时不写序言。

现在世界各国的 150 多部现行宪法中，有序言的达 90 多部。在有序言的宪法中，明确标出“序言”字样的将近 60 部，其余的没有标明“序言”字样。不仅如此，在有序言的宪法中，序言内容的繁简、文字的长短也各有差别。这就是说，当代宪法不仅存在有序言的宪法和无序言的宪法的差别，而且序言的表现形式也不完全相同，我们有必要探索其中的规律。

（二）序言的发展趋势

从宪法序言产生的原因推论它的发展趋势，应该是从繁到简，从有到无。因为序言所要宣布的新制度、新原则，不论是资本主义的，还是社会主义的，都已经过多年的实践，逐步为人们所认识和理解，可以简单地宣布，甚至不再宣布。但事实并非完全照这种推理演进，资本主义国家和社会主义国家都有很多宪法保留着序言，有的国家的宪法序言甚至比《法国人权宣言》、苏俄的《被剥削劳动人民权利宣言》的篇幅更大。这种现象的产生有很多原因。

从资本主义国家来说，根本原因是国际国内的变化发展所引起的。一些老牌的资本主义国家在新的历史条件下，不能不用序言宣布一些基本原则。以日本宪法为例：日本的第一部宪法是大日本帝国宪法，或称为明治宪法。这部宪法虽然是君主宪制的宪法，但它竭力保留和维护天皇的强的权力，它所确认的是保持“万世一系”的天皇统治。第二次世界大战以后，日本于1947年制定了宪法。这部宪法是在美国军队占领下制定的。它受美国民主制的影响，把原来由天皇进行统治的原则变为国民主权原则、尊重人权原则，同时特别强调和平主义。这些原则性的变化，应在序言中加以宣布。

另外，在资本主义体系中出现了许多民族独立国家。这些国家在获得独立后所制定的宪法中急需宣布一些新的原则，如民族独立、国家主权、经济发展等。印度尼西亚宪法在序言中宣布民族独立是各民族固有的权利。埃及宪法在序言中宣布埃及人民赢得自由和生活的权利，表达建设繁荣的社会的愿望。一切民族独立国家要在宪法序言中宣布一些新的原则，也是理所当然的。

再从社会主义国家来说，领导国家政权的共产党、工人党都有自己的最低纲领和最高纲领。在党的纲领指导下，国家要经历不同的发展阶段，而且在进入每一个新的阶段的转折时期，国家都有一定的奋斗目标。由于在宪法中要写进这些奋斗目标，各社会主义类型的宪法几乎都有宣言，不过序言的繁简长短不同而已。

在社会主义国家宪法序言中，南斯拉夫更为独特，它的序言很长，有一万多字。这与南斯拉夫独特的社会主义模式及其所处的国际环境有密切关系。当苏联模式在社会主义国家体系中具有决定性的影响作用的时候，南斯拉夫独立地选择了自己的社会模式，实行工人自治制度，其后更扩展到其他方面的自治。当各社会主义国家强调大家庭的团结、合作与友谊的时候，南斯拉夫却因其独特的模式而受到非难、指责和排斥。在这种特殊情况下，它在制定宪法时，有必要在序言中向各社会主义国家，乃至向全世界比较详细地宣布自己的各种原则和理论。

两种不同社会制度的国家都有自己的根本原而，而且随着历史的发展又不断地滋生一些新的原则。不论是根本原则或者滋生的新原则，都有必要在宪法序言中加以宣布。宪法序言将随宪法的存在而继续存在。

(三)序言的效力

宪法序言记载着制宪者阶级所取得的胜利成果，宣布他们建国的原则、纲领、方案。它所宣布的都是制度性的根本问题。它构成本文的指导原则。宪法本文的各种规定不能背离宪法序言所宣布的原则；而宪法本文的各个条款的实施也只有和宪法序言所宣布的原则相结合才能有明确的目的。但是，尽管序言的地位和作用如此重要，它的法律效力问题却存在争论。有的学者认为，宪法是一个整体，序言作为它的重要组成部分，当然应该具有最高的法律效力；而有的学者则认为，序言所宣布的原则过于抽象，不能作为具体的行为准则，不具法律效力。两种意见似乎各有道理，但都有片面性。

宪法序言的法律效力，必须根据它所包含的内容，从具体分析中得出结论。据此考察各国宪法序言，其法律效力有三种不同情况：

第一，记载历史事实的部分完全没有法律效力。如苏联宪法序言宣布：“俄国的工人和农民在以弗·伊·列宁为首的共产党领导下进行的伟大的十月社会主义革命，推翻了资本家和地主的政权，砸碎了压迫的枷锁，建立了无产阶级专政，创立了苏维埃国家——新型的国家、保卫革命胜利成果，建设社会主义和共产主义的基本工具。人类从资本主义走向社会主义的具有全世界意义的转折开始了。”这段只是记载历史事实，而历史事实是不能也无须用法律规范加以强制执行的，这就是它不具有法律效力的原因。但是，应该指出，历史事实说明制宪者取得胜利的过程，说明制宪者确定宪法原则和宪法规范的前提条件，它虽然不具有法律效力，却具有重要意义。

第二，确认基本原则的部分须和宪法本文的规范结合起来才有法律效力。如日本宪法序言宣布“夫国政乃受国民之严肃信托，其权威来自国民，其权力由国民代表行使，其福利由国民享受。此乃人类之普遍原理，本宪法即基于上述原理而确立。我等排除违背此项原理之一切宪法、法令及诏敕。”这段确认宪法原理的序文具有纲领性，它本身难于直接运用，只有和宪法本文根据这些原理制定的规范相结合，才能强制执行，才具有法律效力。

第三，属于规范性的部分具有完全的法律效力。如中国宪法序言宣布：“本宪法……是国家的根本法，具有最高的法律效力。全国各族人民、一切国家机关和武装力量、各政党和各社会团体、各企业事业组织，都必须以宪法为根本的活动准则。”这个序文就是规范性的序文，具有强制力、法律效力。

二、宪法本文的体系

世界各国宪法条文的内容和形式多种多样，但归结起来，不外是社会制度和国家制度的基本原则、公民的基本权利和义务、国家机关的组织与活动的基本原则、国旗国徽和首都、宪法的保障实施与修改程序等问题。下面就其中的一些问题加以说明。

(一)社会制度与国家制度基本原则的表现形式和顺序安排

关于社会制度和国家制度的基本原则，共有三种表现方式。一是不作明确表示，只能从宪法的若干条文中加以推断；二是作部分的表现；三是作全面的表现。

美国宪法是不明确规定社会制度和国家制度基本原则的典型。但从它对资本主义私有制的精心保护，可以体现出美国社会制度的基础。它虽没有明确宣布国家的性质和实现国家权力的形式，但从它对国家机关的组织与活动以及联邦和州的权限划分的具体规定，可以探索出美国国家制度的基本原则。

部分地表现社会制度和国家制度基本原则的宪法以德国的威玛宪法、瑞士联邦宪法和法兰西第五共和国宪法为典型。威玛宪法和瑞士宪法都专章规定了联邦与各州的关系及其权限划分，其中瑞士宪法是用总则的形式表现的。法国宪法则专辟主权一章确认法国是主权属于人民的单一制国家。这些部分地表现出社会制度和国家制度的基本原则的宪法有一个共同之处，即都是资本主义类型的宪法，而且都只表现国家制度方面的某些基本原而，不明确表现社会制度。

全面地表现社会制度和国家制度的基本原则是社会主义类型宪法的特点。然而各社会主义国家宪法采用的名称又各不相同。1936 年苏联宪法用社会结构，罗马尼亚用共和国，南斯拉夫用共和国与社会制度，波兰用政治结构与社会经济结构，中国用总纲，苏联现行宪法用社会制度基础和政治基础。

至于顺序的排列，则根据上述的表现形式而有所不同。完全不表现社会制度和国家制度的基本原则的，如美国宪法，根本不存在顺序排列问题。部分表现社会制度和国家制度的基本原则的，如日本、意大利、法兰西、联邦德国、瑞士等国宪法，则根据其国家结构形式的不同而有差异。日本、意大利、法兰西等单一制国家宪法，在国家制度的顺序安排中，或先规定国家权力的归属，然后规定实现国家权力的政体与政权组织形式；或先规定实现国家权力的形式，后规定国家权力的归属。前者如日本宪法，首先在序言中宣布国政的权威来自国民，其权力由国民代表行使，然后规定天皇与国会。后者如意大利宪法，首先规定意大利为民主共和国，然后规定主权属于人民，由人民在宪法规定的方式并在其范围内行使。联邦德国、瑞士等联邦制国家宪法，一般先规定国家结构形式，然后规定国家权力的归属实现国家权力的政体与政权组织形式，如瑞士宪法第一条规定瑞士联邦由 22 个有主权的结成联盟的各州人民所组成；联邦德国基本法在第一章规定基本权利之后，第二章就规定联邦和各州的关系，并且在这一章的第 20 条中首先规定德意志联邦共和国是一个社会的和民主的联邦国家，然后才规定主权属于人民和人民行使主权的组织机构及其组成方式。

在完全地规定社会制度和国家制度基本原则的社会主义类型宪法中，一般先规定国家制度，后规定社会制度。即使以社会制度基础和政治基础为标题的苏联现行宪法也是如此。根据一般原理，社会的经济基础决定它的政治的上层建筑。但宪法强调国家权力的运用和公民权利的实现，强调国家权力对社会经济的作用，而发挥这种作用正是制宪者阶级制定宪法的根本目的，同时强调宪法的这种作用也合乎上层建筑对基础的反作用的原理。因此，社会主义国家宪法的这种顺序是合理的。

(二)公民的基本权利和义务与国家机构的顺序排列

关于公民的基本权利和义务以及国家机构的组织与活动原则这两部分宪法规范，是世界各国宪法所不可缺少的。但在顺序安排上却有两种不同的作法：一是公民的基本权利和义务置于国家机构之前；二是公民的基本权利和义务置于国家机构之后。这两种顺序安排中，第二种安排居于多数。

西方学者中很多人认为，宪法限制政府的权力，给予公民最大限度的自由。从他们对宪法功能的描述，可以说上述两种安排都是合理的。不限制政府的权力，公民的权利不能得到保障，第一种顺序安排是恰当的；公民没有权利，就谈不上限制政府的权力，第二种顺序安排也是恰当的。不过西方学者也有很多人认为，国家是由宪法确立起来的。宪法确立国家，首先应该确定实现国家权力的机关体系，由此推断，国家机构应置于公民权利之前。还有很多西方学者认为国家产生于社会契约，国家权力是人民通过契约放弃自己的部分权利所产生的结果，即国家权力是从人民权利中派生出来的；更有一些西方学者认为宪法是公民权利的保障书；置公民权利于国家机构之前乃属天经地义。

严格地说，公民的权利产生于宪法制定之前，更产生于国家机构的建立之前。没有革命的胜利，资产阶级乃至无产阶级都不可能有自己的权利，不可能建立自己的国家，也不可能制定自己的宪法，更不可能根据宪法建立自己的国家机构。从历史发展的逻辑来说，公民权利应置之于国家机构的前面。再从宪法与民主的关系来说，宪法以民主为前提，又是民主制度的保障。而民主从本质上说就是人民的权力。因此，公民权利高于国家机构权力，应该排列在国家机构的前面。

除了上述的公民权利义务和国家机构的整体的顺序安排之外，还有它们各自的内容和顺序排列问题。

关于公民权利和公民义务的顺序安排：美国宪法只有公民权利而无公民义务的规定，不存在权利和义务的先后顺序问题。法国现行宪法只在序言中宣布它忠于1789年的人权宣言所肯定，为1946年的宪法序言所确认并加以补充的各项人权，只是在“主权”一章中规定了公民的选举权，而没有规定公民的义务，也不发生权利和义务的先后顺序问题。其他一些国家，凡是在宪法中既规定公民权利又规定公民义务的，无不先规定公民权利后规定公民义务。惟独1975年的中国宪法，虽然以“公民的基本权利和义务”的名目规定公民的权利与义务，却先规定公民的义务后规定公民的权利，一反各国通例。这样的例外，是在社会主义民主制度遭受严重破坏的情况下发生的。

至于各项权利和义务的顺序安排，就不加细说了。

关于国家机构的顺序安排：通常按立法、行政、司法三部门依次排列。设有总统或国家主席的国家，通常总是总统、国家主席规定于立法机关之后、行政机关之前。美国实行总统制，它的宪法规定行政权属于合众国总统，关于总统的规定即是行政机关的规定；法国实行具有议会制特点的总统制，总统以仲裁人的身份高踞于各国家机关之上，宪法先规定共和国总统。此外，日本实行君主立宪制，天皇位于各国家机关之前。还有，除中央机关之外，地方机关也有不少国家在宪法中加以规定的，而且一般都置于中央机关之后。

（三）其他问题的顺序排列

各国宪法都有关于宪法的修改和宪法的监督实施的规定。这两个问题在结构上都有两种不同的安排方式。

凡属由立法机关修改宪法、由立法机关或司法机关监督宪法实施的，多在相应的国家机关的职权中加以规定，不另外产生结构的安排问题。如朝鲜民主主义人民共和国宪法就在关于最高人民会议的专章规定中赋予最高人民会议以修改宪法的职权，并规定其修改宪法的程序；古巴宪法和埃及宪法就在国家机构的规定中分别把监督宪法实施的权力赋予全国人民政权代表大会和最高法院。

凡属由专门机关修改宪法或虽由立法机关修改宪法但须经公民表决、由专门机关监督宪法实施的，多另设专章加以规定，而且专章的顺序多在国家机构之后。如意大利宪法即以宪法保障专章设置于其地方机关之后，规定宪法法院监督宪法实施和议会两院与全民公决修改宪法等问题。

当代各国宪法中有些规定了作为国家象征和标志的国旗、国徽以及国歌和首都。关于这些规定的结构上的处置，多数安排在宪法的末尾，或接近末尾的部分。如中国宪法把它规定在宪法最后一章，波兰宪法把它规定在宪法的倒数第二章。但有少数例外，如法国现行宪法就把国旗和国歌规定在第一章《主权》里面作为国家主权的象征。

第二章　宪法的基本原则

宪法是建立在特定的经济基础之上的政治与法律方面的上层建筑。它产生于特定的经济基础，又服务于这一特定的经济基础。宪法的基本原则中最基本的是保护和发展特定的生产资料所有制。列宁说过："以前所有一切宪法，以至最民主共和的宪法的精神和基本内容都归结在一个私有制上。"①这是对资本主义类型宪法的本质属性的最精辟的揭示。自从社会主义国家出现以后，世界上出现了一种保护和发展另一种所有制的宪法，即保护和发展社会主义公有制的宪法。

我们这里所要比较研究的宪法的基本原则，是指世界各国宪法所确认的民主原则。至于宪法所体现的、决定这些民主原则的、保护和发展特定的生产资料所有制原则，将在本书下编的社会经济制度一章中详加论述。

第一节　人民主权原则

一、主权观念的产生和发展

(一)主权与王权的结合

近代意义的主权观念为法国的波丹所首创。他在其所著的《国家论》中说："主权是公民和臣民之上的最高权。它不受法律的限制……这个权力必定是永久的。"②他认为主权的特点：第一是主权的

---

① 《列宁选集》第4卷，第168页。

② 波丹：《国家论》第1卷，第8章。

最高性。主权是一种最高权力，就对内关系而言，国家的一切权力都由它派生，由它决定其产生效力或者失去效力，国家的全体公民必须服从它的权威；就对外关系而言，主权对其他国家都是独立的，自由的。第二是主权不受法律限制。它既不受主权者制定的法律的限制，也不受前人制定的法律的限制；它只受神法和自然法的限制。而神法和自然法包含着自由和私有财产的不可侵犯性，因此，主权虽不受法律限制，却不能侵犯自由和私有财产。第三是主权的永久性。主权者持续地保有主权，他可以把主权委托给人，但受委托的人并非主权者，因为主权者可以像物主收回借出的物品一样，随时收回自己的主权。

波丹创立主权概念的目的是为了巩固当时因内乱而发生动摇的法国王权的基础。他企图借重主权观念抵制当时已趋于衰落的教皇权力，削弱法国诸侯的权力，并进而扩展国王的权力。波丹的主权观念实际上是一种主权与王权相结合的观念。但是，这种主权观念无法解释为什么主权应该属于国王、人民应该服从国王。同时，王权神授学说已经成了强弩之末，不能维系人心，也不能给波丹提供理论上的帮助。其后，随着资本主义生产关系的进一步发展，一切王权理论，包括波丹的主权与王权相结合的理论，都不能适应时代的需要，于是在波丹的主权观念的基础上产生了人民主权学说。

(二)人民主权

人民主权学说的首创者是法国的卢梭。他以自然权利和社会契约论为理论基础，说明人类在出现私有财产以后，原来的自然状态的社会和人们拥有的自由、平等的自然权利便被破坏和践踏，于是相约组成国家，而缔约者必须遵守契约，服从“公意”。在这种理论基础上，卢梭认定：人民的公意在国家中表现为最高权力，主权是公意的具体表现；人民是国家最高权力的来源，主权属于人民。

卢梭从他的“公意”的基点出发，论述了人民主权的两个基本特性：第一是主权的不可转让性。他认为主权既是公意的具体表现，它就永远不能转让。因为主权者是一个集体的生命，它就只能由自己代表自己。如果转让主权，就意味着转让意志，而转让意志就是出卖自由、出卖生命，这是主权者所绝对不能容许的。① 第二是主权的不可分割性。他认为主权既然是公意的具体表现，它就永远不可分割。因为公意是人民整体的公共意志，它本身具有不可分割性，如果分割开来，就不成其为公意了。②

在论述主权特性的基础上，卢梭进一步论述了实现人民主权的形式。他根据主权的不可转让性反对代议制。他认为公意是不能代表的。代议机关中的议员只是人民的办事员，不可能是人民的代表；议会制定的法律如果不经人民批准，就根本不是法律。他批评英国的代议制度说："英国人民……只有在选举国会议员的期间才是自由的，议员一旦选出之后，他们就是奴隶，就等于零了。"③他在反对代议制的同时，主张人民除意外情况之下需要特别的集会之外，还要有定期的绝对不能取消或延期的集会，在这些集会中制定法律，决定国家大事。他认定"唯有人民集合起来的时候，主权者才能行动"。④ 卢梭根据主权的不可分割性反对分权学说。他认为分权学说倡导者的谬误在于"没有形成主权权威的正确概念"，"把仅仅是主权权威所派生的东西误认为是主权权威的构成部分"。⑤ 在他看来，人民的公意一经宣布，就成为主权行为，并且构成法律。因而只有立法才是主权行为，至于行政权、宣战媾和等，只是立法权所派生，不构成主权权威的组成部分。在反对分权学说的同时，他认定"人们所能有的最好的体制，似乎莫过于把行政权与立法权结合一起的体制了"。⑥ 因为他觉得制定法律的人要比任何人都更清楚法律应该怎样执行和怎样解释。

卢梭的人民主权理论鼓舞了资产阶级和劳动人民进行反封建王权的斗争，促进了资产阶级革命的胜利。而资产阶级革命胜利之后，西

① 参见卢梭《社会契约论》第1卷第7章，第2卷第2章。
② 参见卢梭《社会契约论》第1卷第7章，第2卷第2章。
③ 卢梭：《社会契约论》，商务印书馆中译本，第125页。
④ 卢梭：《社会契约论》，商务印书馆中译本，第118页。
⑤ 卢梭：《社会契约论》，商务印书馆中译本，第37页。
⑥ 卢梭：《社会契约论》，商务印书馆中译本，第87页。

方学者却在主权问题上发生了喋喋不休的争论。

（三）西方学者的各种主权理论

卢梭以后，西法学者有以下几种著名理论：

第一，人民主权与君主主权并存论。主张者为德国古典哲学家黑格尔。他认为“如果只是一般地谈整体，那也可以说国内的主权是属于人民的”，① 在他看来整体这一决定性的环节就不是一般的个体性，而是一个人，即君主。“如果没有自己的君主，没有那种正是同君主必然而直接联系着的整体的划分，人民就是一群无定形的东西。”②由是他认定人民主权与君主主权并存，并且指责“把君主主权和人民主权对立起来是一种混乱思想”③。他从国家是抽象的理念观点出发，认定主权是一种意志所具有的最后决断，而国家意志构成国家人格，国家人格只有作为一个人，作为君主才是现实的。他的主权的双重存在论所宣扬的是君主主权，为德国的君主制辩护。

第二，国家主权论。倡导者是19世纪德国的国家法人学派。其主要代表人物拉班德曾说：“从根据公法把国家看作一个法人的概念看来，国家权力的所有者是国家本身。”④他认为，如果最高权力不归于国家，而归于国王、国会或国家本身以外的任何可以料想得到的有形物，国家的人格就会消灭。这种国家主权论曾为德、意法西斯所利用，对资本主义民主制度起过严重的破坏作用。

第三，主权否定论。主张者是法国的狄骥。他从实证主义观点出发，认为国家只是一种单纯的事实，统治者并不具有对于被统治者强施意志发布命令的权利，发自统治者的行为之所以能强迫被统治者服从，只是因为假定它合乎社会集合体的客观法。他反对人民主权，认为它是人民的神权；他也反对国家主权，认为它构成暴政与侵略。他主张“我们应当将这些过时的国家人格及主权概念永远由法律里面清

① 黑格尔：《法哲学原理》，商务印书馆中译本，第297~298页。

② 黑格尔：《法哲学原理》，商务印书馆中译本，第298页。

③ 黑格尔：《法哲学原理》，商务印书馆中译本，第298页。

④ 拉班德：《德意志帝国法律论》，第4版，第1卷，第90页。

除出去”。[1] 狄骥的主权否定论是他的社会连带主义法律学说的一部分，它的要点是强调客观法，强调社会成员的连带关系，实现阶级调和。

第四，国民自治精神说。主张者是日本的美浓布达吉。他认为“国民主权说之根本谬误在于：以国家仅为国民各个人的集合而考察，而不明白地认识国家自己为有目的之永续团体”。[2] 在他看来，国家作为统治权的主体，在行使统治权时必须符合国民利益，在国民心理中有存在根据，而且这种心理根据是过去、现在、未来几代人相继延续的。他断定“现代立宪制度的根底不是国民主权说而是国民的自治精神”。[3] 国民自治精神说实质上是为日本天皇制辩护。

第五，法律主权论。主张者是荷兰的克拉勃。他认为国家原是以法律为根据的团体；国家之内，个人的权利和国家机关的权力都由法律规定而不能以其他方法决定。因此，他认定：“国家的权力不过是法律的权力罢了”，[4] “国家的统治必须完全以法律为依据。”[5]克拉勃的法律主权是从近代法治国家观念出发的，其立论目的在于改良法律的内容。

第六，法律主权与政治主权融合论。主张者为英国的戴西。他从主权的连续性观点出发，认为英国议会的组织程序与活动方式是任何一届议会所不能变更的，议会是英国主权的持续持有者。他曾说：“从纯粹的法律观点而言，议会是不列颠帝国的专制君主。”[6]但是他又认为议会是最高立法部门，而代议政治的本质是立法部门应该代表或实现选举团或选民的意志。于是他把议会称为法律的主权者，选举团或选民称为政治的主权者。戴西立论的意图是想解决英国理论界产生的人民主权与议会制的关系方面的矛盾。

---

① 狄骥：《宪法学》，台湾“商务印书馆”中译本，第853页。
② 美浓布达吉：《宪法学原理》，1927年商务印书馆中译本，第225页。
③ 美浓布达吉：《宪法学原理》，1927年商务印书馆中译本，第226页。
④ 克拉勃：《近代国家观念》，1957年商务印书馆中译本，第43页。
⑤ 克拉勃：《近代国家观念》，1957年商务印书馆中译本，第71页。
⑥ 戴西：《宪法》，第8版，第504页。

人民主权说问世后，引起西方学者的争论，同样地，它也必为社会主义国家的学者所关注。

(四)人民主权说的批判、继承和发展

社会主义国家学者普遍持人民主权说，认定社会主义国家的一切权力属于人民。但他们师宗马克思主义，和西方学者的见解不完全相同。不同之处主要表现在两个方面：

第一，社会主义国家学者的人民主权理论建立在马克思主义国家学说基础之上，他们认为国家是阶级矛盾不可调和的产物，而不是由社会契约产生出来的；国家的主权属于在国家中居于统治地位的阶级，产生于统治阶级的意志，而不是由相约组成国家的人们的“公意”。

第二，和上述阶级分析观点相联系的是对人民的概念有不同的理解。社会主义国家学者认定国家都是由民主和专政两者相结合起来的，只有享受民主的主体才是人民，被专政的对象被排斥于人民之外，而不认为国家之内的全体社会成员都是人民。同时，社会主义国家学者还认为人民这个概念在不同的国家、各个国家的不同时期，有着不同的内容。如果拿资本主义国家和社会主义国家相比较，人民这个概念就有不同的内容。资本主义国家的人民是有产者阶级，社会主义国家的人民是工人和其他劳动者阶级和阶层；而且这两种不同历史类型的国家里，在不同的历史时期中，人民所包含的范围还有一些变化。

同是主张人民主权，由于对人民这个概念的理解不同，因而对人民主权的理解也必然不同。社会主义国家学者所主张的人民主权，实际上是对西方学者所主张的人民主权加以改造了的一种人民主权，它是以往的人民主权理论的继承和发展。

二、人民主权原则在宪法中的体现

(一)政治宣言中所体现的人民主权原则

人民主权学说最初只是用理论形式表现出来的。这种学说创立以后，即在政治实践中发生作用。它推动了资产阶级革命的发展。但资产阶级革命并非一经发动即取得胜利，而是经历了一段历史时期。在这个时期里，资产阶级曾经运用人民主权学说号召人民进行反封建的斗争，因而产生了用政治宣言形式表现人民主权的阶段。1776 年的美国独立宣言和 1789 年的法国人权宣言就是这一阶段的代表作。独立宣言宣称："政府的正当权力得自被统治者的同意。"它可说是第一个宣布人民主权原则的政治宣言。人权宣言宣布："整个国家主权的本源寄托于国民，任何团体任何个人都不得行使主权所未明白授予的权力。"它比独立宣言更加明确地宣布了人民主权原则。

（二）资本主义国家体现人民主权原则的宪法规范

继政治宣言之后，人民主权原则才表现在宪法规范之中。世界上最早的成文宪法美国宪法没有明确宣布主权属于人民的原则，但在简短的序言中宣布"我们美国人民为……起见，特制定美利坚合众国宪法"，体现了人民主权的精神。在这个宪法颁布以后，林肯总统在南北战争期间，在葛第斯堡的演说中提出了著名的"民有、民治、民享"的原则，被认为概括了人民主权原则的全部含义。继美国宪法之后，1791 年的法国宪法以序言形式载入人权宣言，明确认定人民主权原则。不仅如此，这个宪法还规定"一切权力来自国民，国民只得通过代表行使其权力；法国宪法是代议制，代表就是立法议会和国王"，它确认了实现人民主权的形式。

受独立宣言和美国宪法、尤其是人权宣言和法国宪法的影响，西方国家的宪法多确认人民主权原则，而且随着历史的发展，体现这个原则的宪法规范也有相应的发展。现举数例如下：

法兰西第五共和国宪法专辟主权一章，宣布"国家主权属于人民，人民通过自己的代表和通过公民复决来行使国家主权。人民中的一部分人或任何个人都不得擅自行使国家主权"。同 1791 年法国宪法所规定的"一切权力来自国民，国民只得通过代表行使其权力"相比，法国的现行宪法在实现主权的形式方面发生了重大变化。它除了人民通过代表行使国家主权之外，增加了通过公民复决实现国家主权的形式。这是民主宪政制度的一个重大发展。

日本 1946 年宪法记载着："兹宣言主权属于全国国民而确定本宪

法”，“以国政来自国民之严肃信仰，其权威来自国民，其权力经国民代表而行使，其福利为国民所享用，此乃人类普遍之原则，本宪法即基于上述原则而确立”。同明治宪法所宣布的“朕承祖宗之遗烈践万世一系之帝位”相比，天皇的地位下降了，人民的地位上升了。尽管日本宪法仍然宣布天皇为日本国之象征但它又规定天皇的地位基于主权所存在之日本国民之总意，说明天皇是经主权者、日本国民的同意得以保留的。日本宪法的发展，可说是从天皇主权到人民主权的发展。

意大利 1947 年宪法宣布：意大利为民主共和国。它还规定：主权属于人民，由人民在宪法规定的方式及其范围内行使之。这个宪法同意大利 1848 年那部仿照 1814 年法国宪法而制定的宪法相比，否定了君权神授和人民主权并存的思想，取消了君权，确认了人民是唯一的主权者。同时意大利的这部现行宪法还从原则上确立了实现人民主权的形式。意大利宪法的这种发展可说是从君主主权与人民主权并存到人民主权的发展，也有实现人民主权的形式的发展。

以上三个国家的现行宪法所体现的人民主权原则具有代表性和典型性。另外，还有些资本主义类型国家在体现人民主权方面有独特之处，也举数例如下：

委内瑞拉宪法规定：主权交予人民，以选举权通过政权部门来行使。它的特殊之处在于：不是主权者人民制定宪法，而是宪法授予人民以主权。主权不是人民所固有的。

埃及宪法关于主权问题作了如下规定：主权属于人民，权力来源于人民，人民行使和维护主权；法律主权是国家统治的基础；总统维护人民主权。它的独特之处在于：人民主权与法律主权相提并论；总统在维护人民主权方面居于独特地位。

（三）社会主义国家体现人民主权原则的宪法规范

社会主义国家宪法多规定一切权力属于人民，属于城乡劳动人民，或属于工人、农民、士兵和劳动知识分子。这些规定虽然没有显现人民主权字样，却体现了人民主权原则。因为主权实际上就是国家的最高权力，一切权力属于人民的规定及其类似的规定，就是确认主权属于人民。至于实现人民主权的形式，社会主义国家宪法多规定为最高的人民代表机关。用这种方式确认人民主权、规定实现人民主权的形式，在很大的程度上是受了1918苏俄宪法和1936年苏联宪法的影响。

社会主义国家关于国家主权的规定中，南斯拉夫的宪法独具特色。这个国家的宪法有关主权问题的规定如下：

在南斯拉夫社会主义联邦共和国，全部权力属于同城乡全体劳动者结成联盟的工人阶级。

社会主义共和国是建立在民族主权以及工人阶级和全体劳动者的权力和自治基础上的国家，是劳动者以及各平等民族的社会主义自治民主共同体。

劳动者和各民族根据宪法权利在社会主义共和国和社会主义自治省内行使自己的主权。在宪法确定符合共同利益时，可在南斯拉夫社会主义联邦共和国内行使自己的主权。

南斯拉夫社会主义联邦共和国议会是社会自治机关和社会共同体的权利和义务范围内的最高权力机关。

工人阶级和全体劳动者在联合劳动组织、其他自治组织、阶级组织，其他社会政治组织和社会组织中组织起来，行使国家权力并管理其他社会事务。

上述规定所表现的特点是：南斯拉夫宪法既用属于和全体劳动者结成联盟的工人阶级的全部国家权力表现人民主权原则，又强调各民族的主权，强调各民族在各自的共和国或自治省行使主权；既规定联邦共和国议会为实现人民主权的形式，又强调其他组织、特别是自治组织在实现人民主权原则中的作用。

（四）两种体现人民主权原则的宪法规范的比较

两种不同历史类型的宪法都体现人民主权原则，但内容完全不同，实现的形式也有一些差异。

从内容方面说，资本主义类型宪法和社会主义类型宪法所体现的人民主权原则各有不同的阶级内容。前者所体现的是剥削者阶级的主权，而后者所体现的则是劳动者阶级的主权。同时，它们体现人民主权的方式也不一样，前者都用人民主权字样直接表现出来，后者多用国家权力的归属的方式予以表现，同时，社会主义国家宪法所体现的人民主权原则具有比资本主义国家宪法所体现的人民主权原则更加广泛的群众基础，因而也更加优越。

从形式方面说，资本主义类型宪法和社会主义类型宪法所规定的实现人民主权的形式各有特点，各有优点和不足之处。

人民主权应由人民直接行使，才是最理想、最完善的形式。由于近代和现代国家已远非小国寡民，国家一切主权权力都由主权者直接行使确有困难，因而采用代议制度，由主权者选派自己的代表组成代议机关，代表主权者行使主权权力，已成为不可避免的事实。但采用代议制度实现人民主权，从理论上说，代表、议员是否接受选民监督至关重要。社会主义国家实现国家权力的代表机关的代表，根据宪法、法律都受选民或选举单位的监督，选民或选举单位有权在代表任期届满之前将其撤换；而资本主义国家实现国家权力的议会中的议员，多数国家的宪法、法律没有关于选民或选举团可以将其撤换的规定。从这一点说，社会主义国家实现人民主权的形式比资本主义国家的更为优越。

采用代议制度实现人民主权固然已不可避免，但终究不如由人民亲自行使主权。近代和现代国家中，已经出现一些特殊重大的国家决策问题由全民投票公决，以及公民行使创制权与复决权等形式，以补充代议制度的不足。采用这些实现人民主权形式的国家多是资本主义国家，社会主义国家中较少采用这些形式。从这一点说，社会主义国家在实现人民主权的形式方面却又不如资本主义国家。

三、人民主权与国家对外关系

（一）国家主权屈从于国际法的现象

宪法所确认的人民主权原则，不论人民的范围及其阶级属性如何，都意味着国家有权独立自主地处理自己对内对外事务。这就是说，凡属主权国家都享有独立自主地处理自己对内对外事务的最高权力。在对内方面，它享有最高的管辖权或统治权；在对外方面，它是独立的，它和其他国家处于平等地位，它所享有的国内的最高权力具有排他性。但近代国家不能闭关自守，必须同其他国家相互交往，而且在相互交往中，各个具有排他性的主权国家必定要产生某些协议。国际间的各种条约就是这种协议的结果，一些公认的国际法准则也是由各种协议的长期积累所形成的。

国际交往中所产生的公认的国际法准则，不可能和一切主权国家的国内法完全一致，主权国家和他国缔结的各种条约也不能完全保证其不与国内法的原则精神发生冲突。当矛盾冲突发生的时候，便产生国际法和国内法如何适用的问题。国际法学家们对此曾经提出很多的理论：有所谓互相对立的一元论，即认为国际法与国内法发生冲突时，或者国际法优于国内法或者国内法优于国际法；有所谓二元论，即认为两者属于不同的法律范畴，各自独立，互不干扰，两者效力相同，既可适用国内法，也不排除国内法向某些国际法原则转化；有所谓协调论，即认为两者应互相协调，力求互相补充，取长补短。不管学者们的见解如何，各主权国家都根据本国国情及国际环境而采取适合于自己的作法。其中有些国家在宪法中确认人民主权原则的同时，还确定了对外政策的基本准则。有的规定遵循公认的国际准则，履行其与外国缔结的条约所产生的义务；有的甚至还规定可以通过法律将部分主权让予国际机构。这就说明，表现主权者意志的法律可以在某种程度上屈从于国际法，国家主权并非绝对不受限制，它实际上已出现了屈从于国际法的现象。

(二)主权限制的谬误

国际政治生活中尽管出现了主权屈从于国际法的现象，并且证明了国家主权并非绝对不受限制，但是一般地主张限制主权却是一种谬误的理论。

自从20世纪40年代以来，有些学者、政治家以国家主权并非绝对不受限制的事实为借口，鼓吹主权限制论。这种理论为先进的、发达的大国所欢迎，却为落后的、发展中国家所反对。欢迎者要用这种理论损害别国的主权，突破别国的屏障，以便扩展自己的政治经济势力，扩大自己国家的主权范围。反对者则须批驳这种理论，捍卫本国的主权，以便维护自己的独立地位，保证自己的发展。

真理是客观的，它并不以任何集团、任何个人的主观意愿作为衡量标准。主权限制论者的理论上的谬误在于无条件地主张限制国家主权。它的立论根据既不符合历史事实，它立论的目的也不符合国际关系发展的需要。它经受不住实践的检验。

事实上，主权屈从于国际法的现象，主权国家受国际法的约束，是以主权国家之间的协议为基础的，是主权国家自愿承担义务的结果。离开主权国家的协议，不经主权国家自愿，任何公认的国际法准则都无从确立，任何条约都是非法的，不受国际法保障的。因此，主权屈于国际法、主权国家受国际法的约束，是有条件的，无条件地主张限制国家主权的论调，显然与国际关系中的历史事实不相符合。

再从国际关系的发展来说，它以建立和谐的国际秩序，保卫世界和平为目标。国与国之间如果不互相尊重对方的主权，势必引起国际争端。主权限制论者鼓吹无条件地限制主权国家的主权，实际上就是否定主权原则，纵容某些大国不尊重别国的主权。为它们损害别国主权的非法活动提供理论依据。用这种理论指导国际交往，将与国际关系发展的目标背道而驰。

为了发展国际间的友好合作关系，主权国家之间根据协议，并出于自愿，对自己的主权进行某些限制，是完全必要的。但这种限制不过是主权国家的自我约束。任何主权国家都不会因为这种自我约束而必须接受外力胁迫的约束，都不会因为有了这种自我约束而丧失自己的主权，现代世界各国宪法所确认的人民主权原则，仍然是一项不可动摇的基本原则。

第二节　基本人权原则

一、人权概念的产生和发展

人权即作为一个人所应该享有的权利。人民主权原则经宪法确认之后，人民即是国家的主权者，自然应该成为享有人权的主体。因此人民主权原则必然导引出基本人权原则。下面先就人权概念的产生和发展问题加以简要的说明。

(一)人权口号的提出

人权口号是17、18世纪由西方启蒙思想家洛克和卢梭等人提出来的。当时正处于封建社会末期，资产阶级的经济势力已日益膨大，政治上却仍然受封建主的压迫，处于无权的地位。封建主一直利用王权神授学说给自己的政治统治权力披上神圣的外衣，使之神圣化、合理化。要反抗这种压迫，摧毁这种政治统治权力，就必须首先摧毁王权神授学说，于是西方启蒙思想家便提出了天赋人权学说和它相对立。人权口号就是适应资产阶级的政治需要而提出来的。

人权口号既有它得以提出的政治需要，也有它得以提出的理论依据。它的理论依据就是和近代自然法学派的自然权利说相结合的社会契约论。近代自然法学派学者认为在国家产生以前，人类生活在一种自然状态之中，人人都有自然权利。国家的产生是由于人们相约组成政府以保护这种自然权利。不过由于对自然状态中人的本性的描述以及缔约者组成国家后是否保留自己的权利的主张各不相同，又有拥护君权的自然法学派和提倡民权的自然法学派之别。洛克和卢梭属于提倡民权的自然法学派。洛克和卢梭的理论虽然略有差异，但有基本共同之处。他们都承认自然权利的存在，都认定这种自然权利最初为人类理性所尊重，其后受国家权力的保护；而且都认为缔约的一方——政府若不遵守契约，人民可以收回自己交给政府的权利，并有权推翻政府。把洛克和卢梭的理论与他们生活在其中的现实状况相对照，即可发现当时的封建专制国家不仅没有保护人们的自然权利，而且滥用权威侵害人民的生命、自由和财产。于是自然权利演变成为天赋人权，维护自然权利的斗争演变成为争取人权的斗争，而洛克和卢梭的和自然法学派的自然权利相结合的社会契约论便成为提出人权口号的理论依据。

洛克在他的《政府论》下篇中写道："人类天生都是自由、平等和独立的。"①"任何人就不得侵害他人的生命、健康、自由或财产。"②

① 洛克：《政府论》下篇，1983年商务印书馆译本，第59页。

② 洛克：《政府论》下篇，1983年商务印书馆译本，第6页。

他认为人们的这种天赋的权利既不能变更，更无从否认。卢梭在他的《社会契约论》中强调："每个人都生而自由、平等。"①"放弃自己的自由，就是放弃自己做人的资格，就是放弃人类的权利，甚至就是放弃自己的义务。"②他们的这些观点构成人权的基本内容，其要点是人权天赋，不能剥夺，也不能让与。

（二）人权斗争与人权概念的发展

资产阶级启蒙思想家提出人权口号和天赋人权学说以后，即开始进行了争取人权的斗争。这种斗争随着资本主义经济的发展，随着资产阶级专政国家的建立，以及资产阶级和无产阶级、宗主国与殖民地矛盾冲突的发展，而在内容上有所变化。它不断地丰富了人权斗争的内容，也不断地发展了人权的概念。

资本主义经济最初是在封建社会内部孕育成长起来的。它和封建社会中原有的自足自给的自然经济有所不同。它是一种纯粹的商品经济，生产出来的产品完全是为了出卖。它要求有商品流通的自由，要求把商品流通的阻碍缩小到最低限度；同时，它还要求把劳动力变成商品，要求劳动力的买卖自由。然而在封建专制制度之下，商品流通却受到各级封建主的世袭领地所构成的限制；劳动力的买卖也受到农奴对地主的人身依附关系所构成的限制。这对资本主义经济的发展来说是一种巨大的阻碍。在这样的情况下，资产阶级要发展自己的经济，就不能不把人权斗争的重点放在争取自由权上面。因此，当时的人权实际上不过是资产阶级所要争取的剥削劳动者的自由权和劳动力的买卖的自由权。

随着资本主义经济的发展，资产阶级的经济势力日益膨大，但是，他们仍然要受封建主的统治，政治上处于无权的地位。这时他们深感自由权已不能满足自己的愿望和要求，于是进而要求参政权。这种要求参政权的斗争，最初表现为资产阶级争取在等级会议中扩大自己的势力和影响，争取通过立法活动限制国王的权力。"不出代议士

① 卢梭：《社会契约论》1982年商务印书馆中译本，第9页。
② 卢梭：《社会契约论》1982年商务印书馆中译本，第16页。

就不纳税”的口号，就是他们为达到这一目的而提出来的。但是，多年的政治实践使他们认识到，等级会议、代议士、立法活动等并不能从根本上改变自己的无权地位，他们便采取了革命行动，把人权斗争推进到夺取政权的斗争。这种争取参政权的斗争实际上是资产阶级反抗封建特权、限制和消灭封建特权的斗争，斗争的结果是资产阶级战胜了封建主阶级，夺得了政权，于是旧的封建特权被击溃了，新的资本的特权建立起来了。正是在这个意义上，马克思说：“人权本身就是特权。”①

资产阶级夺取政权以后，创造了比以往一切时代都要巨大得多的生产力，也使自己获得了巨大的发展。但是，正如马克思恩格斯所指出的：“资产阶级即资本愈发展，无产阶级即现代工人阶级也在同一程度上跟着发展。”②发展了工人阶级作为一种独立的政治力量登上了人权斗争的历史舞台。1843 年法国里昂工人暴动和 1848 年巴黎工人革命中，无产阶级把劳动权写上了自己的战斗旗帜。本来劳动权从它的实质意义上说，意味着消灭雇佣劳动、资本及其相互间的关系。所以马克思指出：“劳动权在资产阶级的意义上说是一种胡说，是一种可怜的善良愿望”，是“初次概括无产阶级各种革命要求的笨拙公式。”③尽管如此，无产阶级在斗争中所提出的劳动权的要求和其他经济方面的权利要求结合起来，就构成一种新的人权，即社会经济权。这种新的人权对于资产阶级来说虽然也可说和他们要求保存剥削制度的愿望相符合，但是和自由权、参政权相比却有很大差异。如果说自由权、参政权是他们在反封建斗争中处于进攻地位时所要争取的人权，那么社会经济权在很大程度上是他们在工人阶级的压力下处于退守地位时不能不被迫接受的人权。

资本主义进入帝国主义阶段以后，宗主国与殖民地之间的矛盾斗争日益尖锐。随着殖民地人民的觉醒，被压迫民族争取民族独立，要

① 《马克思恩格斯全集》第 3 卷，第 229 页。
② 《马克思恩格斯选集》第 1 卷，第 257 页。
③ 《马克思恩格斯选集》第 1 卷，第 426 页。

求自决权；已经争得独立地位的原殖民地人民力争摆脱帝国主义的经济控制和文化影响，发展自己的经济和文化，要求发展权。这种要求自决权与发展权的斗争，给人权斗争增添了新的内容，也使人权概念注入了新的含义。它完全超脱了资产阶级人权的范围，它已从个人的、私人的权利发展为集体的、民族的权利，它已由国内问题发展为国际问题。

自从无产阶级登上政治舞台进行人权斗争起，人权的概念便具有崭新的内容，而且无产阶级对人权的理解也和资产阶级有重大的差异。

（三）对人权的两种不同的理解

无产阶级和资产阶级对人权的不同理解，主要表现在以下三个方面：

第一，人权的来源方面：资产阶级认定人权是天赋的、与生俱来的；无产阶级反对这种观点，认为人权是斗争得来的。历史证明无产阶级的认识是正确的。当资产阶级受封建主的政治压迫，处于无权地位的时候，只是由于斗争才获得人权；当无产阶级受资产阶级的压迫和剥削，处于无权地位的时候，也只是由于斗争才获得人权。也许资产阶级的理论家会说，资产阶级进行人权斗争是因为封建专制国家侵犯了人们的天赋人权迫不得已进行的。那么，我们要问，为什么资产阶级在自己获得了人权以后，竟不给无产阶级以应该享有的天赋的人权？岂不是给自己创建的理论抹黑，故意违背人权产生的规律?!

第二，人权的属性方面：资产阶级主张普遍人权，认定人权为人们所普遍享有；无产阶级反对这种观点，认为在阶级社会里，只有掌握国家统治权力的阶级才能享有人权。历史也同样证明无产阶级的认识是正确的。在资本主义国家里，无产阶级、广大劳动人民不可能完全地享有人权；社会主义国家里，资产阶级和其他剥削阶级也不能完全地享有人权。这是任何人所无法否认的事实。

第三，人权的范围和内容方面：资产阶级坚持传统的人权观念，认为人权只是作为一种个人的、私人的权利而存在的；无产阶级反对这种传统观念，认为人权除个人的、私人的权利之外，还应包括集体的权利，如被压迫民族的自决权、发展中国家的发展权。如果否认这种集体的人权，这些民族、国家的、个人的、私人的人权就会成为空洞无物的废话。

二、基本人权原则在宪法中的体现

(一)理论阐述与政治宣言

基本人权原则表现为宪法规范的发展情况，是和人权斗争、人权概念的发展相适应的。在这个原则为宪法所确认以前，先有一个理论阐述和政治宣言对这个原则进行宣传鼓动的阶段。

当资产阶级的人权斗争以争取自由权为基本内容时，它表现为资产阶级启蒙思想家的天赋人权的理论阐述。前面所说的洛克、卢梭等的论述，就是这种理论阐述的重要内容。当资产阶级的人权斗争发展为以参政权为基本内容时，它表现为政治宣言的形式。美国的独立宣言、法国的人权宣言就是宣布基本人权原则的政治宣言。独立宣言明确宣布："我们认为这些真理是不言而喻的：人人生而平等，他们都从他们的'造物主'那边被赋予某些不可转让的权利，其中包括生命权、自由权和追求幸福的权利。"马克思称颂这个宣言是"第一个人权宣言"。① 法国人权宣言公开宣称："在权利面前人们生来而且始终是自由平等的"；"任何政治结合的目的都在于保存人的自然的和不可动摇的权利，这些权利就是自由、财产安全和反抗压迫。"它还强调指出："凡权利无保障……的地方，就没有宪法。"这个宣言曾被人们誉为人权的典范。

(二)资本主义国家体现基本人权原则的宪法规范

资产阶级用宪法确认基本人权原则始于1791年的美国宪法十条修正案(又称权利法案)和同年颁布的法国宪法。美国宪法颁布于1787年，这个宪法是革命处于低潮的情况下制定的，当时对宪法是否规定基本人权的问题有争论。乔治·梅森提议任命一个委员会为宪

① 《马克思恩格斯全集》第16卷，第20页。

法拟订权利法案；谢尔曼却主张各州宪法中都有权利法案，联邦宪法毋须规定。争论的结果，后一种意见获得胜利。直到1791年，由于杰佛逊等民主主义者竭力争取，才通过十条修正案，在明确规定公民的一些基本权利之外，并且宣布宪法对某些权利的列举，不得解释为否定或轻视由人民保留的其他权利。权利法案的通过，才使美国宪法得以确认基本人权原则。至于1791年的法国宪法，则是以人权宣言作序言，它从开始就确认了这个原则。继美、法两国之后，各资本主义国家的宪法相继确认了基本人权原则，不过宪法规范的表现形式不完全相同。

当代各资本主义国家宪法表现基本人权原则的形式有三种：

一是原则上确认基本人权，并以公民的基本权利表现基本人权的具体内容。如意大利宪法在其基本原则的第二条中宣布承认并保障人权之不可侵犯，并在公民的权利与义务篇中规定公民所享有的各种权利。其他如日本、联邦德国等国也都采用这种表现形式。

二是不显人权字样，只规定公民的基本权利以表现基本人权的内容。如美国宪法及其修正补充的权利法案，就只有公民权利的具体规定，而没有用文字宣布基本人权原则。其他如埃及、委内瑞拉等国也采用这种表现形式。

三是原则上确认基本人权，很少规定公民权利的具体内容。如法国宪法宣布忠于人权宣言的原则，却只对公民的选举权作了规定。但是这个宪法在宣布忠于人权宣言的同时，还宣布它忠于1946年的法国宪法对人权所作的补充规定。法国的这种形式是独特的。它可说是第一种形式的特殊表现。

上述三种表现形式虽然不同，但资本主义国家宪法所体现的基本人权原则在实质上并无区别。恩格斯在谈到这些国家的人权时曾经说过："被宣布为最主要的人权之一的是资产阶级的所有权。"①恩格斯深刻地揭示了各资本主义国家宪法所确认的基本人权原则的共同的本质特征。

---

①《马克思恩格斯选集》第3卷，第405页。

(三)社会主义国家体现基本人权原则的宪法规范

社会主义国家体现基本人权原则的宪法规范具有新的阶级内容。它公开宣布剥夺敌视和破坏社会主义制度的反动阶级和反动分子的政治权利，即限制了少部分人的部分人权，扬弃了以往的所谓普遍人权原则。

再从它的表现形式来说，大都不以保障人权之类的文字、只用公民基本权利的规定体现基本人权原则。人权一词的本意是作为一个人所应该享有的权利。人是可以从不同的角度被理解的，因而人权也应以不同角度的权利来表示。作为自然人，人权应包含生存权；作为政治生活中的人，人权应包含参政权；作为社会生活中的人，人权应包含社交权。生存权、参政权、社交权的内容十分广泛。社会主义国家宪法正是用公民享有广泛的权利的规定体现基本人权原则的。

马克思在谈到人权问题时说过："这种人权一部分是政治权利……这些权利属于政治自由的范畴。"①他在这里所说的只是作为政治生活中的人的人权，但可以推论其他部分的人权也是属于权利和自由的范畴的。可见用公民权利表现基本人权原则，完全符合马克思主义关于人权问题的原理。

(四)两种不同的基本人权原则的宪法规范的比较

两种不同历史类型宪法所体现的基本人权原则的本质区别和表现形式的异同，前面已作了简单的说明。这里要进行比较的是与本质区别相联系的问题。

资本主义国家宪法所体现的基本人权原则以资产阶级的所有权为核心，公民根据财产的多寡享受不同程度的权利。它的人权的阶级性是十分明显的，不论以往的宪法规范对某些权利的享受有财产数量的限制和与财产有关的文化程度、居住期限等限制，也不论现在的宪法取消这类限制达到何种程度，都能从财产与人权的关系上发现人权的阶级性。可是在绝大多数的情况下，资本主义国家宪法的人权规范是

① 《马克思恩格斯全集》第1卷，第436页。

以公民普遍享有人权的形式表现出来的。它的特点是以人权的普遍性掩盖人权的阶级性，以宣扬普遍性人权作手段达到实现阶级性人权的目的。

社会主义国家宪法所体现的基本人权原则，从巩固无产阶级专政出发，公开宣布剥夺敌视和破坏社会主义制度的反动阶级和反动分子的政治权利，限制他们的部分人权。这样做的目的是为了有效地保障广大人民群众的人权，同时也是为了有效地改造反动分子，使之脱胎换骨，进入人民的行列，完全地享有人权。它的特点是以人权的阶级性，谋求人权的普遍性，即以阶级的人权作手段达到实现普遍人权的目的。

三、人权问题的国际化与国际间的人权斗争

(一)人权问题的国际化

在两种不同历史类型国家的宪法确认基本人权原则的同时，随着国际交往的发展，人权问题超出了国家宪法的界限，成为国际法问题。

1948 年联合国通过《世界人权宣言》，这个宣言宣布它是“所有人民和所有国家努力实现的共同标准”。这个宣言还明确规定全世界各地区所有男女都应不受歧视，都享有人权和基本自由，其中包括政治权利、个人自由以及经济、社会和文化权利等。宣言公布以后，即作为国际法准则起着作用。有些资产阶级国家在宪法中宣布接受它的约束。例如葡萄牙宪法第 16 条即明确规定“本宪法和法律规定的有关基本权利，必须按照世界人权宣言进行解释和运用”，这样就使国际法中的人权规范在国内法中反映出来了。

继世界人权宣言之后，联合国人权委员会起草了关于公民和政治权利公约，经济、社会和文化公约。这两项国际公约于 1966 年通过，1976 年生效，参加公约的有四十多个国家。这两项公约确认了宣言中所没有规定的权利，即人民的自决权利，包括各国人民自由处理其自然财富和资源的权利。从此，人权的概念和内容都有了新的发展，它已从个人的、私人的权利，发展为人民的、集体的权利，就实质意

义来说，它已发展成为民族自决权与国家发展权。世界人权宣言和这两项公约已经构成国际人权宪章。尽管有些西方学者仍然坚持传统的人权观念，但联合国的各个成员国、参与缔结公约的国家在国际活动中不得不受其所参加的国际组织和参与缔结的公约的约束，不能不把它们视为自己的宪法准则。即使其他非成员国、非缔约国，也不能置之不理，不能不承认它们在国际交往中应该把宣言和公约视为基本的国际法准则。

(二)国际间的人权斗争

两种不同历史类型国家的宪法都确认了基本人权原则，而且人权原则已经国际化，成为公认的国际法准则。再加上各国学者对人权有不同理解，各国政府对人权持不同态度，这就决定着国际间必然出现理论上的人权争议和实践中的人权斗争。关于理论上的分歧，前面所说的两种不同的理解中已作了简单的说明，这里专门论述实践中的人权斗争。

先说各国在国内执行宪法中的人权规范的情况。资本主义国家宪法所确认的人权是普遍人权，即社会全体成员普遍享有的人权。而资本主义国家却是资产阶级专政的国家，是资本家阶级压迫无产阶级、广大劳动人民的机器。这种人权的普遍性与国家的阶级性的矛盾，必然导致这些国家宪法确认的人权规范不能真正实现。社会主义国家宪法所确认的人权是阶级性的人权即赞成、拥护社会主义制度的人民群众享有的人权，这种人权规范的阶级性和国家的阶级性是一致的，但一小撮反动分子的人权受到部分的限制却是公开的。这就是说，两种不同类型的国家实际上都有人不能全部地享有人权，不过是人数的多寡、限制的手段不同而已。不仅如此，如果不把人权加以抽象，而对它所包含的各种内容进行具体分析，那么，无论哪一种历史类型的国家，在贯彻执行有关人权问题的宪法规范时，都要考虑其国内的阶级力量对比关系、经济文化发展条件和其他因素，归根结底要考虑是否直接威胁统治阶级的统治地位。而在考虑这些因素时，对客观因素的估计难免不发生差错，因而在工作中也难免不产生失误。由是，在不同的时期，不同的国家，总会出现一些侵犯人权的现象。美国学者有人以《美国的政治犯——美国是一个主要的人权侵犯者》为题，撰文揭露美国侵犯人权的事实。① 苏联也有持不同政见者对人权问题表示不满。这些都不足为怪。

由于上述情况，资本主义国家和社会主义国家之间往往在人权问题上互相攻击，其中主要的是资本主义国家对社会主义国家的攻击。面对这种攻击，社会主义国家学者所应该坚持的立场，是阐明人权问题和无产阶级专政之间的关系，向他们庄严声明：我们在处理人权问题时，决不离开无产阶级专政、坚决反对利用人权问题攻击无产阶级专政，任何想借用人权问题阻止我们向国内敌人采取专政措施的企图都是枉费心机，我们将视之为干涉别国的内政而加以谴责和抵制。当然，在社会主义国家里，也应该反对滥用无产阶级专政侵犯人权，以免贻人把柄，受人攻击。

再说国际间执行《世界人权宣言》和两个有关人权公约的情况。一方面是某些发达国家坚持其殖民主义政策和对发展中国家的侵略政策，阻挠被压迫民族实现民族自决权，为发展中国家实现发展权设置障碍。如巴勒斯坦人民至今未能重返家园，建立自己的国家，一些发展中国家提出关于扩展领海范围以便利用其海底资源的主张，却遭到某些发达国家的反对，就是这种殖民政策、掠夺政策的结果。有些发达国家虽然也侈谈国际经济合作，高唱援助发展中国家的雅调，摆出一副救世主的面孔，却又制造许多借口，提出许多贸易限制、技术转让限制以及其他限制条件，力图阻碍发展中国家独立自主地发展自己的经济和文化事业。另一方面是殖民地人民、发展中国家和一切坚持正义促进人类进步事业的国家坚决反对殖民政策、掠夺政策，维护关于人权问题的公认的国际法准则，争取实现集体的人权、民族自决权和国家发展权。目前这两个方面的国际势力正在采用各种形式进行紧张而又激烈的斗争。

① 参见美国《七天》杂志，第11卷第13期。

第三节 法治原则

一、近代法治理论的产生

（一）近代法治理论的历史渊源

近代法治理论是从古代法治理论中发展起来的。在西方国家中，古希腊就有人治与法治之争。柏拉图主张人治，他曾说过："除非哲学家充任国王……国家就永远不会摆脱灾难，得到安宁。"①亚里士多德主张法治，他认为："凡是不凭感情治事的统治者总是比感情用事的人们优良，法律恰正是没有感情的。"②他还认为："要使事物合乎正义（公平），须有毫无偏私的权衡，法律恰正是这样一个中道的平衡。"③亚里士多德的法治理论虽然还很不完善，但对近代法治理论的产生有很大影响。

中国在春秋战国时期也有人治与法治之争，但在内容上和古希腊有所不同，中国古代的法家虽然主张法治，但只是主张在人治主义的前提下比较重视法的作用。这场争论对法治理论的发展影响甚微，而对人治主义的发展却有深远的影响。

（二）人治与法治的区分标准

法治原则是作为人治原则的对立物而产生出来的。它和人治原则都是治国的手段，但又泾渭分明，不可含混。

西方学者、法学家派特逊认为："法律没有公职人员就等于开了药方而没有人配药。"④他因此否认纯粹的法治原则的存在。中国也有学者认为：法律要由人制定，要有人执行；任何统治者不能在没有法律的情况下进行统治。他们因此认定法治和人治不能截然分开，只能

---

① 《柏拉图对话集》，牛津大学英译本，第473页。

② 亚里士多德：《政治学》，商务印书馆中译本，第169页。

③ 亚里士多德：《政治学》，商务印书馆中译本，第169页。

④ 派特逊：《法理学》，英文版，第10页。

相互结合。应该说，这些观点是错误的。

人治与法治并不是简单地从是否有人的作用和是否运用法律来决定的。在治理国家中有人的作用不等于人治，有法的存在不等于法治。划分法治与人治的最根本的标志，应是在法律与个人(或少数统治者)的意志发生矛盾冲突的时候，是法律的权威高于个人意志？还是个人意志凌驾于法律之上？凡是法律权威高于个人意志的治国方式都是法治；凡是法律权威屈服于个人意志的治国方式都是人治。在实际生活中，法律权威和统治者个人的意志常有不一致的情况发生，而在这种矛盾出现的时候，解决的办法不是个人意志屈从于法律权威，便是法律权威屈从于个人意志，二者必居其一。因此，法治和人治是不可能结合的。潘恩在其所著的《常识》一书中说："在专制政府中国王便是法律，同样地，在自由国家中法律便应成为国王。"①他十分鲜明地对比了专制与自由、人治与法治的根本区别。

(三)近代法治理论的确立

在论述近代法治理论创建过程时，西方学者推崇康德为第一流法治理论家，认为康德的巨大贡献在于：主张立法权属于人民，认定人民制定法律是借助于客观存在的普遍法则以限制一个人对另一些人的专横，而国家则是用法律规范联系起来的许许多多的人的共同组织。但是，康德虽然提出了人民主权，却反对极端激进的活动，虽然主张法治，却反对人民有权惩治国家元首。他的法治思想中包含着软弱的和妥协的改良主义因素。实际上，资产阶级启蒙思想家中对法治原则的确立贡献最大者当首推卢梭。卢梭公开宣称："我将选择一个立法权属于全体公民的国家作为我的祖国。"②他还宣称："凡是实行法治的国家——无论其形式如何——我就称之为共和国；因为惟有在这里才是公共利益在统治着，公共事物才是作数的。"③另外，他还指出：

① 《潘恩选集》，1982年商务印书馆中译本，第35~36页。

② 卢梭：《论人类不平等的起源和基础》，1962年商务印书馆中译本，第53页。

③ 卢梭：《社会契约论》，1982年商务印书馆中译本，第51页。

法律是公意的行为，君主不能高于法律。“不管一个国家的政体如何，如果在他的管辖范围内有一个人不遵守法律，其他所有的人就必然会受到这个人的任意支配。”①卢梭在他的著作中阐述的法治理论可归结为：人民拥有立法权，法治与共和政体相结合，法治意味着平等。更为难得的是，他把自己的法治理论和激进的民主主义革命纲领结合起来，认定人民有权反抗暴君、推翻暴君，对人治主义进行了彻底的否定。说他是近代法治理论的奠基者毫不过誉。

二、西方国家法治原则的实践与法治理论的变化

（一）法国人权宣言所体现的法治原则

卢梭等西方启蒙思想家创建的法治理论，鼓舞了人们反对人治主义、反对封建专制制度的革命斗志，促进了资产阶级革命的胜利。这一胜利又为法治理论走向政治实践创造了前提条件。法国人权宣言可说是这种政治实践的开端。

人权宣言宣布：“法律是公共意志的体现，全国人民都有权亲身或经由其代表去参与法律的制定。法律对于所有的人，无论是施行保护或处罚都是一样的。在法律面前所有的公民都是平等的，故他们都能平等地按其能力担任一切官职，除德行和才能的差别外不得有其他差别。”它以政治文书的形式确认了人民的立法权与法律上的平等权利。

人权宣言还宣布：“除非根据在犯法前已经制定和公布的且系依法施行的法律以外，不得处罚任何人。”“任何人在未被宣告为犯罪以前应被推定为无罪。”它确立了罪刑法定主义原则和无罪推定原则。

此外，人权宣言还宣布：“除非在法律所规定的情况下并按照法律所指示的手续，不得控告、逮捕或拘留任何人。”它确立了适当的法律程序。

法国人权宣言所宣布的有关法律的制定与执行的各种原则为近代

---

① 卢梭：《论人类不平等的起源和基础》，1962年商务印书馆中译本，第53页。

的法治原则奠定了基础，也为资本主义国家宪法确认法治原则提供了样板。这个宣言问世以后两年，法国制定的第一部宪法即以它作为序言确认了法治原则。

(二)自由资本主义时期宪法中的法治原则

在法国人权宣言公布的前两年，即1787年，美国制定并颁布了宪法。这部宪法正式实施生效的时间恰好是法国人权宣言公布的那一年。这部宪法的文本在体现法治原则方面，虽不如人权宣言那样完备，但它和以人权宣言作序言的1791年的法国宪法都对法治原则被确认为宪法的基本原则发生了巨大的影响和作用。在美、法两国宪法之后，各资本主义国家的宪法都以不同的方式确认了法治原则。

首先，应该指出的是：近代宪法是以国家根本法的形式出现的，它为国家制定各种法律提供了立法的依据，为实行法治原则提供了具体细节，它更为实行法治原则创造了有利条件。因此，我们可以说宪法产生的本身就是法治原则的表现。

其次，应该说明的是：美、法两国宪法及其以后的早期的资本主义国家宪法虽然体现法治原则的表述形式不同，但内容基本相似。它们都强调平等，反对特权，注重公民权利的保障，反对政府滥用权力。如美国宪法的早期修正案第1条至第10条和第14条即规定公民的基本权利和公民的平等保护，并且还用“适当法律程序”条款从诉讼程序上保障公民权利和平等保护的实现。美国宪法文本还规定了政府机构的组织结构，采用典型的分权制衡形式以防止政府滥用权力。又如18世纪末、19世纪初的瑞典、荷兰、巴西、智利等国宪法，或者采君主立宪制，对君主的权力进行限制，或者采共和制，规定政府机构的权限范围及其相互之间的关系；或者规定公民的平等权和其他权利，或者规定公民权利并予以平等保护。

由于宪法中的法治原则的表现形式不同，西方学者对这个原则的含义的说明，真可谓是众说纷纭。有的说法治是法律与秩序的简称；有的说法治即以法律保护个人自由，它应包含分权与平等；有的说法治是对政府权力的限制，因而政权的建立要经过被统治者的同意；如此等等。各人看问题的角度不同，都有一定道理，但又都具有片面性。

由于宪法中的法治原则的规范内容相似，西方学者中就出现了能归纳这些内容的、可以为人所接受的说明。1885 年英国宪法学家戴西把法治原则归结为三个要素。他在牛津大学讲学的《英宪精义》的讲稿里指出：法治原则应该包含的因素是：(1)绝对的或超越的法治，反对政府有专断的、自由裁量的、无限制的特权，英国人可以因破坏法律而受处罚，但不会因为其他任何事情而受处罚；(2)法律面前人人平等，英国人不分阶级受治于同一法律体系，为同一法院所管辖；(3)对于英国人来说，宪法不是一切法律规范的渊源，而是个人权利与自由的结果，而英国人的权利和自由是由宪法根据习惯法予以保障的。① 戴西的这个说明是以英国宪政制度为依据的，除权利和自由的渊源引入争论之外，他抓住了法治原则的基本要点，因而成为当时颇具权威性的法治理论。他的这个理论反映了自由资本主义时期的时代需要。

(三)垄断资本主义时期西方国家宪法中的法治原则

自由资本主义时期，特别是资产阶级夺得政权的初期，资产阶级需要反对封建特权以确立自己的资本特权，需要确认公民的权利以保障自己的权利。但是，到了垄断资本主义时期，资本的特权已经确立，资产阶级的权利已经获得充分的保障。原有的法治原则和法治理论不再适合他们的需要，必须加以修改。

在垄断资本主义时期，西方国家的宪法呈现出两种倾向：其一是加强警察统治，其二是扩展公民权利。这两种倾向分别表现在不同的国家和同一国家的不同年代的宪法之中。但不论何种倾向的宪法，都要适应资本集中所产生的权力集中的要求，加强行政权力。法兰西第五共和国宪法在这方面表现得至为明显。它改第四共和国宪法所确认的议会政府制为具有议会制特点的总统制，扩大了行政权。在加强警察统治倾向的宪法中，把这种扩大了的行政权，运用到违背法治原则的程度。如宪法中关于国家元首的紧急命令权的规定，有的无判定紧

① 戴西：《英宪精义》，英文版第 10 版，第 202~203 页。

急状态的标准，有的无行使这项权力的法定程序，几乎由国家元首自由裁定。在扩展公民权利倾向的宪法中，不仅权利的范围和内容有所扩展，而且权利保障也更受重视。此外，随着社会经济的发展和宪法的国际化倾向的出现，宪法中的法治原则也必然出现新的规范，如资本主义的国家所有制规范、国际公认的国际法规则在本国具有最高法律效力的规范等。所有这些变化，都突破了自由资本主义时期的宪法所确认的法治原则。于是戴西的法治理论受到批评，新的法治理论应运而生。

英国学者韦德和菲力普在他们合著的《宪法和行政法》一书中介绍了西方学者对戴西的法治理论的批评：首先，批评他的关于自由裁量权的观点，认为现在应该注重建立政治安全保卫制度，而不是攻击自由裁量权，在很多方面政府不可避免地要运用自由裁量权。其次，批评他的平等权观点和受同一法院管辖的观点，认为出于社会经济的考虑，立法必须把各种人区分开来，使雇主和受雇者等各式各类的人受不同的法律管辖，法律面前人人平等会使区分各种人的法律归于无效；并且认为戴西不关心司法权的管辖问题，包括法国式的行政法院与普通法院分开的问题，还认定英国可以采用法国行政法院与普通法院分开的办法，以保护公民权利免受官员们的侵犯。最后，批评他的公民自由、权利由法院根据习惯法予以保障的观点，认为习惯法要受议会的限制，议会可制定法规予以改变。①

介绍了对戴西的批评意见以后，韦德等人就提出了自己的法治理论。他们认为法治包含着与社会哲学观念相联系的三项内容：

第一，法律和秩序优于无政府状态。就某种意义而言，它既可为专制政府所利用，也可为民主政府所维护。在专制政府下，公民之间、公民和政府之间的争讼仍可由法院解决，不必使用暴力。在民主政府之下，人民必须有可能运用政治权利改变政府而不受政府的威胁。

第二，政府根据法律进行活动。人民必须有可能影响政府的行

① 参阅韦德，菲力普：《宪法和行政法》，英文版，第87~88页。

动，必要时可对政府行动的合法性提出挑战。政府机关及其官员违背法律必须受到法律制裁。

第三，法治是一种广泛的政治原则。法律制度本身具有社会政治内容，而且立法者又各有其政治倾向，保守党议员趋向于反对国有化，工党议员趋向于否决那些反对游行示威的法规，自由党议员趋向于支持公民权利方面的法案。

但是，法治作为一项政治原则，含义极不确定，这是否可列为法治内容，英国的法哲学家们仍有意见分歧。

除上述内容以外，韦德等学者认为还有两点可作为法治的内容，即：

第四，法治随国际运动的发展而发展。国际运动对法治有促进作用。如 1950 年在罗马签订的欧洲人权公约确认欧洲各国有“一种共同继承的政治传统、理想、自由和法治”。1959 年新德里 53 个国家律师(法学家)集会宣布法治是一个生气勃勃的概述，在自由社会里它可被用来保卫和发展公民个人的政治权利。欧洲共同体法成为英国必须遵守的法律规范等。都足以证实国际运动促进法治的发展。

第五，法治随社会和经济的发展而发展。在社会经济不断发展的情况下，政府负担着多种多样的社会经济事务，法治不能不以新的形式支配社会经济活动。而且随着社会经济的发展和政府任务的变化，要用简单的公式表明法治的含义已不可能，法学家、政治家必须随时接受新的法治概念。

韦德等人的新的法治理论，符合垄断资本主义时期西方宪法所确认的法治原则的实际状况，它既有比戴西理论前进之处，也有比戴西理论后退之处。

资本主义国家体现法治原则的宪法和人民主权、基本人权的宪法规范有所不同。它没有一项法治原则的总的规定，而且也未能建立起体现法治原则的基本标准，因而在理论上常常出现争论，没有统一的解释，不能定于一尊。但有一点却是共同的，这就是它的阶级本质。列宁说过：“法治国——Pays Legal 的直译，它是指那在国会中有自己的代表并享有民众所不能享有的宪法特权的集团或阶级而言的。"①列宁的话揭示了资本主义法治国的本质，也揭示了它的法治的本质。

三、社会主义国家法治原则的宪法实践与理论探索

（一）宪法规范所体现的法治原则

社会主义国家的出现，把法治原则推到了一个新的发展阶段。如果说资本主义国家的法治是享有宪法特权的集团或阶级的法治，是体现资本特权的法治，那么，社会主义国家的法治则是一种以消灭特权为目的的法治。

社会主义国家体现法治原则的宪法规范集中表现为两个方面：一是人民的立法权，二是严格地依法办事。社会主义国家宪法一般都规定一切权力属于人民，由人民代表机关代表人民行使国家权力；它们还规定最高的人民代表机关享有立法权。宪法规范所体现的人民立法权十分明显。社会主义国家宪法通常都规定整个国家机关体系的组织与活动原则，其中包括各国家机关的权限范围以及它们之间的相互关系的准则；同时还规定公民的基本权利以及国家机关保障这些权利使之得以实现的职责，公民行使这些权利应该遵守的准则。社会主义国家宪法一般都宣布宪法是国家根本法，它具有最高的法律效力，为一切国家机关和全体公民的最高的行为准则。宪法规范所体现的依法办事的精神也十分明显。

（二）法治原则的理论探索

社会主义国家法治理论虽然尚未形成权威性的一致说明，但这个理论应该包括以下各个部分则是可以肯定的。

第一，法治以法为依据，法有阶级性，谈论法治时必须分清哪一种历史类型国家、哪一个阶级的法治，不能把法治加以抽象化。关于法的阶级性的问题，社会主义国家学者中曾出现争论，争论焦点不在于法的阶级性的有无，而在于阶级性是否为法的唯一属性以及对法的其他属性的认识。有人认为法除了阶级性之外，还有社会性，如环境

① 《列宁全集》第 17 卷，第 138 页。

法、交通法中的各种法律规范就很难说它是为社会某一阶级制定的，它在很大程度上是为社会全体成员利益而制定的。他们把法的阶级性和法的社会性视为两种相互平行的属性，对这两种属性采等量齐观态度，因而认定社会主义国家的法、法治中具有某种超阶级的因素。这种观点值得商榷。任何国家的统治阶级制定法律时，首先考虑的是本阶级的利益，社会主义国家的统治阶级也是如此。环境法、交通法固然不专为保护统治阶级的利益而制定，其中也反映社会其他阶级的利益，但从其赖以制定的根本目的来说，仍然是为了维护统治阶级的利益。因此，法的社会性只是寓于阶级性之中的一种属性，它不是作为一种独立的属性而存在。决不能用这种社会性去否定法的阶级性，否定法治的阶级性。

第二，法治与民主相结合，没有民主的法治不是社会主义法治，它可能导致专制主义。和民主相结合的法治的根本要求是法律制度的民主化。而要作好法律制度的民主化，首先，要求立法过程民主化，只有通过民主的立法程序，才能使制定的法律更如符合人民的意志和利益，其次，要求法律公开化，人民的法律应该向人民公开，各种把法律加以神秘化的做法均应予以取缔；再次要求法律评论合法化，法律公布之后，既允许人民加以颂扬，也允许人民给予批评，以便了解人民意向，改进立法工作；此外，还要求法律实施合理化，消除在法律实施过程中所产生的一切有损法律权威的现象。

第三，法治以反特权为核心，消灭一切特权是社会主义法治的目的。资产阶级为反封建特权而提倡的法治原则，在历史上建立过巨大功勋，起过推动人类进步的作用。但是，他们没有因此而消灭特权，只是以一种新的特权取代了旧的特权。他们遭到了反特权者的反对，这是历史发展的必然结果。掌握了国家政权的工人阶级从阶级本质来说，并不谋求任何特权，从其历史使命来说，更不容许谋求任何特权。社会主义国家的法治原则不以特权形式的更递为目的，而以消灭一切特权为目的。

四、法治与法制

法治作为一种治理国家的手段或方式，它的基本含义在前面已经论述。

法制是指一个国家的法律和法律制度的总和。它包括国家的各种法律，如宪法、民法、刑法、诉讼法、行政法等；也包括国家的各种法律制度，其中有立法制度司法制度和监督守法制度。

法治与法制两者的关系至为密切。概括地说，它们的关系是：法治以法制为基础和前提条件，法制以法治为目标和归宿。如果一个国家没有一整套法律和法律制度，没有法制，或者法制不健全，就谈不上实行法治。一个国家经过各种努力制定各种法律和法律方面的制度，建立和健全了自己的法制，理所当然地应该用之于治理国家。

以上所说的关于法治与法制的关系的论点，在社会主义国家的学者中赞同者固然很多，但反对者亦复不少。持反对意见的学者特别反对法制以法治为目标与归宿的论点。他们认为社会主义国家的治国手段很多，马克思列宁主义的指导、共产党工人党的领导、共产主义道德、社会主义经济建设等都是治国的手段，片面强调以法治国，难免以一概全，必然导致法律至上。

其实，提倡以法治国并不等于认定法是用以治理国家的唯一手段。从来没有任何一个主张法治的学者同时主张用法律对抗马列主义的指导和党的领导，排斥共产主义道德和经济建设。恰恰相反，法治论者都强调社会主义国家的法律是在马列主义指导、共产党的领导下制定出来的，它和共产主义道德有密切联系，它从经济建设的需要出发并服务于经济建设。提倡以法治国并不排斥其他治国之道，强调法律在治理国家中的重要作用，并非主张法律高于一切。

反对法制以法治为目标和归宿的观点的学者在提出反对意见之后，提出了自己的论点。他们认为在法的范围内的正确的提法应该是“加强社会主义法制”。他们用以论证自己论点的理由是：只有加强了社会主义法制，才能保障社会主义民主适应社会主义经济发展的要求，正确处理社会主义社会中的阶级关系和阶级斗争问题，保持安定团结的政治局面，推动社会主义经济的发展。

的确，社会主义法制的作用是重大的。但是社会主义法制，作为社会主义国家各种法律和各种有关法律方面的制度的总和，毕竟是静态的。只有当它由静态变为动态的时候，即只有它所包含的法律和法律制度付诸实施的时候，才能产生以上所说的各种作用。而这种由静态到动态的过程，也就是法制的运用的过程，即实行法治的过程。

第四节　三权分立原则

一、近代分权学说的产生

(一)产生的过程

三权分立是资本主义国家机关的组织与活动原则，也是资本主义国家宪法的一项基本原则。这个原则是根据近代的分权学说建立起来的。近代分权学说包括分权与制衡两个部分。所谓分权，是指把国家权力分为立法、行政、司法三个部分，分别由三个国家机关独立行使；至于制衡，则是指这三个国家机关在行使权力的过程中保持互相牵制与互相平衡的关系。

近代分权学说是由洛克所倡导，由孟德斯鸠加以发展和完成的。

洛克在他所著的《政府论》下篇中把国家权力分为立法权、执行权和联盟权三种。他认为议会是掌握立法权的机关，政府是掌握执行权的机关。他主张在君主制国家中执行权应该属于国王，由国王任命大臣、法官以及其他公职人员并指导他们执行法律；联盟权也应当由国王行使。他特别强调立法权与执行权的分立，认为由同一批人同时拥有制定和执行法律的权力，就会给人们的弱点以极大诱惑，使他们动辄要攫取权力。

孟德斯鸠在他的《论法的精神》一书中分国家权力为立法权、有关国际法事项的行政权、有关民事法规事项的司法权三种。他称第二种权力为行政权，第三种权力为司法权。他认为这三种权力应当分别由不同的人或不同的机关掌握，否则公民的自由便没有保障。他还根据英国的政制说明各种权力之间的制衡关系，指明立法机关由两部分组成，可通过相互的反对权彼此钳制；立法机关的两部分都受行政权的约束，而行政权亦受立法权的约束，彼此协调前进。

孟德斯鸠的分权理论和洛克的分权理论比较起来，有两点重大区别：第一，洛克未能明确区分国家机关的权能界限，他所说的联盟权只是行政权的一种，他所说的三权，实际上只有立法、行政两权；孟德斯鸠所说的立法、行政、司法三权则在国家机关的权能划分上比较明确、比较合理，但他把行政权归结为有关国际法事项的权力，亦不精确。第二，洛克只说明分权，未论及在权力行使过程中发生矛盾冲突如何解决；孟德斯鸠则于分权之外，还谈到了制衡关系。

（二）事实根据

近代分权学说赖以确立的事实根据是英国的君主立宪制。

马克思说："在某一国家里，某个时期王权、贵族和资产阶级争夺统治，因而，在那里统治是分享的，那里占统治地位的思想就会是关于分权的学说。"①洛克的主要理论活动是英国资产阶级革命取得胜利，产生阶级妥协和阶级分权的时期进行的。他从英国的现实政治生活中观察到巩固资产阶级革命胜利成果，防止封建势力复辟的途径。他反对无限权力的君主制，认为如果君主全权独揽，人们的权利受到君主的侵犯，便无处申诉，不能获得公正的裁判。但是，他并不主张彻底推翻君主政体，认为英国人民不肯轻易放弃旧制度，只有在君主发生一系列权力滥用、阴谋诡计等严重情况下，才会奋起把君主推翻。当英国的君主立宪制已经确立，近代宪政制度、议会民主制已初具规模的时候，法国政治正趋向反动。路易十四执政以后，竭力宣扬封建专制主义，大言不惭地指着自己的鼻子宣称"朕即国家"。孟德斯鸠对此深恶痛绝，决心借英国的君主立宪制抨击法国的专制制度，为改变法国的政治制度制造舆论。他也反对君主专制，认为在专制国家里，人不过是一个生物服从另一个发出意志的生物，在那里人的命运和牲畜一样，就是本能、服从与惩罚。他同样不主张彻底推翻君主

① 《马克思恩格斯全集》第3卷，第52页。

制，认为君主政体的原则是荣誉，而荣誉是推动各部分政治机体的动力。

洛克和孟德斯鸠都认定英国的君主立宪制既保持了君主制又限制了君主的权力，是一种理想的政治体制。他们的分权理论尽管在内容和形式上有所不同，但都是以英国的君主立宪制作事实根据的，都是英国君主立宪制的理论表现。

（三）理论基础

分权学说是君主立宪制的理论表现，但是作为一种理论，它本身又有它赖以建立起来的理论基础。它的理论基础就是和社会契约论相结合的近代自然法学派学说。

洛克和孟德斯鸠都信奉近代自然法学派的学说。洛克认为国家产生以前，人类生活在自然状态之中。人人都有自然权利，享有生命权、财产权和自由权；个个都遵守自然法并接受理性的指导，过着合理的、美好的生活。孟德斯鸠也承认自然状态和自然法的存在，并且认为生活在自然状态中的人们彼此之间存在着和平、寻找食物、互相爱慕、愿过共同的社会生活等四条自然法原则。

继自然权利和自然法原则之后，洛克和孟德斯鸠都谈到了国家的起源。洛克崇尚社会契约论。他认为自然状态中的人们的自然权利有时受到少数不遵守公道和正义的人的侵犯，这就给自然权利构成威胁，不能始终如一地受到保护，于是人们便相约组织国家。孟德斯鸠虽不像洛克那样直接断定国家产生于人们相互协议的社会契约，却也认为国家起源于一条维系人心的感恩知情的纽带。他所说的这条纽带可以说是人们希望组成国家的主观愿望，而要把这种主观愿望变成现实，就必须通过相互之间的意思表示，因而也就接近于相互协议与社会契约。

洛克和孟德斯鸠在论述国家起源于社会契约的基础上，进一步谈到了国家的目的。洛克认为人们相约组成的国家的目的是为了保护自己的自然权利。孟德斯鸠认为一切国家都有一个共同的目的，那就是自保。除此以外，每个国家又各自有其独特的目的，而英国政制的目的则是政治自由。在洛克和孟德斯鸠看来，国家要符合它的目的，就必须建立权力分立的体制。

根据近代自然法学派学说的自然权利、自然法原则、人类理性的存在以及社会契约和国家的目的论证英国君主立宪制的合理性和权力分立的必要性，这就是洛克和孟德斯鸠分权学说的理论依据。

二、三权分立原则在资本主义国家宪法中的表现

近代分权学说一经确立，即能适应资产阶级反对封建专制制度的要求，并被资产阶级国家的宪法所普遍采用。但是，由于各国的阶级力量对比、历史传统、民族状况等因素的差异，它们运用分权学说的具体形式却有很多不同之处。在多样化的形式中，目前可归结为三种基本形式。

(一)典型的美国式三权分立形式

美国独立战争的结果，是资产阶级取得完全胜利，没有产生英国那种阶级分权的政治局面。但是，由于分权学说的巨大影响，也由于制宪者希望建立一个强有力的中央政府，而又力图避免产生像以往的殖民总督那样的专横统治，因而出现了一种典型的三权分立形式，即典型的分权与制衡形式。

在分权方面，根据美国宪法第1、2、3条的规定，立法权属于由参众两院组成的国会，行政权属于美利坚合众国总统，司法权属于联邦最高法院及其下级法院。另外，根据美国宪法和惯例，凡在合众国政府下供职的人员，不得为国会议员，行政部门的人员不得向国会提出议案，不能出席国会的会议，法官受理案件不受立法和行政的干扰，法官终身任职，行政部门对法官虽有任命权，但无罢免权，立法部门对法官的任命虽有同意与否决的权力，但非因法官犯罪并依法定程序弹劾之外，也无罢免权。其分权原则非常明确。

在制衡方面：美国宪法规定了国会对总统的制约，国会有权要求总统条陈政策以备审议，有权建议、批准总统对其所属行政官员的任命，有权批准总统对外缔结的条约，有权通过弹劾案撤换总统。宪法也规定了国会对司法机关的制约，参议院对弹劾案有审判权，国会有宣告惩治叛国罪之权，有建议、批准总统对联邦最高法院法官的任命

之权，有弹劾审判联邦最高法院法官并撤销其职务之权。美国宪法规定了总统对国会的制约，总统对国会通过的法案拥有有限的否决权，副总统兼任参议院议长。宪法也规定了总统对司法权的制约，总统有特赦权，有提名并任命联邦最高法院法官之权。美国宪法规定了联邦最高法院对总统的制约，总统因弹劾案受审时，联邦最高法院首席法官担任审判庭主席，此外，根据美国宪法惯例，联邦最高法院有权解释法律，宣布国会通过的法律违宪无效。其制衡原则也十分清楚。

现代实行总统制的国家，特别是南美洲的委内瑞拉等国，一般都因袭美国的形式。它们的宪法关于分权与制衡的规定和美国宪法大同小异。

（二）以立法为重点的英国式形式

英国资产阶级取得革命胜利的初期，封建贵族以国王为代表，掌握行政权，资产阶级控制下议院，在很大的程度上掌握了立法权，构成立法与行政的分立与牵制；同时，在议会中国王、上议院与下议院之间也存在权力的分配与牵制关系。这就构成英国当时采用分权原则的主要形式。

后来，资产阶级、封建贵族进行了长期的权力斗争。其结果是立法权胜过行政权，下议院胜过上议院，资产阶级的权力扩大，国王的权力衰微，行政实权由国王转归内阁，最终形成责任内阁制。从法律形式上说，责任内阁制的权力重心在议会。立法权是三权的重点。

英国责任内阁制的主要内容是：内阁由下议院多数党的党魁组织；内阁成员对下议院负连带责任，如果下议院对内阁不信任，不是内阁总辞职，就是内阁解散下议院。对于英国这种分权原则的运用，著名法学家布奈克斯顿曾经说过："当政府各部门进入行动，发生影响时，全部进程就是各部门之间的彼此审查与控制。"①

现代世界上实行君主立宪制与议会共和制的资产阶级国家一般都采用英国的方式实现分权原则。

---

① 布奈克斯顿：《英国历史评论》，1809年英文版第2卷，第413~414页。

日本是君主立宪制国家。它的宪法规定：国会为唯一立法机关，行政权属于内阁，司法权属于最高法院及下级法院。国会有权提名内阁总理大臣，提请天皇任命，有权通过不信任案迫使内阁总辞职；内阁在国会通过不信任案时，有权在十日内提请天皇解散众议院，它还有权决定大赦、特赦、减刑、免除刑罚执行及恢复权利；最高法院有权决定一切法律、命令、规则是否符合宪法。其他君主立宪制国家的宪法也有类似规定。

德意志联邦共和国属于议会共和制国家。它的基本法规定：主权属于人民，它由人民通过选举和全民投票方式，以及通过有立法权、行政权和司法权的专门机构行使之；立法权受宪法的限制，行政权和司法权受法律和立法权的限制。这项规定从原则上确立了分权制。同时，基本法还就行使三权的机构及其相互之间的牵制与平衡关系作了明细的规定，如联邦议院有权对联邦总理表示不信任，联邦总理有权提议联邦总统解散联邦议院等。其他实行议会共和制的国家，如意大利等国的宪法也有关于分权与制衡的类似规定。

(三)以行政为重点的法国式形式

法国现行宪法宣布：忠于1789年人权宣言所肯定的，为1946年宪法所确认并加以补充的各项人权和关于国家主权的原则。而人权宣言则已明确宣告“凡权利无保障，分权未确立的社会，就没有宪法”。可见法国是实行分权原则的国家。

在现行宪法颁布以前，法国是一个议会共和制国家。它实行分权与制衡的形式和联邦德国、意大利等国基本相同。现行宪法改变了原来的分权与制衡形式，加强了总统的权力，削弱了议会的权力，从而把分权从制衡的权力重心由立法转移到行政。根据这个宪法的规定，总统是以仲裁人和保证人的地位行使国家权力的。他有权任命政府总理并根据总理的建议任免其他政府成员；他有权主持内阁会议，签署内阁会议所决定的法令和命令。他实际上掌握着超越于政府之上的行政大权。这个宪法还规定总统在法定期限之内得要求议会重新审议其最后通过的法案，议会不得拒绝；总统有权就一切涉及公共权力组织的法律草案提交公民复决；总统有权以命令宣布议会特别会议的召开和闭会。他在很大的程度上控制着议会的立法权。

法国现行宪法专章规定了议会和政府的关系。其中规定：总理就内阁会议讨论通过的施政纲领或者总政策，得对国民会议提出由政府承担责任的说明；当国民会议通过不信任案或当它不同意政府的施政纲领或总政策说明时，总理必须向共和国总统提出政府辞职。这一章没有像责任内阁制国家的宪法那样，规定总理可以提请总统解散国民议会作为对抗手段。但是，这个宪法却规定了总统在与总理及议会两院议长磋商后得宣布解散国民议会。

三、三权分立原则在实践中的发展和变化

分权学说随着资产阶级国家的建立，已有三百多年的实际运用的历史。在这期间，资本主义世界发生了很大的变化，分权学说的实际运用也因之发生了重大变化。这种变化主要表现在以下四个方面：

（一）阶级之间的分权含义已经消逝

近代分权学说原是英国资产阶级与封建贵族分享政权的理论表现。它的本意是阶级之间的分权。但是，美、法两国的资产阶级革命都以资产阶级取得完全的胜利告终，那里建立的新的政权是由一个阶级独享的。然而这两个国家却都按分权与制衡原则建立了新的国家机关体系。从那个时候起，分权学说的实际运用就已开始含有新义。它已由两个阶级之间的分权开始演变为一个阶级内部的分权。

即使在英国，也由于资本主义生产关系的发展，资产阶级力量的日益膨大，封建贵族在国家政权中的实际权力已被逐步削弱，以至最终在实际上成为资产阶级独享政权的国家。它在分权学说的实际运用中，原有的阶级之间的分权含义也已归于消逝。英国的情况如此，其他的君主立宪制国家，如欧洲的比利时、亚洲的日本等国的情况也和英国基本相同。

（二）增添了地方分权的含义

三权分立原则是从国家整体权力的实现着眼的，它的适用范围限于国家的中央机关体系。它不涉及中央与地方的关系，也不涉及地方机关体系之间的关系。但在美国的制宪过程和政治实践中，州权派首

领杰弗逊主张实行地方分权。他认为在真正的共和制政体下，为了保障人民的权利和自由，不能实行中央集权，必须实行地方分权。他还认定地方机关体系中也应实行分权与制衡原则。杰弗逊的主张运用于美国；扩展了三权分立原则的适用范围。继美国之后，许多资本主义国家确认了地方分权原则。尽管资本主义经济的发展规律是从自由竞争到垄断集中，而资本的垄断集中必然要求国家权力的集中，地方分权原则必然遭到严重破坏。但是从历史的角度甚至从现实运用来看，分权学说的适用范围已经扩展到了中央与地方的关系之中，这是毫无疑义的。

(三)政党政治的影响逐步加强

由于政党的发展，分权与制衡原则在运用形式和实际内容上都产生了巨大的影响。

在运用形式方面：政党发展的结果出现了多党制，出现了政党对选举的影响和控制。在多党制国家里，内阁往往难于在议会中获得稳定的多数的支持。这就使得一些实行责任内阁制的国家常常产生议会对内阁的不信任问题，以至经常出现政府危机，引起政府更替，造成政局不稳定的现象。这种现象的出现，不利于资产阶级巩固自己的统治。法国因此改变了它原来的分权与制衡形式，把原来的议会共和制改为具有议会制特点的总统制。它使总统凌驾于内阁与议会之上，以解决多党制与责任内阁制并用时所产生的矛盾。德意志联邦共和国也因此在基本法中增加了议会对内阁的不信任问题的限制性决定。

在实际内容方面：政党政治的发展，使国家机关体系之间的分权与制衡关系，变为执政党内部的权力分配与协作关系。在两党制的责任内阁制国家里，内阁总理或首相是议会多数党的领袖，因而使行政与立法的关系事实上具有执政党内部关系的性质；在两党制的总统制国家里，总统与国会的关系虽和责任内阁制国家内阁总理与议会的关系有所不同，总统所在的政党不一定是议会中的多数党，但有时也出现国家机关之间的分权与制衡变为党内权力的分配与协作情况。至于在多党制国家里，各政党为加强自己的权力地位，往往进行各种变幻无常的组合，从而使国家机关的分权与制衡变为政党之间为争夺权力而互相勾结、妥协，或者互相斗争、倾轧。

（四）行政权力逐步扩大

行政权力的扩大，是由资本的垄断集中所引起的。各资本主义国家又各自有其独特的国情，助长其行政权力扩大的趋势。以美国为例，总统权力的扩大就有许多其他因素：法律的因素是总统依法享有紧急命令权和广泛的自由裁量权；历史传统的因素是历届总统多要求行政特权，这种特权逐届保持而日益扩大；战争因素是总统为应付战争的需要必须扩大权力，这种权力在战后却作为惯例得以保持和延续；选举因素是要在选举中获得总统职位，必须在政党内部拥有强大势力，而拥有这种强大势力的人在当选以后就有足以和国会抗衡的力量；其他因素如发生工人运动、黑人运动、妇女运动，处理经济危机、通货膨胀、城市发展和能源问题，实行扩军、争霸等，都须采取果断措施，作出迅速反映，国会人多嘴杂，难于适应这种要求，因而也需要扩大总统的权力。

行政权力扩大的结果，是分权与制衡原则遭受巨大的冲击。一方面是行政首脑利用其宪法赋予的权力和扩大了的权力，利用其政党的势力和影响，采取各种手段加强对立法与司法两权的控制。这类实例在资本主义国家以往的和现在的政治实践中不胜枚举。另一方面是行政首脑利用各种有利条件，采取各种有效方式，力图摆脱立法、司法两权对他的制约。这类实例在各资本主义国家的政治实践中亦屡见不鲜。行政权力的扩大和立法、司法两权的削弱，以至有人认为三权分立原则已经过时，它在资本主义国家机关的组织与活动中已经丧失作用。其实，行政权力的扩大并没有达到吞噬立法、司法两权的程度，也没有达到完全不受立法、司法两权的牵制的程度，近年来各发达资本主义国家机关的组织与活动中仍然常常体现出三权分立原则的实际作用。

四、三权分立原则在理论上发生的争议

近代分权学说从它开始创立起，一直到后来的实际运用，都产生过许多理论上的争议，其中主要的有如下几项：

（一）国家权力能否分割

近代国家主权概念产生后，国家主权的不可分割性已为政治理论家们所公认。有的学者还从主权的不可分割性推论到国家权力的不可分割，进而否定分权学说。卢梭即是其中的主要代表人物之一。

卢梭认为主权是公意的具体表现，而公意是不可分割的，因此，他主张主权不可分割。他从这种主权不可分割的观点出发，反对分权学说。他讥笑主张分权的政论家，认为他们像日本幻术家那样，“能当众把一个孩子肢解，把他的肢体一一抛上天空去，然后就能再掉下一个完整无缺的活生生的孩子来”①。他认为分权学说所主张的是肢解国家主权，这是同公意的不可分割性、主权的不可分割性相矛盾的。

西方学者很多人不同意卢梭的见解。他们认为权力分立不是分割国家主权，也不是分割国家的权力。日本宪法学家美浓布达吉在这方面的论述具有代表性。他说：“所谓三权分立，并非承认国家之内有三个互相独立的对等的权力的存在，而是对于行使单一的国家的权力，将其权能分配于三种机关，使之各于其权限范围内，以某种程度的独立以行使。”②在这里，美浓布达吉认为三权分立中所分立的不是国家权力，而是分配实现国家权力的权能或权限。这就从根本上否定了卢梭的权力分立与主权、国家权力的不可分割性相矛盾的论点。接着他又论述了三权在行使过程中所遵循的原则。他认为在三权分立原则的指导下，立法、行政、司法三机关对于其权限范围内的行为要“互相尊重“、“不得破坏”。依立法权制定的法律，行政、司法两机关必须遵守；司法权所下的判决，立法、行政两机关必须尊重；行政权所作的行为，立法、司法两机关必须服从。最后，得出结论：“三权各守其畛域，不相侵犯，则于国家意志的统一毫无妨碍。”③

上述争议似乎各有道理，是非曲直难于分辨。究其根源是由于争

① 卢梭：《社会契约论》，1982年商务印书馆中译本，第37页。

② 美浓布达吉：《宪法学原理》，1927年商务印书馆中译本，第256页。

③ 美浓布达吉：《宪法学原理》，1927年商务印书馆中译本，第256页。

执双方对分权的概念及其实现的过程各有不同的理解。因而从这个争议中又引出了关于分权的含义的争论。

（二）权力分立有无确切含义

现代美国宪法学家柯尔文曾把分权总结为四个要点：(1)政府有立法、行政、司法三种固有的、独特的职能；(2)这些独特的职能应由三个分别配备人员的政府部门各自行使；(3)三个部门在宪法上应是平等的、互相独立的；(4)立法部门不能把权力委托给他人。①

柯尔文的这个说明为许多学者所接受，特别在美国，这个说明具有一定的权威性。但是英国宪法学家杰弗里·马歇尔却反对这个说明。他认为柯尔文的关于分权的说明作一个整体来说，既不符合传统的权威著作中的标准思想，也不一定适合以往的和现行的宪法中所规定的实际情况。

在传统的权威著作中，亚里斯多德的《政治学》，波里比阿的《罗马史》，有三个部门的独特职能的描述；洛克的《政府论》显然不主张立法与行政之间平等意义的分权，他认为立法权是最高的权力；孟德斯鸠的《论法的精神》强调三权应分别由不同的人和不同的机关所掌握，在某种程度上包含着人的分立与政府部门之间的牵制与平衡两者相结合的理论。至于历史的和现行的宪法对分权的规定，形式更为复杂。美国的形式不同于英国，法国的形式和美、英两国都有差别。无论从历史的和现实的或者从理论和实践的状况考察，都难于总结出一个公认的分权概念。因此马歇尔认为“分权概念面临着难于弥补的缺陷”，并且指出了这些缺陷的要点：

第一，是否存在分立，或者在何种意义下存在分立，很不清晰。由宪法赋予特定的人或团体的立法、行政、司法权没有定限。

第二，即使存在分权，由于立法、行政、司法没有公认的精确的定义，分立的状况如何，是怎样分立的，也不明确。

第三，分立概念本身适用于各种观念，诸如人的身体的分离，机关任务之间的法的不一致性，职能的差异，机构的分离与特权，一部

① 柯尔文：《美国宪法》，1964年英文版，第9~10页。

门对其他部门的互相牵制、监督或控制等。

第四，就政府职能的溶合而论，对立法与行政职能的分立的处理，不同于司法和其他两种职能的分立的处理，至于这种不同处理是否适当或必要，是否自动改变，政府各部门之间职能的部分授权是否合法，分权原则都没有提供指导。① 在马歇尔看来，分权概念含混不清，难有统一的理解。

正是由于对分权概念没有统一的理解，因而对有些国家的政治体制是否属于权力分立便有争论。以英国为例，孟德斯鸠认定英国实行三权分立，但后来的学者中有人同意他的见解，也有人认为他误解了英国的政府制度，因为在英国立法权高于行政权和司法权，不属于三权分立体制。

如果说英国政制因立法权高于其他权力不属于三权分立体制，那么现在的法国政制中总统的权力高于其他机关的权力，是否可以说法国已经抛弃了人权宣言所宣布的凡分权未确立的社会就没有宪法的传统信念？这样一来，争论的问题就会变得更为复杂。

此外，三权分立原则的理论的争议中还有一个极为重要的问题，就是司法审查是否合理。这个问题待比较研究司法机关时详细探讨。

三权分立作为一项资本主义国家的宪法原则，在反对封建势力复辟的斗争中，在确立资产阶级民主制度和促进资本主义生产关系的发展中起过重要的作用。它的历史功绩不能抹煞。但是，它本身却又受着时代的和阶级的局限，不能为社会主义国家的宪法所采用。

第五节　民主集中制原则

一、民主集中制原则的产生

(一)工人政党中民主集中制原则的产生

民主集中制是一种民主与集中相结合的制度，它是民主基础上的

① 参见杰弗里·马歇尔：《宪法理论》，1980年英文版，第124页。

集中。民主集中制原则是社会主义国家机关的组织与活动原则，也是社会主义国家宪法的一项基本原则。它是从无产阶级政党的组织原则中推演而来的。

马克思和恩格斯在总结英国宪章派、法国布朗基四季社、德国正义者同盟的经验的基础上，提出按照民主集中制原则建立共产主义者同盟。1847年6月正义者同盟在伦敦召开代表大会，大会根据马克思和恩格斯的提议，决定改正义者同盟为共产主义者同盟。同时大会还通过了《共产主义者同盟章程》，章程体现了民主集中制原则。章程规定：全盟代表大会是全盟的立法机关，中央委员会是全盟的权力执行机关，中央委员会要向代表大会报告工作；代表大会代表、中央委员会委员以及各区部、支部的领导人均由民主选举产生，如果领导人不适宜，可以随时撤换；有关同盟的重大问题，首先要给下面各支部讨论，然后作出决定；盟员要服从同盟的一切决议，如果不遵守，就要看情节轻重或暂时离盟或开除同盟。①

1864年第一国际建立后，马克思亲自参加了第一国际章程的起草工作，这个由代表大会通过的章程进一步体现了民主集中制的组织原则，增加了一些共产主义者同盟章程中所没有的条款。例如在集中方面，规定只有代表大会才有权修改章程；总委员会(即中央委员会)必须执行代表大会的决议；总委员会监督各支部严格遵守国际的章程，并且根据斗争的需要可于听取下面的意见之后，开除某一支部。在民主方面，规定总委员会委员由代表大会选举(在特殊情况下可以任命)；每一个国际会员都有选举权和被选举权。

1919年3月在列宁的倡议下建立的第三国际，在它的章程中正式使用民主集中制这一概念。章程第五条明确规定："共产国际及其支部是按民主集中制建立起来的，民主集中制的基本原则是：1. 党的各级领导机关，无论基层机关或最高机关都由选举产生(由全体党员大会、代表会议、代表大会和国际代表大会选举)；2. 党的机关定期向自己的选举人报告工作；3. 上级党机关的决议，下级必须服从，

① 参见《马克思恩格斯全集》第4卷，第572~575页。

保持严格的党的纪律，共产国际及其机关以及党的中央机关的决议必须立即执行。”①在1920年7月发表的《加入共产国际的条件》一文中，列宁强调：“加入共产国际的党，应该是按照民主集中制的原则建立起来的。”②自此以后，凡是遵循马克思列宁主义的共产党和工人党都以民主集中制作为组织原则。

（二）国家机关中民主集中制原则的产生

共产党、工人党是社会主义国家的领导党，社会主义国家的职能主要是通过它的国家机关来实现的。因此，共产党、工人党的对国家的领导也就主要地体现在对国家机关的领导上面。既然共产党、工人党是按照民主集中制原则建立起来的，它领导的国家机关按照民主集中制原则进行组织和活动也就成为顺理成章的事情了。

社会主义的基本含义之一就是实行真正的民主。正如马克思恩格斯在《共产党宣言》中所说：“工人革命的第一步就是使无产阶级上升为统治阶级，争得民主。”③但是，社会主义制度下的民主决不是为民主而民主。恩格斯在其所著《共产主义原理》中说过：“假如无产阶级不能立即利用民主来实行直接侵犯私有制和保证无产阶级生存的各种措施，那末，这种民主对于无产阶级就会毫无用处。”④这就是说，无产阶级必须运用已经夺得的国家政权、已经争得的民主，向私有制发起猛烈的进攻，以达到消灭阶级、实现共产主义的宏伟目标。

消灭私有制是一个非常艰巨的任务。掌握了国家政权的无产阶级既要战胜已被推翻的国内资产阶级的凶猛顽强的反抗，战胜与国内资产阶级发生联系的国际资本的力量、习惯的力量、小生产的力量，又要逐步改造现实社会，创造出废除私有制所必需的大量的生产资料。无产阶级既要完成自己面临的阶级斗争任务，又要完成自己面临的经济建设任务。列宁在总结俄国的经验时指出：“俄国无产阶级专政的

① 《共产主义运动国际章程汇编》，河南人民出版社1981年版，第91页。

② 《列宁选集》第4卷，第311~312页。

③ 《马克思恩格斯选集》第1卷，第272页。

④ 《马克思恩格斯选集》第1卷，第220页。

胜利经验向那些不善于思索或不曾思索过这一问题的人清楚地表明，无产阶级的无条件的集中制和极严格的纪律，是战胜资产阶级的基本条件之一。”①当然，列宁在这里所指的“无条件的集中制”，是以实行无产阶级专政、人民民主为前提的，实际上是一种以民主为基础的集中制。

以上的说明概括起来，就是社会主义国家为了镇压国内敌对阶级和敌对分子的反抗，组织经济文化建设工作，防止外来侵略颠覆活动，有必要扩大民主的规模，发挥人民的政治积极性与劳动热情，也有必要实行高度的集中，汇集人民的集体力量，发挥人民的集体智慧。社会主义国家的国家机构实行民主集中制。就是根据这种必要性而产生出来的。

社会主义国家的国家机构实行的民主集中制，从民主的角度说，发扬民主的过程是由多数人决定问题的过程；从集中的角度说，实行集中的过程也是汇集多数人的意见的过程。民主与集中的运用方式和进行程序虽然有所不同，但它们的实质都是尊重多数人的意见。用列宁所说的“民主就是承认少数服从多数的国家”②一语来衡量，民主集中制实质上就是社会主义的民主制。它是社会主义民主制的一种独特的运用方式。

二、民主集中制原则在社会主义国家宪法中的体现

各社会主义国家的宪法都确认了民主集中制原则。有的既确认这个原则，又把这个原则加以具体化；有的则只是从若干条款中体现这个原则的精神，而没有对这个原则加以概括性的规定。

(一)民主集中制原则的确认

确认民主集中制原则的宪法，在文字表述上有三种形式：苏联宪法表述为“苏维埃国家的组织和活动实行民主集中制原则”；朝鲜民主主义人民共和国宪法表述为“一切国家机关都根据民主集中制原则

---

① 《列宁选集》第4卷，第181页。

② 《列宁选集》第3卷，第241页。

组成和活动”；民主德国宪法表述为“在民主集中制基础上实现劳动人民的主权，是国家机构的根本原则”。这三种表述形式从实质上说是相同的，但以民主德国宪法的表述形式最佳。如果单从社会主义国家体系的宪法加以比较，似乎难于分辨其优劣，但若把资本主义国家的宪法原则联系起来加以考察，便会领悟到把民主集中制原则和人民主权紧密联系在一起的民主德国的表述形式，同资本主义国家的三权分立原则形成鲜明的对照，更能表现国家主权不可分割的原理，更能表现民主集中制优越于三权分立原则。

（二）民主集中制原则的具体化

各社会主义国家宪法都有把民主集中制原则加以具体化的若干条款。这些条款有繁有简，范围角度不完全相同，文字表述也很不一致。同时，国家机构实行民主集中制又往往因为各个国家机关的性质和任务不同，而在实行民主集中制的方式上不能不有所差异。例如国家权力机关采取合议制、少数服从多数的方式，国家行政机关则采取首长负责制和集体领导相结合、在合议的基础上由行政首长决断的方式。但是，尽管如此，民主集中制原则的具体化仍然存在着若干必需具备的共同准则。这种准则可归结为以下几个方面：

第一，人民代表机关都由民主选举产生，对人民负责，受人民监督。

各社会主义国家的人民代表机关名称各不相同，而且有中央的人民代表机关与地方的人民代表机关之别。但都是由人民代表所组成，而且都是根据各国的国情采取适当的民主方式选举产生的。他们都是人民派遣到人民代表机关的使者。

人民代表机关一经组成，它就有权行使国家权力。各国的人民代表机关有权决定国家的一切重大事务；地方的各级人民代表机关在法律规定的范围内有权决定本地方的重大事务。它们的权力是人民赋予的。

人民代表机关在行使权力的过程中，要向人民负责，接受人民的监督。人民对于不称职的代表，有权在其任期届满之前予以撤换。

第二，国家行政机关、审判机关、检察机关都由人民代表机关产生，对它负责，受它监督。

各社会主义国家的最高行政机关通常都是由其最高人民代表机关组成的。如苏联部长会议由苏联最高苏维埃在联盟苏维埃和民族苏维埃联席会议上组成；波兰议会任免波兰人民共和国政府——部长会议或其个别委员；匈牙利部长会议、部长会议主席及其成员由国民会议依匈牙利人民共和国主席团的提议选举和罢免。各社会主义国家的地方行政机关均由各国的同级地方人民代表机关组成。

各社会主义国家的最高审判机关的组成人员，院长、审判员等，都是由最高人民代表机关或其常设机关选举产生的。苏联最高法院的院长、副院长、委员、人民陪审员由苏联最高苏维埃选举产生；波兰最高法院由国务委员会选举。至于地方各级审判机关的组成人员，则有由同级人民代表机关选举产生的，也有由公民选举或由特别法规规定的选举程序选举产生的。如苏联区（市）人民法院的审判员由公民选举产生，上级法院由同级人民代表苏维埃选举产生；波兰省法院、县法院审判员由选举产生，其选举程序依法律规定。

各社会主义国家的最高检察机关的总检察长通常由最高人民代表机关或其常设机构选举或任命。如匈牙利、罗马尼亚的总检察长由其最高人民代表机关选举产生；苏联、南斯拉夫的总检察长由其最高人民代表机关任命，波兰的总检察长由其最高人民代表机关的常设机关任免。至于地方检察机关的检察长则多由总检察长任命。

各社会主义国家的行政机关、审判机关、检察机关除了以上所说的都由人民代表机关产生之外，都要向人民代表机关负责并报告工作，都要接受人民代表机关的监督。

第三，中央和地方国家机关职权的划分遵循在中央的统一领导下，充分发挥地方主动性、积极性的原则。

社会主义国家必须是集中统一的国家，必须有中央的强有力的统一领导；同时，社会主义国家也必须是承认各个地方有其各自的特殊性的国家，必须允许地方有相对的独立性。这种统一性和独立性是对立的统一。它们的对立存在于矛盾的普遍性与特殊性之中，闭着眼睛无视中央与地方之间存在着某些矛盾是错误的；但是这种中央与地方之间的矛盾只是一种人民内部的矛盾，它可以统一于人民的根本利益之中，否认其间具有统一的基础也是错误的。

上述中央的统一领导和地方的相对独立性，在社会主义国家里是由宪法予以承认并加以解决的。社会主义国家的宪法都明确规定了各中央机关与地方机关的职权。它们之间的权限划分十分清楚，应负的责任也非常明确。这样就能保证中央和地方机关各司其职，保证整个国家机关体系正常运转，保证中央的统一领导，并因地制宜地发挥地方的积极性。和中央与地方的关系有紧密联系的，是上级国家机关与下级国家机关的关系。这种关系应该按照中央与地方的关系的原则处理，即下级国家机关必须服从上级国家机关的领导，执行上级国家机关的决定；上级国家机关应该注重发挥下级国家机关的主动性与积极性。应该承认，在实际政治生活中，社会主义国家较为普遍地存在权力过分地集中于中央的现象，没有很好地贯彻民主集中制原则，未能充分发挥地方的主动性和积极性。这是在今后的政治体制改革中亟待解决的一个问题。

三、民主集中制的优越性

民主集中制作为社会主义国家的宪法原则，它和资本主义国家三权分立原则相比，具有巨大的优越性。

(一)理论上和人民主权原则相一致

从上面所说的民主集中制原则在宪法中的体现可以看出：这个原则的运用是以人民代表机关为核心的。在社会主义国家里，最高的人民代表机关具有最广泛的民主基础，行使最高的国家权力。它虽然和其他国家机关之间存在着权限分工的关系，但不存在什么互相牵制、互相平衡的关系。它高踞于其他国家机关之上，其他国家机关都处于从属地位，要受它的领导和监督。它是现代国家中体现主权的不可分割性的最好形式，也是体现主权属于人民的最好形式。

至于三权分立原则，就把国家权力分割开来，它分国家权力为立法、行政、司法三权，而且三权之间互相牵制、互相平衡。尽管西方国家的学者中有人辩解说，三权分立不是分割国家权力，而是实行国家的权能分工。但是，在三权分立原则指导之下，西方国家的号称为代表民意的议会要受其他国家机关的制约，却是无可辩驳的事实。民意机关要受非民意机关的制约，这和人民主权原则不能说不是一种无法辩解的、不可否认的矛盾！

(二)实践中便于吸引群众参加国家管理，便于实现国家权力的统一

民主集中制以民主为基础。社会主义国家的人民代表机关首先是由人民通过民主选举方式选出的人民代表所组成的，各级代表机关的代表为数众多，他们都被吸引直接参加国家管理。同时人民代表机关要接受人民的监督，在进行监督过程中，人民群众不断地得到实际政治训练，提高监督能力，从而更加广泛地被吸引到参加国家管理的行列。不仅如此，以民主为基础的人民代表机关通过其职权的行使，能够把国家权力集中于自己手中。地方各级人民代表机关能够把本级地方的国家权力统一起来由它集中行使；最高人民代表机关能够把全国各级国家机关置于自己的领导和监督之下，把全部的国家权力统一起来由自己集中行使。

资本主义国家按照三权分立原则建立起来的国家机关体系中，虽然也可由议会吸收数量众多的议员参加国家管理，但由于议员一般地说是不受选民监督的，因而它不能吸引住广大的人民群众；同时也由于议会在国家机关体系中还要受其他国家机关的牵制，因而它不可能树立自己的最高权威，不可能把国家权力统一起来由自己集中行使。

民主集中制原则比三权分立原则优越，决定着社会主义国家宪法必然坚持民主集中制原则，摈弃三权分立原则。当然，在阐述民主集中制在理论上的优越性的时候，也应看到由于在实践中不论是民主或集中的运用都还存在若干缺点，以致使这个制度的优越性没有充分发挥出来。今后应引以为戒，努力改进。同时在确定摈弃三权分立原则的时候，并不意味着对这个原则全盘否定，其中某些具体环节和经验仍可为社会主义国家改造利用，以明确国家机关之间的内部分工，加强国家机关之间的协调配合。

第三章　宪法的实施与宪法的修改

第一节　宪法的实施

一、宪法实施的重要性

法律的实施十分重要。任何法律，即使是最好的法律，如果不能贯彻实施，不过是一张废纸。宪法的实施更为重要，因为宪法对国家的各个方面都发生巨大的作用。

(一)宪法在保障民主、健全法制方面的作用

宪法的产生是和民主制度紧密联系着的。不论英国、美国、法国或者苏联、南斯拉夫，都是在革命成功，有了民主事实以后，才制定出宪法，确认已经发生了的民主事实。我们在第二章里所论述的宪法的基本原则，实际上就是确认民主事实的基本原则。从这个意义上说，宪法是民主制度的法律化。它以民主制度为前提，它既确认民主制度，又保障民主制度。它是一个国家的民主制度的基石。

宪法是国家的根本法，它是普通法的立法基础，国家的一切其他法律都是根据宪法的原则精神制定出来的。同时，宪法本身又规定了国家的立法制度、司法制度和监督守法制度的基本原则。因此，宪法构成一个国家法制的核心。

宪法在民主与法制中的重要地位，决定着它的贯彻实施的重要性。宪法制定出来以后，如果束之高阁，国家的民主与法制必然遭受破坏；反之，如果认真贯彻执行，国家的民主与法制必然得到保障和发展。宪法的实施状况是衡量一个国家的民主和法制的标尺。

(二)宪法在促进经济发展方面的作用

宪法是上层建筑的组成部分，它是由立宪国家的经济基础决定的。马克思恩格斯在谈到资本主义国家的法的产生根源时曾经说过："正象你们的法不过是被奉为法律的你们这个阶级的意志一样，而这种意志的内容是由你们这个阶级的物质生活条件来决定的。"①构成统治阶级的物质生活条件的因素是社会生产力和生产关系，也就是社会的经济基础。资本主义国家的宪法是由资本主义国家的经济基础决定的。以此推论，社会主义国家的宪法也是由社会主义国家的经济基础决定的。

宪法由立宪国家经济基础所决定这一历史唯物主义的基本原理，并不否认宪法对它所由决定的经济基础的反作用。资本主义国家的宪法把生产资料的资本主义私人所有制转化为私人财产所有权，并且对它加以精心的保护，因而促进了社会生产力和资本主义生产关系的发展。社会主义国家宪法通过对生产资料所有制、由生产资料所有制构成的经济成分的基本政策措施以及其他的有关社会经济方面的规定，促进了社会主义公有制的形成、巩固和发展，促进了社会生产力的发展。从两种不同历史类型国家宪法在促进社会经济发展中所起的巨大作用中，可以清楚地看出宪法实施的重要性。

(三)宪法在促进社会文化发展方面的作用

文化是指人对社会的各种改造活动所取得的成果，它包括物质文化和精神文化两部分。宪法对物质文化的作用在上面所说的它在促进经济发展方面的作用中已经涉及，这里专指它对精神文化的促进作用。

精神文化有时和社会文化在用语上等同使用，它指的是社会意识形态以及与之相适应的各种制度。尽管这种精神文化或社会文化因国家社会的性质不同而在内容上有所差异，但是少数资本主义国家、绝大多数社会主义国家的宪法有关于文化教育制度的专门规定。这些规定能够促进社会文化的发展是不容置疑的。至于意识形态，本属于思

① 《马克思恩格斯选集》第1卷，第268页。

想范畴，它不能依靠法的强制力加以灌输，强人接受。但人们的意识形态不是天生的，也不是固定不变的。宪法所确认的新的经济制度，无疑会对人们的旧的思想意识产生巨大的冲击力量；宪法所规定的文化教育制度，必然会给人们的思想意识以新的启迪，宪法所赋予公民的文化教育、科学研究权利以及宗教信仰等思想方面的自由，也将对人们的思想意识产生巨大的影响。宪法虽然不能直接强迫人们接受某种意识形态，但它对于一种新的意识形态的形成和发展并非无能为力。

宪法既然具有以上所说的各种重大作用，它的贯彻实施就必然为各立宪国家所重视，各立宪国家均在其宪法中确立监督宪法实施的制度。

二、审查违宪活动的种类与监督宪法实施的机关

(一)审查违宪活动的种类

监督宪法实施的任务是制止违宪活动，因而必须对各种可能产生的违宪活动进行审查。

第一，要审查法律、法律性文件的合宪性。宪法是国家的根本法，宪法规范的特点之一是具有原则性。它往往需要由普通法加以具体化。如果普通法背离了宪法的原则精神，而又让它发生法律效力，这就损害了宪法的权威，妨碍了宪法的贯彻实施。因此，审查法律、法律性文件是否合乎宪法，便成为监督宪法实施的重要内容。

第二，要审查全体公民、一切国家机关、社会团体、企业事业组织以及各政党组织的行为的合宪性。宪法规范的另一特点是它具有最高的法律效力，是全体公民和一切社会组织的基本的行为准则。如果在立宪国家中发生了背离这个准则的行为，不论这种行为出自个人或者出自社会组织，都属于损害宪法权威、妨碍宪法实施的行为。因此，审查全体公民和一切社会组织的行为的合宪性，也是监督宪法实施的重要内容。

和审查国家机关的行为的合宪性相联系的，是处理国家机关之间的权限争议。宪法既赋予各个国家机关以职权，又要求它们各司其

职，协调配合，共同实现国家的职能。当国家机关之间发生权限争议时，争议双方必有一方因企图扩展自己的职权，或者放弃自己的职权，而违反宪法的规定。如果对这种权限争议不加处理，势必损害宪法的权威，妨碍宪法的实施。因此，处理国家机关之间的权限争议，也属于监督宪法实施的一项内容。

另外，对法律、法律性文件的合宪性的审查，对公民和社会组织的行为的合宪性的审查，对国家机关之间权限争议的处理，都必须以宪法为根据。但是在审查处理过程中，却又往往会对宪法的真实含义发生争执。为解决这一争执，各立宪国家多在宪法中授权某一机关对宪法进行权威性解释。这种权威性解释虽然不直接构成监督宪法实施的内容，却和监督宪法实施有着十分密切的关系。

(二)监督宪法实施的机关

现代世界各国主管监督宪法实施的机关可分为三种类型：

第一，由国家司法机关主管。1803 年，美国联邦最高法院在审理治安法官马伯里诉国务卿麦迪逊一案时，首席法官马歇尔在该案的判决中宣布“违宪的法规不是法律”，并且宣称“阐明法律的意义是法院的职权”，首次开创了由联邦最高法院审查国会制定的法律是否违宪的先例。自此以后，许多资本主义国家受美国的影响，均在自己的宪法中明确规定由国家最高司法机关主管宪法的监督实施，而且多仿效美国，通过具体案件的审理以审查确定其所适用的法律是否违反宪法。

第二，由国家权力机关主管。1918 年的俄罗斯社会主义联邦苏维埃共和国宪法规定，由全俄苏维埃中央执行委员会统一协调立法工作和管理工作，并负责监督苏维埃宪法、全俄苏维埃代表大会以及苏维埃政权中央机关各项决定的实施情况。这个宪法还规定俄罗斯社会主义联邦苏维埃共和国的最高权力属于全俄苏维埃代表大会，而在代表大会闭幕期间，则属于全俄苏维埃中央执行委员会。可见世界上第一个社会主义国家宪法是把监督宪法实施的职权赋予其最高国家权力机关的常设机关行使的。现在，各社会主义国家的监督宪法实施的主管机关，多是国家最高权力机关或其常设机关。它们监督宪法实施的具体办法，一般是根据理论原则审查确定普通法是否违反宪法。

第三，由专门机关主管。1799 年的法国宪法规定设立护法元老院，并赋予它以撤销违宪的法律的权力。这可说是由专门机关主管监督宪法实施的开始。目前，资本主义国家和社会主义国家中都有采用专门机关主管监督宪法实施的。它们的名称或为宪法委员会，或为宪法法院。它们监督宪法实施的具体办法兼采司法机关和国家权力机关所采的办法。

三、两种类型的国家监督宪法实施的根本区别和历史联系

(一)根本区别

资本主义国家和社会主义国家在监督宪法实施方面的根本区别，主要表现为以下三点：

第一，监督实施的宪法条款方面的区别。资本主义国家的宪法是一种虚虚实实，实中有虚、虚中有实的宪法。它的虚构的条款，如“增进全民福利”、“国家主权属于全体国民”等，是无法实施的；它的真实的条款，如对私有财产的保护、对叛国罪的惩罚等，是必须认真贯彻实施的。这就决定着资本主义国家监督宪法实施的条款必然具有选择性，必然是局部的而不是全部的。至于社会主义国家的宪法则是和现实情况相一致的真实的宪法，从它的原则精神到每一个具体条款都必须贯彻实施。

第二，监督实施的手段方面的区别。资本主义国家宪法反映资产阶级的意志和愿望，是实现资产阶级专政的工具。它对劳动人民来说是一种压迫性的行为规则，必然为他们所反对和鄙视。这就决定着它的监督实施的主要手段是依靠强制力量。现代资本主义国家无不通过非常明细的法律规范或数目繁多的具有法的强制力的司法判例作为监督宪法实施的强制手段。至于社会主义国家的宪法则体现广大劳动人民的意志和利益，反映广大劳动人民的意见和要求。它是实现无产阶级专政的工具，在社会主义国家里，虽有敌对阶级或敌对分子存在，他们对宪法怀有敌意不愿遵守，但这些人只是极少数。占总人口中绝大多数的人民群众是衷心拥护宪法、愿意遵守宪法的。因此，社会主

义国家监督宪法的实施固然也需要运用强制手段，依靠法的强制力量，但同时强调劳动者对宪法的自觉遵守，重视群众性的监督，更重视马克思列宁主义的思想指导、工人阶级政党的政治领导在监督宪法实施中的作用。

第三，监督实施的理论原则方面的区别。资本主义国家按照三权分立原则进行宪法的监督实施。这个原则的要点之一是把国家权力分为立法、行政、司法三部分，由三个部门独立行使。恩格斯在论述这个原则时曾经指出："事实上这种分权只不过是为简化和监督国家机构而实行的日常事务上的分工罢了。"①把这个原则运用于宪法的制定与宪法的监督实施，则其实际的分工应该是前者由立法机关主管，后者由司法机关主管。当代资本主义国家多由司法机关主管宪法的监督实施，就是运用三权分立原则的结果。至于社会主义国家则是按照民主集中制原则、议行合一原则进行宪法的监督实施的。这个原则的要点之一，是国家最高权力机关由民主的选举方式选出的人民代表组成，它代表人民集中统一地行使国家权力。它既有立法权，又有组织领导和监督行政机关和司法机关的权力。把这个原则运用于宪法的制定与宪法的监督实施，则两者均应由国家最高权力机关主管。当代社会主义国家多由最高国家权力机关主管宪法的监督实施，就是运用民主集中制原则、议行合一原则的结果。

(二)历史联系

两种不同历史类型国家对宪法的监督实施有着原则的区别，这种区别是由国家、宪法的本质决定的。同时，两种不同历史类型国家宪法的监督实施却又存在着历史的联系，这种联系的纽带是宪法监督实施的历史发展的规律性及其监督手段的共同性。

宪法的监督实施几乎是和宪法同时产生的。资本主义国家宪法监督实施的制度化随着成文宪法的产生已有两百年的历史。社会主义国家宪法监督实施的制度化比资本主义国家相差一百几十年，只有七十多年的历史。列宁说过："马克思主义这一革命无产阶级的思想体系

① 《马克思恩格斯全集》第5卷，第225页。

赢得了世界历史性的意义，是因为它没有抛弃资产阶级时代最宝贵的成就，相反地却吸收和改造了两千多年来人类思想和文化发展中的一切有价值的东西。”①列宁在这里所论述的是一条无产阶级思想体系的历史发展规律，这一规律同样适用于宪法的监督实施。社会主义国家宪法的监督实施就是在吸取和改造资本主义国家宪法的监督实施的基础上产生出来的。

两种宪法的监督实施所采取的手段虽然有所差异，但同是实现法律规范的活动，都要依靠国家的强制力量，而这种国家的强制力量通常表现为国家制定的法的强制力。资本主义国家监督宪法的实施主要地依靠法的强制力。社会主义国家虽然主要地依靠人民群众对宪法的自觉遵守、马列主义的思想指导、工人政党的政治领导，但是法的强制力仍不失为一种必要的监督宪法实施的手段。可见两种宪法的监督实施所采取的手段在一定范围和某种程度上具有同一性。这种依靠法的强制力的同一性，正是产生两种宪法的监督实施的历史联系的基础。

四、监督宪法实施的发展趋势

由于两种宪法的监督实施存在着历史的联系，而且这种联系又是建立在以法的强制力保障宪法的基础之上，因而在监督宪法实施的法律规范方面，两种国家从不同的角度都积累了丰富的经验，并且在各自不同的道路上走向了某些可以说是共同的发展趋势。其中较为突出的是：监督宪法实施的主管机关专门化和监督宪法实施的法律规范具体化。

(一)监督宪法实施的主管机关专门化

监督宪法实施的主管机关，已如前面所说，在资本主义国家里多是最高司法机关，在社会主义国家里多为最高国家权力机关系统。现在出现了主管机关专门化的趋势。全世界已有南斯拉夫、法国、意大利、奥地利、埃及、智利、捷克斯洛伐克等三十多个国家设立了专门

① 《列宁选集》第4卷，第362页。

机关主管监督宪法实施工作。从其国家性质来说，有资本主义国家，也有社会主义国家；从主管机关名称来说，有的称宪法法院，如南斯拉夫，有的称宪法委员会，如法国；从总的发展趋势来说，设立专门机关主管宪法的监督实施的国家日益增多。目前在一些没有设立专门机关的国家里，也常常有些学者建议设立这种机构。这项建议应该受到重视。因为根据以往的经验，在资本主义国家里由最高司法机关主管，曾经引起各种无休止的争论；在社会主义国家里由最高国家权力机关主管，却又因其任务繁重而难于对这项工作进行经常性的细致的处理。若设立专门的主管机关，在资本主义国家里可以消除各种争论，在社会主义国家里可以加强监督宪法实施方面的工作。为了保持两种不同历史类型国家理论原则的特性，资本主义国家的这种专门机关可以吸收立法、行政、司法三部门的成员参加，社会主义国家可把这种专门机关设置于最高国家权力机关之下，使之受最高国家权力机关的直接领导和监督。

(二)监督宪法实施的法律规范具体化

与主管机关专门化相适应的，是在宪法中对宪法的监督实施问题作出专章规定。而专章规定所产生的积极后果，则是监督宪法实施的法律规范具体化，使这方面的法律规范更加明细。总结各国宪法在监督宪法实施方面的法律规范的规定，均包含专门机关的组成、职权、行使职权的方式方法以及提起违宪诉讼的主体等。其中许多规定颇具特色，值得推广。

在主管机关的组成方面：一般都由法官或委员若干人组成，并规定了一定的任期。组成人员的产生，有的由议会选举，如南斯拉夫联邦宪法法院的院长和法官即由联邦议会选出；有的采任命方式，如法国宪法委员会的九名委员即由共和国总统、国民议会议长、参议院院长各任命三人，此外法国宪法还规定历届前任总统为宪法委员会终身当然成员。组成人员的资格，有的规定须具有被选为联邦议会议员的资格，而且必须年满三十五岁、大学法律系毕业从事法律职业十年以上，捷克斯洛伐克宪法性法令即作了这样明确规定。

在专门机关的职权方面：各国宪法几乎都把属于宪法监督实施的

各项内容规定为行使职权的范围。其中包括对法规、法令、条例、政令等的合宪性的审查，对国家机关之间权限争端的处理，还包括对宪法的解释。除此之外，奥地利联邦宪法性法律规定，宪法法院有权裁定联邦国家所订条约的不合法性；法国宪法规定，宪法委员会有权监督总统选举的合法性，监督公民投票的合法性，在发生争议的情况下，还有权就国民议会议员和参议院议员选举的合法性作出裁决。

在行使职权的方式方法方面：各国宪法多规定专门机关行使职权时采公开审议、多数决定、只服从宪法的原则。南斯拉夫联邦宪法规定：联邦宪法法院通常在公开讨论的基础上通过决议；决议和裁决的通过须经全体成员多数投票赞成；持异议的联邦宪法法院成员有权利和义务以书面形式陈述和解释自己的意见。捷克斯洛伐克宪法性法令规定：宪法法院成员独立作决定，他们只根据捷克斯洛伐克社会主义共和国宪法和联邦议会的法令作决定。

在提出违宪诉讼的主体方面：各国宪法的规定繁简各不相同，但归结起来不外国家机关及其工作人员、社会团体和公民三类。至于主管宪法监督实施的专门机关本身则是当然的主体。

监督宪法实施主管机关的专门化及其法律规范的具体化，说明一个中心问题，即各国的监督宪法实施的工作正在日益加强，通过法律规范、运用法的强制力的实施日益受到重视。

第二节 宪法的修改

一、宪法修改的必要与限制

(一)修改的必要

早期的西方学者认为宪法是一种国家成立的契约，它基于人民的相互承诺，人民若改变自己的意见，要变更立约的条件，应该是被允许的。因而宪法的修改也是被允许的。由于人民的全体同意难于实现，西方学者中便有人主张宪法可由多数人决定修改，并且允许少数不同意修改宪法的人脱离国家，解除契约对他们的约束。但这只是一种理论上的说明，难于在现实生活中付诸实现。尽管如此，他们承认宪法可以修改则是无可辩驳的事实。

现代西方学者多不承认宪法是一种契约，不承认制定宪法是一种订约活动，而认为宪法是一种法律，制定宪法是一种立法活动。世界各国的法律均可修改，宪法是法律的一种，自然也可修改。

马克思列宁主义认定宪法是阶级力量对比关系的集中表现。世界上没有阶级力量对比关系不发生变化的国家，因而也没有不可变更的宪法。宪法如果不随阶级力量对比的变化而产生相应的修改，必然不能适应时代的要求，最终将成为一纸空文，甚至引起剧烈的阶级冲突，为不同的质的宪法所取代。

(二)修改的限制

宪法必须因阶级力量对比关系的变化而修改，但它作为国家根本法，又必须具有相对的稳定性，不能频繁修改。阶级力量的对比关系因国家的政治、经济、文化的不断发展变化而无时不在变化之中，并非一切的细小变化都必定产生修改宪法的后果。宪法的修改要受某种程度的限制。

在修改范围方面：以往的宪法和现行的宪法中均可发现一些关于某种事项不能修改的限制性规定。其中最为常见的是关于政体和领土方面的规定。作为国家根本法的宪法是资产阶级取得反封建革命斗争的胜利制定出来的。革命的胜利在许多国家里宣布君主制政体的覆灭与共和政体的诞生。其中有的国家却发生了封建势力复辟、君主政体死灰复燃的现象。在这样的国家里，资产阶级为了巩固自己的胜利成果，便在宪法中明确规定共和政体不得成为修改的对象。如法国过去有几部宪法曾经这样规定，现行宪法仍然保持着这一规定。另外，近代意义的宪法是由主权国家制定的，在一些从殖民主义者压迫和统治下获得独立的国家中，对于国家主权、领土完整特别重视，因而在自己的宪法中特别规定，当国家领土完整遭受损害时不能对宪法进行或继续进行任何修改，如阿尔及利亚宪法就作了这样的规定。除政体与领土方面的限制以外，也有个别国家的宪法将某些特定的宪法的原则精神列入限制修改的范围。

在修改时间方面：为了求得宪法的稳定，资本主义国家建立初期的立宪者曾在时间上对宪法的修改进行限制。例如：1791 年的法国宪法就曾规定该宪法颁布施行之后的第一、第二届议会任期内不得由议会提议修改，当时每届议会的任期两年，即四年之内议会不能提议修改宪法。1787 年制定的美国宪法规定“现有任何一州所认为当准予入境之人，其迁徙或入境时，在 1808 年以前国会不得禁止”。这一规定的实质是在宪法制定之后 21 年之内不能改变美国存在的奴隶制度。直到 1864 年希腊宪法还规定宪法在公布后十年内不得修改。20 世纪以来，除了修改宪法在程序上需用的时间以外，各国宪法一般不专作时间上的限制。因为这时候国际交往频繁，各国内部的发展变化迅速，若再作时间上的限制，立宪国家便难于适应国际国内随时可能出现的重大变化。

在修改程序方面：各国宪法均有限制，刚性宪法的限制更为严格。下面专门谈论刚性宪法的修改程序。

二、宪法修改的方式

宪法修改的方式有两种，即部分修改与全文修改。部分修改是指对宪法原有的部分条款加以改变或新增若干条款；至于全文修改则是指以一部新的宪法取代旧宪法，而新旧宪法所体现的是相同的或者同一类型的国家制度与社会经济制度。

两种方式比较起来，在通常情况下，部分修改优于全文修改。部分修改的优越性表现在两个方面：第一，它易于适应形势发展的需要，及时地反映国家政治、经济、文化等各个方面的发展变化；第二，它能够保持宪法的相对稳定性，有利于维护宪法的权威。以美国宪法为例，它是 1787 年颁布、1789 年施行的，在两百年的时间里，只有 26 条已经生效的修正案而没有经历过一次全文修改，一直适用到现在。瑞士宪法是 1874 年颁布的，它也是只经过一些部分修改一直适用到现在的。美、瑞两国宪法得以长期适用，有多方面的因素，但采用部分修改的方式无疑是重要因素之一。

部分修改固然具有优点，但不能绝对地适合于社会主义国家的宪法。因为社会主义和资本主义两种经济制度的形成和发展存在着根本区别。资本主义生产关系是以私有制为基础的，它可以在封建社会中孕育成长起来，资本主义经济制度不论怎样发展变化，始终不会改变生产资料的资本主义私有制。因此，资本主义国家的宪法只要对私有财产加以精心的保护，就能够适应经济制度的形成和发展的需要，就能够适应整个资本主义时代的历史需要。至于社会主义则是以生产资料公有制为基础的。这种社会主义的公有制不能从资本主义社会中自发地产生出来，它必须在无产阶级取得革命胜利、夺得政权以后，依靠政权的力量建立起来。同时社会主义经济制度在它的发展过程中还必须经过一个改造小私有经济的漫长的过程。因此社会主义国家早期的宪法必须规定关于实行国有化、没收资本主义企业、改造农业和手工业个体经济的条款，有的国家还要在宪法中规定改造私人资本主义经济的条款。及至社会主义公有制经济已经建立并且获得发展，对私有制经济的社会主义改造已经基本完成，早期宪法中的上述条款便没有必要再加以保留，于是宪法中关于经济制度和基本经济政策的措施就必须有新的规定。这种经济制度方面的重大变化是应该通过宪法的全文修改加以确认和规定的。各社会主义国家一般都采用过全文修改宪法的方式，原因就在这里。

资本主义国家历来就有两种修改宪法的方式，社会主义国家已由原来只采用全文修改的方式到开始采用部分修改方式。从利弊得失和发展趋势来看，采用部分修改方式的国家将日益增多。

三、宪法修改的程序

这里讲的修改程序是指刚性宪法的修改程序。至于柔性宪法的修改程序，将在议会、人民代表机关的立法程序中说明。宪法的修改程序包括提案、通过、公布三个阶段。

(一)宪法修正案的提出

现代世界各国宪法一般都规定宪法修改的提案权属于议会、人民代表机关。但这种提案权的成立各有不同的限制。如美国宪法规定国会在两院三分之二议员认为必要时，应提出本宪法修正案；阿尔巴尼亚宪法规定修改宪法的草案可由人民议会五分之二的代表提出。

除议会、人民代表机关外，有些国家的宪法还规定了提出宪法修正案的其他方式。其中较为常见的是其他国家机关或政府首脑也享有宪法修改的倡议权。如美国宪法规定可根据各州三分之二州议会的请求，召开制宪会议提出修正案；阿尔巴尼亚宪法规定人民议会主席团、部长会议可提出修改宪法的草案；法国宪法规定共和国总统有修改宪法的倡议权，总统依据总理的建议行使倡议权；南斯拉夫宪法规定联邦共和国主席团、共和国议会、自治省议会、联邦执行委员会可提出修改宪法的提案，这种提案是否正式成立由联邦共和国议会联邦议院决定，但所有共和国和自治省的议会或所有共和国的议会都同意修改宪法时，联邦议院即应着手修改。

还有个别国家宪法规定政党、人民群众享有修改宪法的提议权。如多哥宪法规定联盟党中央委员会可以提出宪法修正案，总统和议会可提出修正案，但修改的草案和建议必须征求联盟党中央委员会的意见。瑞士宪法规定有表决权的五万公民可声请修改宪法的全部，应否修改由人民公决；参众两院提出全部修改另一院不同意时，也由全民公决。至于宪法的部分修改，得依人民的创议或联邦法律规定的方式进行。

(二)宪法修正案的通过

现代国家的宪法修正案多由议会、人民代表机关议决通过。如蒙古宪法规定宪法只能根据大人民呼拉尔不少于三分之二的多数正式通过之决议加以修正。越南、保加利亚、匈牙利、多哥、联邦德国、日本等国宪法均规定由国家的议会、最高人民代表机关以议员、代表总数三分之二的赞同通过宪法修正案。另外，少数国家规定代议机关以不同于三分之二以上议员的赞成议决通过宪法修正案，如捷克斯洛伐克宪法规定宪法及宪法性法令的制定及修改，必须经联邦议会中的人民院和民族院五分之三的多数同意。

在宪法修正案的通过程序中，除由代议机关议决通过程序的规定以外，由于某些特别的原因和需要，有些国家规定了特殊的议决通过程序。例如：意大利宪法规定宪法及宪法性法律的修改应由两院经两次审核通过，第二次表决时必须经每一院议员三分之二多数赞同或绝对多数赞同。经三分之二多数赞同者不须经全民公决；经绝对多数赞同者，如在该修正案公布之后三月内有议会任一院五分之一的议员、或五十万选民、或五个省议会请求举行全民公决时，则应提交全民公决，如在全民公决中未获大多数有效票之赞成，该法案不得认为已被通过。法国宪法规定修改宪法的草案或提案应由两院以相同的文本表决通过。经公民投票通过后，宪法修改才最后确定。但当共和国总统决定将宪法修正案交付议会两院联邦会议讨论时，该项草案便不交付公民投票，在这种情况下，只有当两院联席会议以有效票的五分之三多数赞成，该项修正案才能通过。日本宪法规定本宪法之修改必须经各议院全体议员三分之二以上的赞成，由国会创议，向国民提出，并得其承认。此项承认，必须在特别国民投票或国会规定的选举时进行投票，获得半数以上的赞成。以上所举的是关于全民公决的特别程序的规定。再如美国宪法规定国会两院或制宪会议提出的修正案经各州四分之三州议会或四分之三制宪会议批准，即成为本宪法的一部分而实际发生效力。南斯拉夫宪法规定如果联邦宪法的修改只涉及共和国地位和联邦同共和国关系时，则由联邦议会的联邦院在所有共和国同意下决定。多哥宪法规定宪法修改草案或建议如果得到三分之二的议员赞同和得到联盟党中央委员会的同意即可通过。这些都属于涉及其他机关或政党组织的特别程序的规定。

(三)宪法修正案的公布

按照民主宪政原理，宪法修正案通过之后，应由国家代议机关加以公布。如南斯拉夫宪法规定联邦宪法的修改一经通过即由联邦议会联邦院公布。有的国家由报刊公布，如保加利亚宪法规定新宪法和修改现行宪法的法律自《国家报》公布之日起开始生效。有的国家在宪法中根本不规定宪法修正案通过之后的公布程序，这些国家除了个别例外情况外，一般可被推断为是通过新闻媒介予以公布的，否则国民无从知悉，修正案的实施会遇到困难。通过报刊新闻完成公布程序，实际上又可推断为是由代议机关授权公布的。

由代议机关直接公布或授权公布，是多数国家采取的公布程序。

但也有一些由其他机关公布的。君主立宪制国家一般由君主公布。如日本宪法规定由天皇以国民的名义予以公布。法国1875年宪法没有规定宪法修正案的公布属于哪个机关，但1879年，1884年、1926年的三次修正案都是由国家元首公布的。

在宪法修改程序中有些问题值得探讨：

第一是创议和通过程序中的全民公决。全民公决是一种直接民主形式。在宪法修改过程中，把这种直接民主形式和代议机关的间接民主形式结合起来，自然更加符合民主宪政制度的要求，更能使宪法修正案符合国民的意愿。但实行全民公决要求国民有较高的文化和政治素养，否则全民公决必然流于形式，甚至可能产生麻烦。目前很多国家国民的文化、政治水平还没有达到实行全民公决的条件，而宪法的制定或修改又势在必行。因此，全民公决虽为发展民主宪政制度所必需，却未能普遍推广，而且对一些至今尚未实行全民公决的国家也不能苛求。

第二是创议和通过程序中的政党参与。政党政治的发展，加强了政党在国家生活中的地位和作用。社会主义国家的宪法确认共产党、工人党在国家中的领导地位，但并不规定政党直接参与指挥制宪和修宪工作；资本主义国家的政党对制宪和修宪工作无疑地产生重大影响，但在宪法中从不确认政党有修改宪法的任何权力。制定宪法和修改宪法是一种国务活动，只能由国家机关处理，政党的影响虽属实际存在，却决不能直接指挥或参与。这是世界制宪和修宪史已经形成的一项基本原则。多哥宪法关于修改宪法程序中的创议、通过程序均须经联盟党中央委员会同意的规定，实属罕见。

第三是公布程序中的国家元首公布权。制宪和修宪的权力属于代议机关，或由代议机关和参加公决的全体国民结合行使。宪法及其修正案的公布归于代议机关是顺理成章的事情，也是合乎民主宪政制度的要求的事情。而实际的制宪与修宪工作，却有由国家元首行使公布权的。君主立宪制的国家元首是君主，尽管日本宪法明示天皇的这项公布权是以国民的名义行使的，在理论上并不如代议机关代表国民那么自然顺当。共和制的国家元首是行政首脑，由行政首脑行使这项公布权，尽管有些学者以分权理论为之辩解，但是宪法及其修正案的公布与普通法的公布不同，因为宪法及其修正案的制定和通过往往除普通立法机关之外，还有全民公决程序，或者由制宪会议制定修改，已经超过了行政与立法的互相牵制与互相平衡的范围。

第二编　宪法规范的比较研究

第一章　国家制度

国家制度是一个国家用宪法、法律确认和规定的国家性质和国家形式两方面的制度的总和。国家性质又称政权性质，它指的是一个国家的社会各阶级在国家中的地位，即这个国家通过民主和专政所表现出来的阶级本质。国家形式指的是实现国家权力的政权组织形式和调整国家整体与其组成部分之间的关系的国家结构形式。在国家制度中，国家性质方面的制度是核心，它决定着国家形式方面的制度。但国家形式方面的制度对国家本质方面的制度也有重大的作用，它可以促进特定阶级本质的国家的巩固和发展，也能导致其衰落与败亡。

第一节　国家性质

一、国家概念

(一)马克思主义产生以前的国家概念

1. 古代的国家概念

古希腊文和“国家”辞义相近的字是 polis，即城市，通常译为城邦或城市国家。中国古代称诸侯受封的疆域或天子所治理的天下为国家。

最早的、系统的国家概念是亚里士多德提出的。他在《政治学》一书中指出：“城邦为若干家庭和(若干家庭所集成的)村坊的集合。由此集合，全城邦可以得到自足而至善的生活，这就是我们所谓人类真正的美满幸福。”①按照他的意见，国家是家庭和村落的联合，其目

① 亚里士多德：《政治学》，1956 年商务印书馆中译本，第 140 页。

的在于得到完美自足的生活。西赛罗也提出了国家概念，他说，国家是“一群在共同的正义观念之下，为了享受共同的利益而结合的民众的社会”。①

2. 近代的国家概念

在近代政治学中第一个运用state这个概念的首推马基雅维里。他在《君主论》一书中指出：“自古至今，统治人类的一切国家，一切政权，不是君主国就是共和国。”②自此以后，正如列宁所说：“未必找得到第二个问题，会象国家问题那样，被资产阶级的科学家、哲学家、法学家、政治经济学家和政治家有意无意地弄得这样混乱不堪。”③

哲学家黑格尔称国家是客观精神的体现，道德观念的实现。④

法学家埃斯明认为“国家是全体人民之法律人格化”。⑤

国际公法学家霍尔认为一个独立的国家的特征有三：“为了政治目的而组织的永久性社会、占有一定的领土和不受外来的统治。”⑥

近代西方学者比较通用的国家概念是国家三要素说，即国家是由土地、人民、主权所构成的。他们中间也有少数人论及统治与阶级关系。如狄骥认为：“国家是一个有政治上差异的人类社会，所谓政治上的差异就是统治者和被统治者的差异。”⑦荷兰德认为“国家是一群通常占据一定领土的人类集合体，他们大多数人民意志，或某一可确定的阶级的人民意志能藉其雄厚的势力克服反对的意见而盛行无阻”。⑧

---

① 西赛罗：《共和国》，第一篇，法译本，第25页。

② 马基雅维里：《君主论》，1986年商务印书馆中译本，第3页。

③ 《列宁选集》第4卷，第42页。

④ 黑格尔：《历史哲学》，第79页。

⑤ 埃斯明：《宪法》，法文版，第1页。

⑥ 霍尔：《国际法》，英文版第3版，第18页。

⑦ 狄骥《宪法论》，1911年法文版第1卷，第22页。

⑧ 荷兰德：《法学原理》，英文版第6版，第40页。

(二)马克思主义的国家概念

马克思主义经典作家在他们的著作中详细地论述了国家产生、发展及其消亡的规律。他们也叙述了国家概念。

马克思、恩格斯在其合著的《费尔巴哈唯物主义观点和唯心主义观点的对立》中写道:“国家是属于统治阶级的各个个人借以实现其共同利益的形式,是该时代的整个市民社会获得集中表现的形式。”①

列宁在《论国家》中指出:“国家是维护一个阶级对另一个阶级的统治的机器。”②

马克思列宁主义经典作家的国家概念的显著特点是强调、揭示国家的阶级本质。但是承认国家的阶级性并不是从马克思开始的。正如马克思在致约·魏德迈的信中所说:“至于讲到我,无论是发现现代社会中有阶级存在或发现各阶级间的斗争,都不是我的功劳。在我以前很久,资产阶级的历史学家就已叙述过阶级斗争的历史发展,资产阶级的经济学家也对各个阶级作过经济上的分析。”③根据马克思的这一说明,似乎也可以说,资产阶级的法学家、政治学家如狄骥、荷兰德等人,也已经在国家问题上作过初步的阶级分析。那种认为马克思主义首次揭示出国家阶级本质的说法,似嫌不够全面、确切。诚然,马克思主义的国家学说,在历史上是个巨大的发展,其内容马克思已经作过论述。马克思说:“我的新贡献就是证明了下列几点:(1)阶级的存在仅仅同生产发展的一定的历史阶段相联系;(2)阶级斗争必然要导致无产阶级专政;(3)这个专政不过是达到消灭一切阶级和进入无阶级社会的过渡。”④这就说明,马克思主义在国家学说方面的发展是阐明了阶级、国家产生、发展和消亡的全过程,阐明了无产阶级专政理论。

---

① 《马克思恩格斯选集》第1卷,第69页。

② 《列宁选集》第4卷,第48页。

③ 《马克思恩格斯选集》第4卷,第332页。

④ 《马克思恩格斯选集》第4卷,第332~333页。

二、国家性质的决定因素

国家性质即国家的阶级本质。探索国家性质的根源便应该首先寻求阶级借以存在的基础。根据列宁的说明，阶级借以存在的基础是一定的社会生产关系、生产资料所有制形式以及由此决定的人们在生产过程中的相互关系和产品的分配方式。① 阶级是一定社会的经济制度的产物。离开了社会经济制度，阶级便失去存在的依据。历史上只有产生了奴隶制、封建制和资本主义的经济制度，才产生奴隶、奴隶主、农民、封建主、工人、资本家等阶级，才产生与之相适应的不同历史类型的国家。可见，决定国家性质的首要因素是社会经济制度。

国家性质还受其他因素的影响和制约。如果一个国家在革命过程中，阶级关系方面存在某些特点，革命胜利后建立的国家就必然具有与这些特点相适应的某些特性。资本主义国家是资产阶级革命胜利之后建立起来的，资产阶级革命的一般情况是整个封建主阶级作为反革命势力和革命相对抗，因此，这种革命胜利后所建立的国家一般都由资产阶级独享统治权。但是正如本书第一章第二节中所说过的，英国资产阶级革命过程中，有一部分封建主、贵族已经资产阶级化，他们和资产阶级结成联盟反对封建专制制度。由于具有这一特点，英国在1688 年的光荣革命胜利之后建立起来的国家便具有资产阶级和封建贵族妥协、由两个阶级分享政权的特性。无产阶级的国家是无产阶级革命胜利后建立起来的，无产阶级革命的一般情况是整个资产阶级作为反革命势力和革命相对抗，因此，这种革命胜利后建立起来的国家是无产阶级专政的国家。但是，中国革命过程中有一部分资产阶级即民族资产阶级在中国工人阶级的先锋队中国共产党的领导下，在一定时期、在一定程度上参加了革命斗争，这一特点便决定中国革命胜利之后所建立起来的国家只能是几个革命阶级联合的专政的国家。

既然国家性质指的是国家的阶级本质，那么，同一历史类型的国家在其发展的各个阶段中，如果阶级结构、阶级关系发生变化，国家

① 参见《列宁选集》第 4 卷，第 10 页。

性质也必然随着发生一定程度上的变化。例如，前面所说的英国，资产阶级革命胜利之初所建立的是资产阶级和封建贵族分享统治权的国家，是具有某些特性的资产阶级专政的国家，后来由于资产阶级采取各种经济的、政治的，法律的政策措施向封建贵族步步进逼，迫使封建贵族步步退让，到了现在，英国事实上已不再是两个阶级分享统治权，而是由资产阶级独享统治权的国家了。再如中国，在革命胜利之初所建立的是几个革命阶级联合专政的国家，后来国家采取了各种政治的、法律的、经济的政策措施，对民族资产阶级实行限制、利用、改造政策，逐步消灭了民族资产阶级，从而使国家性质从几个革命阶级的联合专政发展成为无产阶级专政。可见国家性质还要受革命特点和政策措施的制约。

既然国家性质由社会经济制度所决定，并受革命特点和政策措施的制约，所以在研究国家性质的宪法规范时，不仅要研究宪法关于国家性质的规定，而且还要把它和社会经济制度、国家建立以前的革命特点、国家建立以后的政策措施联系起来加以考察，才能得出正确的结论。

三、资产阶级专政国家

(一)资产阶级专政与人民主权

近代资产阶级取得革命胜利以后，一般都建立了资产阶级专政的国家。这些国家的宪法如果如实地反映国家性质的话，就应该确认他们的国家是资产阶级专政国家，是资产阶级镇压工人阶级和农民阶级的机器。但事实并非如此，这些国家的宪法一般都用人民主权取代资产阶级专政的规定。正如前面的人民主权原则一节中所列举的：1946年的意大利共和国宪法规定："意大利为民主共和国，其基础为劳动，主权属于人民，由人民在宪法所规定的形式和范围内实现之。"其他如日本、法国、联邦德国等国家的宪法也有类似的关于确认人民主权原则的规定。

资本主义国家宪法中关于国家性质的规定与实际脱节，表现为宪法规范和国家性质的实质之间的矛盾。这种矛盾的产生有各种原因。

其中，主要为以下几个方面：

第一，受资产阶级启蒙思想家的影响。

恩格斯在评论法国资产阶级的启蒙思想家时曾经说过："在法国为行将到来的革命启发过人们头脑的那些伟大人物，本身都是非常革命的。他们不承认任何外界的权威，不管这种权威是什么样的。宗教、自然观、社会、国家制度，一切都受到了最无情的批判；一切都必须在理性的法庭面前为自己的存在作辩护或者放弃存在的权利。"①然而"这个理性的王国不过是资产阶级的理想化的王国，……十八世纪的伟大思想家们，也和他们的一切先驱者一样，没有能够超出他们自己的时代所给予他们的限制。"②这些启蒙思想家把资产阶级专政的国家视为理想的王国，是因为他们所提倡的思想理论是要反对封建专制制度，是要建立一种比封建专制制度优越的制度。他们的思想理论虽然受着时代的局限，但影响至为巨大，早期的资产阶级国家的制宪者都接受他们的理论，把资产阶级专政的国家理想化为主权属于人民的国家。

列宁在评论西方启蒙思想家时曾经说过："资产阶级思想家在当时并没有表现出任何自私的观念；相反地，不论在西欧或俄国，他们完全真诚地相信共同繁荣昌盛，而且真诚地期望共同繁荣昌盛，他们确实没有看出(部分地还不能看出)从农奴制度所产生出来的制度中的各种矛盾。"③西方启蒙思想家的这种真诚信仰和愿望，在很大程度上成为早期资产阶级国家立宪者的真诚信仰和愿望，因而使从农奴制度中产生出来的具有各种矛盾的资本主义国家被确认为共同的繁荣昌盛的人民主权国家。

第二，出于对人民概念的曲解和政治家的有意欺骗、粉饰。

资产阶级在革命时期，以反封建专制制度的压迫为目标，在他们的号召下，工人、农民参加了反对封建专制制度的斗争，成了革命的

① 《马克思恩格斯选集》第3卷，第404页。

② 《马克思恩格斯选集》第3卷，第405页。

③ 《列宁全集》第2卷，第445页。

胜利者，因而理应是国家的主人。如果说国家主权属于人民，那么作为国家主人的工人和农民自然是国家主权者的一部分，是人民的一部分。这是工人、农民的主观的、直觉的理解。然而在革命胜利后，资产阶级却独吞了胜利果实，工人、农民仍然处于受压迫被剥削的无权的地位，实际上没有成为国家主人，不是国家主权者。人民主权概念中的人民实际上并不包含工人和农民。如果说在新的资本主义国家建立初期还可能存在一些对人民主权的模糊认识和对人民概念的模糊理解的话，那么在资本家统治的长期过程中曾经产生许多工人、农民为争取权利而进行的革命斗争，如 1848 年的欧洲革命，1871 年的巴黎公社革命，就已十分清楚地表明了工人、农民不是资本主义国家的主权者。特别在巴黎公社失败以后的第四年即 1875 年，法兰西第三共和国宪法仍然确认人民主权，那就不能不说是资产阶级有意曲解人民的概念，故意粉饰国家的性质，以人民主权欺骗劳动人民了。

(二)资本主义国家阶级结构的变化

由于生产的发展，现代科学技术的发展，资本主义国家的阶级结构发生了巨大的变化。这种变化主要表现在以下几个方面：

第一，工人阶级的变化。先进科学技术的运用，产业工人的数量相对减少；第三产业的工人增加。生产发展，工资增加，就业工人中少数人占有少量股票，高级工程技术人员收入极高，生活优裕。

第二，农民阶级的变化。农业机械化和资本主义两极分化的结果，小农经济破产，农民变为农业工人，加入工人阶级行列。

第三，资产阶级的变化。自由竞争的结果，产生资本的垄断集中，资产阶级内部产生分化。

上述阶级结构的变化引起各种争论，其中主要的是谁是工人阶级以及由此而产生的谁是受剥削者的问题。

关于谁是工人阶级，现代学者中有三种主要见解：一是认为只有创造剩余价值的劳动者才是工人阶级；二是强调雇佣劳动，不单纯地把工人阶级的阶级属性同参加剩余价值的生产过程联系起来，认为非生产过程的雇佣劳动者，也是工人阶级的成员；三是强调工人阶级在社会劳动组织中的作用，认为无产阶级是没有生产资料而靠出卖自己的劳动力为生的阶级，一切受资本主义剥削，并在生产、流通、办公室劳动以及服务领域执行纯执行者职能的雇佣劳动者都是工人阶级。

至于谁是受剥削者的问题，西方学者中有人认为在现代生产中，普通工人只按按电钮，即可生产出大量财富，获得较高的工资，而他所支付的劳动，从脑力上说不需要大量的智力训练，从体力上说没有大量的精力消耗，因而不再是受剥削者。他们认为，现代资本主义社会中按照马克思的剩余价值理论，受剥削者、创造剩余价值的不是普通工人，而是推动技术改造的高级工程技术人员，尽管他们的工资很高，受剥削的还是他们。持这种观点的进一步产生的结论是，马克思主义者所指的工人阶级大部分已经消失。与这种大部分工人阶级的成员归于消逝的观点相联系的是，就业工人中既已有少数人拥有股票，这些人就分不清是属于工人阶级还是资本家阶级。

资本主义国家阶级结构的变化以及这种变化所引起的争论，导致对资本主义国家阶级属性的论断上的混乱。但是不管怎样，只要国家宣称它保护全部私有权，并对私有权进行各种帮助和袒护；只要国家承认每个商人和工业家、工厂主都有这种私有权，它就是帮助资本家控制贫苦农民和工人阶级的机器，它的资产阶级专政性质就不会改变。阶级结构的变化，决没有改变资本主义国家的资产阶级专政性质。

（三）民族独立国家的出现

在资本主义类型国家中，还有一种民族独立国家。这些国家是在资本主义发展到垄断阶段以后产生出来的。垄断资本主义时期殖民地和宗主国之间的矛盾日益尖锐，许多殖民地人民经过斗争，脱离了殖民主义统治，建立了独立的国家。由于这些国家的当权者是民族主义者，所以通称为民族独立国家。目前这种国家遍布于亚、非、拉，多属于发展中国家。

民族独立国家从本质上说，是资本主义类型的国家，但和一般的资本主义国家又有所区别。这些国家面临着肃清殖民主义的残余势力、发展民族经济、巩固民族独立、反对帝国主义的斗争任务。它们具有民族独立和反帝色彩，有发展民族经济文化的要求，它们和发达的资本主义国家之间存在着尖锐的矛盾冲突。

民族独立国家的上述特点，通常在宪法中表现出来。以委内瑞拉宪法为例，它在序言中就强调，“保持国家的独立和领土完整”；“鼓励发展经济”；并且宣布“根据国际社会的宗旨，在互相尊重主权，民族自决，普遍保证人们和个人福利，放弃战争、征服和经济控制作为对外政策的基础上，同任何国家，特别是半球上的姊妹共和国通力合作”。

四、无产阶级专政国家

(一)原则性和真实性

马克思在《哥达纲领批判》一书中指出：“在资本主义社会和共产主义社会之间，有一个从前者变为后者的革命转变时期。同这个时期相适应的也有一个政治上的过渡时期，这个时期的国家只能是无产阶级的革命专政。”①列宁认为：“只有承认阶级斗争、同时也承认无产阶级专政的人，才是马克思主义者。”②无产阶级专政学说是马克思主义的精髓。实现这种专政是一切取得革命胜利，并且掌握了国家权力的工人阶级的坚定不移的原则。

各社会主义国家的宪法都真实地反映了坚持这项原则的精神，如南斯拉夫社会主义联邦共和国宪法规定：在南斯拉夫社会主义联邦共和国，全部权力属于同城乡全体劳动者结成联盟的工人阶级。朝鲜民主主义人民共和国宪法规定：朝鲜民主主义人民共和国建立在以工人阶级领导的工农联盟为基础的全体人民的政治思想统一、社会主义生产关系和自立民族经济基础之上。波兰人民共和国宪法规定：波兰人民共和国是人民民主国家，政权属于城乡劳动人民。德意志民主共和国宪法规定：德意志民主共和国是工人阶级和农民的社会主义国家。阿尔巴尼亚宪法规定：阿尔巴尼亚社会主义人民共和国是体现和捍卫全体劳动者利益的无产阶级专政的国家。各国宪法使用的语言文字虽

① 《马克思恩格斯选集》第3卷，第21页。

② 《列宁选集》第3卷，第199页。

不同，但坚持无产阶级专政的原则完全一样。

这种原则性和真实性表现在宪法规范中的统一，决定于以下两个原因：第一是政权的性质，无产阶级的专政属于广大劳动人民的政权，它具备可以公开而不必隐蔽的可能条件；第二是政权的任务：无产阶级专政要通过政权镇压剥削者反抗，组织经济文化工作，为实现生产主义创造物质和精神条件。它必须公开说明，以免混淆阶级阵线，妨碍任务的完成。而这种原则性和真实性的统一在宪法规范中主要表现为工人阶级领导和工农联盟。

工人阶级、共产党、工人党的领导：

列宁说过："如果我们把无产阶级专政这个历史学的、哲学的、科学的拉丁名词译成普通话，那就是说：在推翻资本压迫的斗争中，在推翻这种压迫的过程中，在保持和巩固胜利的斗争中，在建设新的社会主义的社会制度的事业中，在完全消灭阶级的全部斗争中，只有一个阶级，即城市的和一般工厂的工人，即产业工人，才能领导全体被剥削劳动群众。"①历史已经证明，在帝国主义时代，世界革命已经不是旧的世界革命，旧的资产阶级革命早已完结了，这种新的世界革命不论在哪个国家里发生，都必须有工人阶级领导才能取得真正的胜利。历史也已经证明，已经取得革命胜利，要巩固胜利成果，并把革命推向前进，更须有工人阶级的领导。

工人阶级对国家的领导是通过它的先锋队共产党、工人党实现的，而由共产党、工人党实现的这种领导，是无产阶级专政的核心。因此，各社会主义国家的宪法都把坚持党的领导作为一项极其重要的宪法原则。如匈牙利人民共和国宪法规定：工人阶级的马克思列宁主义的党是社会的领导力量。1977 年苏维埃社会主义共和国联盟宪法(根本法)规定："苏联共产党是苏联社会的领导力量和指导力量，是苏联社会政治制度以及一切国家机关和社会团体的核心。"罗马尼亚社会主义共和国宪法规定：在罗马尼亚社会主义共和国，罗马尼亚共产党是整个社会的领导和政治力量。南斯拉夫宪法宣布"南斯拉夫共

① 《列宁选集》第 4 卷，第 10 页。

产主义者联盟，作为人民解放斗争和社会主义革命的发起者和组织者，作为工人阶级的愿望和利益的自觉体现者，由于历史发展的必然性，已成为工人阶级和全体劳动者建设社会主义、实现劳动者团结一致和南斯拉夫各民族的团结友爱的在思想上政治上有组织的领导力量。

党对国家的领导实际是通过它对国家机关的领导来实现的，因为国家的职能由国家机关实现，离开了国家机关就谈不上党对国家的实际领导问题。在这个意义上说，坚持党对国家的领导，首先是党对国家机关的领导。当代各社会主义国家都面临着在坚持党的领导的前提下改善党的领导的问题，正确处理党和国家机关的关系的问题。这一问题的正确处理，既要反对削弱和取消党的领导的言论和行动，也要反对以党代政的错误做法。

工农联盟：

列宁曾说："专政的最高原则就是维护无产阶级同农民的联盟，使无产阶级能够保持领导作用和国家权力。"①工人阶级同农民的联盟在小农众多的国家里特别重要，因为在这些国家里如果没有这种联盟，无产阶级就难以取得革命胜利，夺取政权，即使夺取了政权，也不能彻底地战胜资本主义，胜利地建设社会主义。马克思在总结巴黎公社的经验教训时指出，公社失败的原因之一，就是没有得到农民的援助。

在社会主义国家里，巩固工农联盟是巩固无产阶级专政的必要条件。而要巩固工农联盟，在不同的国家、不同的时期应有不同的措施，其中至关紧要的是农业合作化问题和农业现代化问题。在合作化过程中极易产生"左"的错误。无产阶级专政的国家对于农民不能采取剥夺剥夺者的办法，要在自愿的基础上进行合作化。但社会主义国家在合作化的历史进程中曾多次出现强迫命令的作法，违背自愿原则，引起许多混乱。在农业现代化中，却可能发生右的错误，即只重视农业机械的现代化，忽视对农民社会主义思想的教育。

① 《列宁全集》第32卷，第477页。

(二)普遍性和特殊性

马克思在《哥达纲领批判》中所阐述的无产阶级专政，对于典型的资本主义国家的无产阶级通过革命所建立的政权来说，是一项具有普遍性的原理。在那里阶级结构和阶级关系都比较简单，不论是革命进行时期还是在政权确立以后，都表现为整个资产阶级对抗无产阶级。在这种情况下建立起来的政权，称之为无产阶级专政，自然是十分确切、非常恰当的。

但是在非典型的资本主义国家里，特别在一些殖民地、半殖民地国家中，阶级结构、阶级关系往往比较复杂。在那里，一部分大资产阶级依附于帝国主义反对革命，而另一部分中小资产阶级则在一定的时期、一定的程度上，在工人阶级的领导下参加革命。因此，在这些国家革命胜利后建立的政权，就不能是无产阶级专政，只能是几个革命阶级的联合专政。东南欧的匈牙利、波兰、罗马尼亚、捷克斯洛伐克、保加利亚等国和中国都属于这一情况。东南欧各国反法西斯战争中、一部分资产阶级反对德国法西斯的残酷镇压和暴力统治；中国的民族资产阶级曾参加了革命。

几个革命阶级的联合专政虽然不是无产阶级专政，却是属于无产阶级专政类型的一种专政，而且它必然向无产阶级专政发展。东南欧人民民主国家如此，中国也是如此。

从几个革命阶级的联合专政到无产阶级专政，这对马克思主义的无产阶级专政学说是一个重大的发展，它在无产阶级专政的普遍性原理之外，增添了无产阶级专政的特殊性原理。这种联合专政到无产阶级专政的发展，即是这一特殊性原理的表现。

关于从几个革命阶级联合专政发展为无产阶级专政，一般都是通过革命政权的各种政治的、经济的、法律的措施来实现的。在革命政权建立之初，参与政权的资产阶级是民主的主体，政权性质一般强调人民民主。其后革命政权开始提出改造这部分资产阶级，通过改造，直至消灭这个阶级。在提出改造任务之时，政权的性质即开始转变，开始由几个革命阶级的联合专政转变为无产阶级专政。

（三）无产阶级专政的发展

从几个革命阶级的联合专政到无产阶级专政，这是一种发展。这里还要讲另一种发展，即无产阶级专政确立之后的发展。

任何政权都是民主与专政相结合的政权，无产阶级专政也是如此。它和以往的政权所不同的，只是专政的对象与民主的主体。以往的专政是享受民主的少数剥削者对广大劳动人民实行专政；无产阶级专政则是享受民主的广大劳动人民对少数剥削者实行专政。

无产阶级专政的发展是由民主主体与专政对象之间的发展变化决定的。一种变化是两者的组织程度、思想意识以及国际影响的变化。这种变化引起阶级斗争激烈程度的变化，进而产生民主和专政的方式的变化。以往有一种错误理论，认为在无产阶级专政时期阶级斗争越来越尖锐化，或者认为阶级斗争年年有，月月有，天天有，时时有，表现为你死我活的斗争。在这种错误理论指导下，阶级斗争被提到了不应有的高度，同时强调要不断地强化国家机器，不断地加强对敌专政，并且在一定程度上忽视人民的民主。实际上，在无产阶级专政时期的阶级斗争是曲折的，时起时伏的，有时是非常激烈的。这种阶级斗争的规律决定着无产阶级专政必须随着阶级斗争的变化而采取不同的民主与专政的方式，即无产阶级专政随着阶级斗争的变化而发展。

民主主体与专政对象之间的另一种变化是两者的人员数量的变化。在无产阶级专政时期，专政对象受自然规律的制约不断死亡，受改造政策和感召不断转化，人员数量日益减少。当然，有时还会产生一些新的敌对分子，增加专政对象，但总的发展趋势是专政对象日益减少，民主主体日益增多。这种发展趋势的最终结果总有一天是专政对象完全消逝，全体国民都成为民主的主体。从理论上说，无产阶级专政终究会发展成为全民国家。有人批驳全民国家的理论，认为全民国家到来之日即是国家消亡之时，因而所谓全民国家是一种修正主义理论。持这种观点的人忽视了国家存在的实际因素，他们没有看到全民国家的出现，虽已具备国家消亡的国内条件，但国际阶级斗争的存在却不能不保持国家。因此，国家的消亡虽是无产阶级专政发展的必然规律，但在国家消亡的各种条件具备之前，出现一个全民国家的时期是可能的。

第二节　政体与政权组织形式

西方学者的政治学论著在论及国家的分类时，一般不谈国家的阶级实质，只谈国家形式，而且把国家形式称为国体。例如：他们常把君主国、神政国、贵族国、民主国当做国体的分类，而称之为君主国体等等。马克思主义者在论及国家分类时，强调国家的阶级实质，而且把国体视为社会各阶级在国家中的地位。至于西方学者称之为君主制等的国体，则被视为是国家的政体。这是两类学者在概念运用上的不同之处。本书采用马克思主义学者的概念。

一、政体

政体是实现国家权力的一种形式。它是形成与表现国家意志的特殊方式，或者说是表现国家权力的政治体制。自从国家产生以后，政体作为实现国家权力的形式即已产生，在古代学者中最先阐述政体的是亚里士多德，他总结希腊的城邦政体，把政体分为君主政体、贵族政体和共和政体三种，认为这三种政体都可以为全邦人民的利益而建立，属于正宗型的政体，另外他认为这三种政体可能因为统治者谋取私利而使君主政体变为僭主政体，贵族政体变为寡头政体，共和政体变为平民政体，而僭主政体、寡头政体、平民政体则属于变态型政体。

亚里士多德的政体分类，对西方学者影响很大。中世纪天主教神学家托马斯·阿奎那把神学和亚里士多德的学说结合起来，分政体为君主政体、贵族政体、寡头政体和暴君政体四种，并把民主政体看做暴君政体的变种。他认为君主政体是最高的形式，同时却更喜欢一种把君主政体、贵族政体和民主政体结合起来的混合制国家。

近代西方学者中论述政体的著名人物当推洛克、孟德斯鸠和卢梭。洛克在《政府论》中分政体为民主政体、寡头政体和君主政体三种，并把君主政体分为世袭君主政体和选任君主政体。洛克认为：

“政体、政府的形式以最高权力，即立法权的隶属关系而定，既不可能设想由下级权力来命令上级，也不能设想除了最高权力以外谁能制定法律，所以，制定法律的权力归谁这一点就决定国家是什么形式。”①孟德斯鸠在《论法的精神》中分政体为共和政体、君主政体、专制政体三种。他认为共和政体的性质是全体人民或某些家族握有最高的权力，君主政体的性质是君主握有最高权力，但他依据既定的法律行使这一权力，专制政体的性质是一个单独的个人依据他的意志和反复无常的爱好在那里治国；共和政体的原则是品德，君主政体的原则是荣誉，专制政体的原则是恐怖。洛克和孟德斯鸠都主张君主政体，但同时又主张由议会掌握立法权，即主张近代的君主立宪政体。卢梭在他的《社会契约论》中分政体为民主制政体、贵族制政体、君主制政体和混合制政体四种。他认为没有一种政体适合于一切国家，但认为一个好政府、好政体的标志应该是：假定一切情况都相等，那么一个不靠外来移民的办法、不靠归化、不靠殖民地的政府，而在他治下的公民人数繁荣和增长得最多的，就确实无疑地是最好的政府。他还说：“凡是实行法治的国家——无论其行政形式如何——我就称之为共和国；因为唯有在这里才是公共利益在统治着，公共事物才是作数的。”②在这里卢梭把国家政体和法治、国家繁荣紧紧地联在一起了。

以上各种关于政体的论述，角度不同，但又有一个共同的特点，即简略地说明了国家的政治体制，而且是根据立法的归属或政权的组成人员的数量确定政体的概念。

马克思主义经典作家也论及政体问题。马克思、恩格斯说过：“国家内部的一切斗争——民主政体、贵族政体和君主政体相互之间的斗争……不过是一些虚幻的形式，在这些形式下进行着各个不同阶级间的真正的斗争。”③在这里马克思和恩格斯指出了三种基本的政体

① 洛克：《政府论》，商务印书馆中译本 1983 年版，下册，第 81 页。
② 卢梭：《社会契约论》，商务印书馆中译本 1982 年版，第 51 页。
③ 《马克思恩格斯全集》第 3 卷，第 38 页。

形式，同时也强调了政体的阶级内容及其与阶级斗争的关系。

列宁在《论国家》中，结合国家的历史发展，说明了国家的政体问题。他指出，在奴隶制国家里："已经有君主制和共和制、贵族制和民主制的区别。君主制是一人独裁的政权，共和制是一切政权机关都由选举产生；贵族制是很少一部分人的政权，民主制是人民的政权。"接着又强调指出："虽然有这些区别，但奴隶占有制时代的国家，不论是君主制，还是贵族的或民主的共和制，都是奴隶占有制国家。"①

列宁在谈到农奴制国家的形式时写道：农奴制国家"有各种不同的形式，有的是共和制，有的是君主制。国家实行君主制时，政权归一人掌握，实行共和制时，从地主当中选举出来的人多少可以参加政权"。②

列宁在论及资本主义国家的形式时指出："国家的统治形式可以各不相同，在有这种形式的地方，资本用这种方式表现它的力量，在有另一种形式的地方，资本就用另一种方式表现它的力量，但实质上政权总是操在资本手里。"③

马克思列宁主义关于国家政体的论述同样地是简略地说明了国家的政治体制。从这一点说，它和西方学者相同，可以说是吸取了西方学者的研究成果，改造、利用了他们的成果。但是，又有和西方学者的论述有根本区别之处。首先，它特别强调政体的阶级实质，它把政体作为实现特定的阶级的国家权力的形式；同时，它根据国家权力的阶级内容的变化和发展，说明政体形式和发展，从发展的眼光看待各个不同时代的相同的政体，不把它们等量齐观。

从历史发展的角度考察世界各国政体的变化，大体上经历了一个从繁到简，从多种到单一的历程，这个历程又是和国家本质的发展变化相联系的。奴隶制、封建制国家的政体，尽管学者们的论述不同，

① 《列宁选集》第 4 卷，第 49 页。
② 《列宁选集》第 4 卷，第 51 页。
③ 《列宁选集》第 4 卷，第 54 页。

但基本可归结为君主制、贵族制、民主制三种；资本主义国家的政体在西方学者中也有不同的论述，却可归结为两种基本形式，即君主立宪制与共和制；至于社会主义国家则表现为政体的单一化，一切社会主义国家的政体都是共和政体。

二、政权组织形式

政权组织形式也是一种实现国家权力的形式。它指的是一个国家实现国家权力的机关组织。

现代西方国家，如同前面所说过的，有两种政体，即君主政体与共和政体。这两种政体之下又各有不同的政权组织形式。在社会主义国家的共和政体下，也有自己的政权组织形式。

(一)西方国家的政权组织形式

现代国家的君主政体不同于以往的奴隶制、封建制国家的君主政体。现代国家的君主权力通常受宪法和议会的限制，所以称之为君主立宪制。由于君主权力所受的限制程度不同，实现国家权力的机关也有所差异，因而产生了二元君主立宪制与议会君主立宪制两种政权组织形式。

二元君主立宪制：它的主要标志是君主的权力虽受宪法、议会的限制，但这种限制力量非常微弱，君主仍然保持极大的权力。二元君主立宪制中君主和其他国家机关之间的关系的特点是：议会中的部分议员由君主推荐或任命，议会制定的法律须经君主同意才能生效；内阁从属于君主，首相由君主任命，内阁对君主负责。它是一种以君主为中心，由君主在国家机关体系中起主导作用的政权组织形式。

日本在第二次世界大战以前所实施的1889年的日本帝国宪法即采二元君主立宪制。它规定：大日本帝国由万世一系之天皇统治，天皇为国家元首，总揽统治权；天皇在帝国议会的协赞下行使立法权；总理大臣由元老院和重臣会提名、天皇任命，内阁是天皇的敕命内阁，它对天皇负责；司法权以天皇的名义，依法律规定由裁判所行使。现在尼泊尔、约旦、沙特阿拉伯等国仍采用二元君主立宪制。如尼泊尔的评议会相当于议会，大臣会议相当于政府，它们都在国王权力控制之下。

君主政体在近代国家中产生，是资产阶级、封建主妥协的结果。而二元君主立宪制这种政权组织形式则多产生于封建势力比资本主义势力强盛的国家。

议会君主立宪制：议会君主立宪制的重要标志是君主受议会和宪法的限制较大，以至君主的权力大为削弱，他所行使的只是一些形式上的或者礼仪性的职权。议会君主立宪制中君主与其他国家机关之间关系的特点是：君主对议会、内阁、法院都没有实际控制能力。

英国采用议会君主立宪制。英王虽是议会的组成部分，王室贵族虽有一部分充当上院议员，但议会已成为国家最高立法机关、议会通过的法律虽然要经英王签署批准，但从1707年女王安尼拒绝批准英格兰国民军法案之后，英王从未拒绝签署批准过任何法案。多年的习惯在英国人心目中已形成一种概念，如果英王不批准议会通过的法案就是一种违法活动。立法权完全归于议会，议会实际上摆脱了英王的控制。内阁首相虽由英王任命，但限于任命议会中的多数党领袖，各部大臣也由英王任命，但除个别例外情况，一般都以首相推荐的人选为依据，内阁不对英王负责，只对议会负责。司法机关虽以英王的名义行使权力，但自1701年王位继承法保障法官的独立地位之后，司法权也属于法院，实际上摆脱了英王的控制。国王"统而不治"、"临朝而不执政"，已经成了议会君主立宪制的概括性评论。

议会君主立宪制多出现于资本主义比较发达、资产阶级势力比封建主势力强盛的国家。现在英国、西班牙、荷兰、比利时等国实行此制，日本在第二次世界大战以后，也实行此制。

共和政体是资本主义国家一种较为典型的政体。在这种政体之下，由于国家机关体系中各机关的权力及其相互关系不同，产生了总统制、议会政府制、委员会制和具有议会制特点的总统制等四种政权组织形式。

总统制：总统制的重要标志是国家设有总统，总统由选民选举产生，有一定任期，并担任国家元首。总统制国家中总统与议会政府之间的关系的特点是：总统不由议会产生，不对议会负责，议会不能以通过不信任案作为手段迫使总统辞职，总统也无权解散议会；总统是政府首脑，政府中的部长阁员是总统的下属，均由总统按法定程序任免，都要向总统负责。

美国是典型的总统制国家。根据宪法规定：行政权属于美利坚合众国总统；总统根据间接选举制，由各州选民选举总统选举人，再由总统选举人选举产生总统；总统任期四年。总统是国家元首、政府首脑，所有行政机关的官员都是他的属下，均由他按法定程序任免；总统有制约国会的权力，他对国会通过的法案有签署批准权，也有法定的否决权；总统也有制约司法机关的权力，联邦最高法院的法官由他按法定程序任命，他有特赦权。此外，美国宪法规定立法权属于由参众两院组成的国会；司法权属于联邦最高法院及其下级法院。美国宪法还规定了国会和联邦最高法院有各种制约总统的权力。

现在南美洲许多国家，如阿根廷、委内瑞拉等国，非洲一些国家，如埃及、加纳等国实行总统制。

议会政府制：议会政府制是从议会和政府的地位及作用来说明的一种政权组织形式，此制从政府的角度而言也称为责任内阁制。

共和政体下的议会政府可以说是议会君主立宪制的发展。其重要标志是议员由选民选举产生，议会代表“国民意志”，拥有立法权。在议会制中议会与政府的关系特点是：一方面议会有组织与监督政府的权力；另一方面议会和政府互相渗透，政府由议会中的多数党组成，政府成员由议员兼任，议会可通过不信任投票迫使政府辞职，政府也可以解散议会，对付议会对自己的不信任。德意志联邦共和国、意大利共和国等国实行此制。

委员会制：委员会制的主要标志是：最高行政机关为委员会，委员会成员由众议院选举产生；行政首长由委员会成员中选任，任期一年，不得连任；委员会行使职权时采合议制形式。

委员会制中的总统实际上由委员会成员轮流担任，而且总统无实权，处于虚位状态，采取委员会制的国家，其元首可以说是集体元首，这是它和总统制的不同之处；委员会有权向众议院提出法案，众议院对委员会提出的法案有权修改甚至否决，但这种否决不能被视为不信任，众议院不能对委员会提出不信任案，委员会也无权解散议会，这是它和议会制不同之处。

委员会制最初产生于法国，其后传至瑞士。现在法国已废弃此制，而瑞士却仍在沿用。

具有议会制特点的总统制：它实际上是一种总统制，但还保留着议会制的某些痕迹。此制为1958年法兰西第五共和国宪法所首创，它是当时的法国总统戴高乐为稳定政局而建立的。

说它实际上是总统制，是因为在这种制度下的总统是国家的元首和向导，总统拥有任免总理、主持内阁会议等行政大权，拥有颁布法律、发布咨文、委派驻外使节、统帅武装部队等权力，相当于总统制国家中总统所享有的地位和权力。此外，这种制度下的总统还享有解散议会的权力，并且担任最高司法委员会主席，得以影响、控制立法与司法，其权力甚至超过总统制国家的总统。

说它还保留着某些议会制的痕迹，是因为政府总理得就内阁会议讨论通过的政府施政纲领或者总政策，对国民议会提出政府承担责任的说明，国民议会得根据其所通过的不信任案追究政府的负责，国民议会通过不信任案或不同意政府的施政纲领或总政策的声明时，总理必须向总统提出政府辞职。

现在只有法国采用此制。

（二）社会主义国家的政权组织形式

社会主义国家的政体都是共和政体；它们的政权组织形式都是人民代表制。这种政体和政权组织形式的单一化是社会主义国家的性质决定的，即是由社会主义国家的一切权力属于人民决定的。在社会主义国家里，不容许有奴隶主、封建主特权存在，因而不可能产生君主政体。它的人民代表机关是行使国家权力的机关，它的最高人民代表机关拥有至高无上的权力。一切国家机关都由最高人民代表机关组织产生，并受其领导和监督。最高人民代表机关高踞于一切国家机关之上，不可能产生与其他国家机关的分权与制衡关系，因而也不可能产生人民代表制以外的其他任何政权组织形式。

社会主义国家政权组织形式的单一化，并不是说这些国家的人民代表机关都是同一个模式。各社会主义国家的最高人民代表机关的基本属性是相同的，即都是最高国家权力机关，不和其他国家机关分权，也不受其他国家机关制约。但是，在名称上有的称为苏维埃，有的称为议会，有的称为人民代表大会；在组织机构上有的采一院制，有的采两院制；在常设机构的职权上有的可以行使部分立法权，有的没有立法权；有的单独行使国家元首职权，有的和国家主席之类的国家机关结合起来行使国家元首的职权等。这些细微的差异表现出各社会主义国家的历史传统、现实状况、民族因素等的差别。以最高人民代表机关的组织机构的差异为例，即可看出民族因素所起的作用。朝鲜民主主义人民共和国是单一民族的国家，采一院制；苏联是多民族的国家，采两院制，由民族院代表各民族的特殊利益；中国也是多民族国家，但中国的民族问题不如苏维埃建国初期那么复杂，而且实行民族区域自治政策，没有像苏联那样采用联邦制，因而采一院制，由少数民族的代表在全国人民代表大会中反映本民族的愿望与要求，代表本民族利益。

三、政体、政权组织形式的区别及其与国家性质的关系

(一)政体与政权组织形式的区别

政体与政权组织形式都是实现国家权力的形式，两者有密切的联系。但它们又有区别，两种实现国家权力的形式各有侧重点。政体着重于体制，政权组织形式着重于机关。政体粗略地说明国家权力的组织过程和基本形态，政权组织形式则着重于说明实现国家权力的机关以及各机关之间的相互关系。

明确认识政体与政权组织形式之间的联系固然十分重要，但认识它们的区别也有重大意义。现代世界各国，有社会主义共和制国家，也有资本主义的共和制国家，它们的政体相同，但是这两个不同历史类型国家的政权组织形式、各个国家机关之间的关系却迥然有别。社会主义国家的政权组织形式是人民代表制；而资本主义国家的政权组织形式则是三权分立的集合体。再就资本主义国家而言，有的政体相同而政权组织形式相异，例如美国和西德同是共和制政体，但它们的

国家机关之间的相互关系不同，政权组织形式就有差异，美国的政权组织形式是总统制，西德政权组织形式则是议会政府制。又如英国和意大利，一为君主制国家，一为共和制国家，它们的政体不同，但它们各自的国家机关的相互关系却有近似之处，政权组织形式基本相同，两者都是责任内阁制或议会政府制。由此可见，认识政体和政权组织形式之间的区别，对深入分析研究不同阶级本质国豕实现国家权力的形式，对深入理解资本主义国家机关的组织活动，从而对深刻揭示国家的阶级实质都是十分必要的。

社会主义国家的政体都是共和制，政权组织形式都是人民代表机关，既无资本主义国家那样多种多样的政体和政权组织形式，更没有资本主义国家那种两者犬牙交错的搭配方式。我国有些学者以社会主义国家政体和政权组织形式单一化的眼光类比资本主义国家的政体和政权组织形式，常把两者视为同一概念。同时，这种简单地类比的结果，还把资本主义国家的议会制和社会主义国家的人民代表制相对等，视议会制为资本主义国家的政权组织形式，显然不符合资本主义国家的实际情况。此外，由于视政体和政权组织形式为同一事物，往往导致片面地研究政权组织形式，忽视政体的分析研究。这些都表明，为了促进宪法学的发展，有必要区分政体和政权组织形式各自的含义。

(二)政体、政权组织形式与国家性质的关系

政体、政权组织形式是指实现国家权力的形式，国家性质是指国家权力的阶级内容。两者的关系是形式和内容的关系。政体、政权组织形式从属于国家的阶级本质，决定于国家的阶级本质，但政体、政权组织形式决不是一个单纯的反映国家本质的消极因素，它对它所反映的特定阶级本质的国家起着反作用。

所谓政体、政权组织形式决定于国家的阶级本质，是指有什么样的阶级本质的国家，就有与之相适应的政体、政权组织形式。

就政体而论，在奴隶制和封建制国家里，奴隶主对奴隶、封建主对农民的专政，都是赤裸裸的暴力统治，在这种情况下，最适合的、最典型的政体便是君主政体。到了资本主义社会，赤裸裸的暴力统治

形式已为隐蔽性的经济剥削形式和欺骗性的政治统治形式所取代，这对候，君主制政体已不适应新的政治统治的需要，共和政体就成了资本主义国家的典型政体。但是，政体决定于国家的阶级本质，并不说明同一历史类型阶级本质相同的国家只能有一种政体。在社会主义国家产生之前，国家的政体还要受统治阶级与被统治阶级力量的实际对比关系以及社会历史条件等因素的制约，因而除了典型的政体以外，还有其他非典型的政体。比如，古希腊雅典城邦由于它是直接地和主要地从氏族社会内部发展起来的阶级对立中产生的国家，它有可能因袭氏族社会后期的军事民主制；同时又由于它位于希腊南部沿海地带，交通发达，工商业发展较快，形成了工商业奴隶主阶层，这个阶层对奴隶主贵族实行妨碍工商业发展的专制制度很不满意，因而联合下层贫民群众开展反对专制制度的斗争，雅典城邦便在这种特殊情况下建立了民主共和政体。再如，英国由于在资产阶级革命中有一部分中小贵族参加了反封建专制制度的斗争，因而在革命胜利后形成了两个阶级分享政权的局面，英国的君主立宪政体就因此建立起来，并且一直保持到现在。

就政权组织形式而言，封建制、奴隶制君主专制政体之下，和君权至上相联的是整套国家机关体系都从属于君主。实行民主制国家则出现了共和制，出现了像雅典城邦那种人民会议、元老院、保民官结合起来行使国家权力的政权组织形式，类似于近代按分权原则建立起来的政权组织形式。近代资本主义国家出现以后，君主制政体产生了变化，绝对的君主专制国家已经罕见，君主权力一般要受宪法和议会的限制。随着君主政体的改变，君主立宪政体的出现，政权组织形式也产生了相应的改变：一种是以君主权力为中心的政权组织形式，议会、政府依附于王权；一种是以议会为中心的政权组织形式，这种形式随着行政权力的扩展，已开始从议会至上的议会制转变为议会政府制。在近代的共和制政体中，建立政权组织形式所根据的理论是人民主权论和分权学说，它一方面强调议会代表人民，同时又强调对议会的权力应该加以限制，因而产生了上面所说的四种政权组织形式。

所谓政体、政权组织形式对它所反映的特定阶级本质的国家的反作用，是指它可以促进国家的巩固和发展，也可能导致国家的衰落和败亡。

历史上各种不同阶级本质的国家之所以能够延续一个时期，原因之一，就是它们的政体、政权组织形式适应了国家阶级本质的需要。恩格斯在论述古希腊雅典城邦国家的产生和政体、政权组织形式的产生时指出："现在已经大体上形成的国家是多么适合雅典人的新的社会状况，这可以从财富、商业和工业的迅速繁荣中得到证明。"①列宁也曾说过："民主共和制是资本主义所能采用的最好的政治外壳，所以资本一掌握……这个最好的外壳，就能十分巩固十分可靠地确立自己的权力，以致在资产阶级民主共和国中，无论人员、无论机构、无论政党的任何更换，都不会使这个权力动摇。"②

但在历史发展中并非一切统治者都能采取适当的政体、政权组织形式以巩固自己的统治地位。例如，中国的袁世凯改共和政体为君主政体，自称洪宪皇帝，受到民主进步力量的反对和讨伐，最后忧愤而死，其统治地位彻底丧失。

从政体、政权组织形式与国家性质的关系的分析研究中，可以得出两点结论；第一，既然政体、政权组织形式决定于国家的阶级本质，我们在研究政体、政权组织形式的时候，就应该把它们和国家性质紧密地联系起来加以研究；第二，既然政体、政权组织形式对其赖以决定的国家本质、对特定阶级本质的国家具有反作用。我们就应该重视政体、政权组织形式的研究、使之适应国家本质的需要，促进国家的巩固和发展。

第三节　国家结构形式

一、国家结构形式的概念和种类

国家结构形式是调整国家整体与其组成部分之间的关系的形式，

① 《马克思恩格斯选集》第4卷，第115页。

② 《列宁选集》第3卷，第181页。

即调整国家整体与其所属的区域之间的关系的形式。

国家就其本质而言，是统治阶级压迫被统治阶级的机器，是一种有组织的暴力。由于这种暴力机器不能建立在空中楼阁里，必须建立在一定的土地上面，而且随着时代的发展，古代那种小国寡民已经很少，国家的领土范围日益扩大，因而每一个国家对它所赖以建立的那块土地必须加以划分，以便进行统治。这就进一步产生了怎样划分以及划分之后如何处理国家整体和各个部分之间的权限等问题。国家结构形式就是为解决这些问题而产生出来的。

国家结构形式直接牵涉到统治阶级对它所控制的领土的划分与国家权力的分配和运用。它服从统治阶级的意志和利益，决定于国家的本质。

现代国家有两种国家结构形式，即单一制和联邦制。单一制国家以普通行政单位或自治单位划分其内部组成，它有三个显著特点：第一，全国只有一个宪法，一个中央机关体系；第二，各行政单位和自治单位均受中央的统一领导，没有脱离中央而独立的权力；第三，不论中央与地方的分权达到何种程度，地方的权力均由中央以法律文件规定或改变，地方权力没有宪法保障。联邦制国家以成员国形式划分其内部组成，它的显著特点是：第一，联邦和成员国都有自己的宪法和中央机关体系；第二，联邦公民同时也是成员国公民；第三，联邦权力遍及全国，但联邦和成员国之间的权限划分由宪法规定，联邦无权任意改变。

现代的两种不同历史类型国家均有单一制，而且都以单一制作为国家结构的主要形式。就资本主义国家而言，因为它是继封建制国家之后建立起来的，而封建制国家发展的一般规律是从封建割据到统一的中央集权，在资产阶级夺取政权时，统一的中央集权国家已经形成，资产阶级可以因袭旧制，建立自己的单一制国家。同时也因为资本主义商品生产要求把商品流通的阻碍缩小到最低限度，而单一制国家结构形式能够适应这种要求。就社会主义国家而言，从无产阶级的利益和无产阶级专政的实际需要出发，马克思主义者在原则上主张单一制，反对联邦制。列宁说过：“我们在原则上反对联邦制，因为它削弱经济联系，对于一个国家来说是一种不合适的国家形式。”①他甚至还说：“联邦制在原则上是从无政府主义小资产阶级观点中产生的。马克思是主张集中制的。”②

现代的两种不同历史类型国家均有联邦制，但联邦制是一种例外的国家结构形式。这种例外的产生取决于以下几种因素：

第一，殖民主义因素。一般地说，国家的发展趋势都是走向中央集权的单一制，但是，许多国家由于受殖民主义的侵略干扰，改变了它们发展的过程。殖民主义的影响表现为三个方面：一是大量的移民改变了殖民地人口结构，而这些移民因缺乏长期的共同生活，难以产生建立统一国家的热情，他们在观念上也不愿建立一个拥有绝对权力的统一国家，宁愿建立一些权力分散的小国。二是殖民主义者采用地方分权政策，他们只求搜刮殖民地的财富，榨取殖民地人民的劳动成果就已心满意足，他们乐于采用本国的统治方式，以便有效地达到目的。这种地方分权政策虽以保证殖民总督的最高权威为条件，但给各地区以较大的自主权，因而使殖民地的传统习惯受到巨大的影响，使它在脱离宗主国而独立之后，难以建立中央集权的单一制国家。三是殖民主义者采用分而治之的政策，他们割断地区之间和民族之间的有机联系，而且故意挑起地区之间、民族之间的矛盾冲突，在地区、民族的相互斗争中，巩固其殖民统治。这种分而治之的政策，更加使殖民地在脱离宗主国之后难于建立统一集中的单一制国家。澳大利亚、加拿大、尼日利亚、马来西亚、缅甸、印度、喀麦隆、美国等，都是在这些殖民主义因素的影响下建立的联邦制国家。

第二，民族因素。民族是一个人们的稳定的共同体，它由很多因素所构成，其重要因素之一是有共同的地域。国家结构形式中关于区域的划分是以一国领土范围内的地域为基础的。因此民族因素对国家结构形式必然产生巨大影响。在通常情况下，一个民族独自发展成为国家，一般都是单一制。如果许多民族联合成为一个国家，要建立单

---

① 《列宁全集》第19卷，第501页。

② 《列宁全集》第3卷，第216页。

一制，就必须具备两个条件：一是其中一个民族得到巨大的发展而且强大得足以成为各民族的核心力量；二是各民族受核心民族的长期影响，并且自愿地结合于其旗帜之下。缺乏这两个条件，就只能建立多民族的联邦制国家。马克思列宁主义在原则上反对联邦制，但也承认联邦制可以作为一种向单一制过渡的例外的形式。列宁在《国家与革命》一书中引用了恩格斯在《爱尔福特纲领草案批判》里关于国家结构形式与民族问题的联系的论述。列宁指出："恩格斯同马克思一样，从无产阶级和无产阶级革命的观点出发坚持民主集中制，坚持统一而不可分割的共和国。他认为联邦制共和国或者是一种例外，是发展的障碍，或者是由君主国向集中制共和国的过渡，是在一定的特殊条件下的'前进一步'。在这些特殊条件下，民族问题就提出来了。"①这就是说，为了解决民族问题，在特定条件下，社会主义国家可以采取联邦制作为向单一制过渡的一种形式。苏联、南斯拉夫的联邦制就是在这种情况下建立起来的。

另外，在资本主义国家中，民族因素也可能影响国家结构形式。加拿大联邦制的建立就和它境内存在着英、法两个民族的后裔有很大的关系。

第三，经济因素。从原则上说，经济的发展要求建立单一制国家。但有两种经济方面的因素阻碍单一制国家的建立。一是同民族的各个地区之间的经济联系松散，而这种松散状态一直延续到近代国家已经产生，且经济联系的加强过程比较缓慢。例如19世纪的德国已经具备近代国家的雏形，但当时的政权掌握在封建诸侯的手中，他们割据称雄，俨如独立国家，这种地区之间的松散联系使德国在1815年不能建立单一制国家，只能建立德意志联邦，直到1867年才组成北德意志联邦，1871年才组成德意志联邦。另一阻碍建立单一制国家的经济因素是地区之间的经济发展不平衡。经济发展的富有地区为了避免打富济贫，不愿与经济落后的贫穷地区建立单一国家，宁愿建立联邦制国家。前面所说的德意志联邦的建立有这方面的原因，而巴

① 《列宁选集》第3卷，第232页。

西联邦的建立，这方面的原因更为突出。巴西的沿海较内地发达富有，脱离葡萄牙独立之初虽然建立了中央集权的帝国，但不能协调地区之间的矛盾，不得不转而采用联邦制。

第四，地理因素。地理环境对社会发展不起决定性的影响作用，但山川阻隔对国家的统一集中、对单一制国家的建立却是很大的障碍。以墨西哥为例，它国内的地理环境差别极大，有荒凉的沙漠，有富饶的绿洲，有热带雨季森林地带，有终年积雪地区，这种地理环境使这个国家分为许多具有特性的地区，为消除这种分散隔离状态给国家发展带来的影响，不得不建立联邦制。又如马来西亚，它的东部与西部为六百公里的海洋所隔离，要建立单一制国家也有许多困难，只能建立联邦制。

以上所说的产生联邦制的各种因素往往互相交织。如美国联邦制的产生就既有殖民主义因素，又有经济因素；加拿大联邦制的产生既有殖民主义因素，又有民族因素；印度建立联邦制则几乎含有上面所说的四种因素在内。不过互相交织的诸因素对任何一个联邦制国家的产生所起的作用并不是相等的，它们各有主次。

如果把产生联邦制的因素和国家性质结合起来加以考察，便可发现，社会主义的联邦制国家都是为解决民族问题，为了各民族的共同繁荣和发展而建立起来的，民族因素起到了决定性的作用。至于资本主义国家的联邦制的建立，则多是殖民主义因素的作用，即使有民族因素的作用，也只是为了解决民族之间的冲突，不是为了求得民族的共同繁荣和发展。

二、联邦制国家中的主权与权限划分

(一)联邦制国家中的主权问题

联邦制国家由若干成员国所组成，联邦和各成员国都是国家。主权是任何国家得以组成的重要因素，而这种主权又是一个国家独立自主地处理自己对内对外事务的最高权力，它的特点是具有最高性、排他性和不可分割性。联邦作为一个整体的国家自然拥有主权。各成员国虽是联邦的组成部分，但它们是以国家的名义加入联邦，它们也应拥有主权。这样就在联邦制国家中产生两种主权的矛盾，产生许多理论上的争议。

德国学者多从国家主义的观点出发，以主权的不可分割性为理由反对成员国拥有主权。如叶林涅克就说过，“分割的、破碎的、削减的、有限的和相对的主权”观念是一种自相矛盾的观念。① 拉班德也持类似观点。也有一些其他国家的学者以主权不可分为理由，主张在联邦国家中只有联邦才是主权国家。如美国的加尔洪在 1815 年写的《政府论》中就认为“主权是完整之物，分割它便是毁灭它”。② 美国学者多主张双元主权说。汉密尔顿在反对州权派的观点时指出：“他们（指州权派——作者注）在承认合众国政府无能的同时，却反对授予政府补充此种能力所需的各种权力。他们似乎指望互相矛盾、互不相容的事情，指望联邦享有统治权，而各成员国又享有完全的独立。总之，他们似乎仍然盲目崇拜主权内的主权这种政治怪物。”③在这里汉密尔顿反对两种主权都保持原有特性，称之为政治怪物。他在谈论当时的宪法草案时指出：“新提出的宪法非但没有表示要撤销各州政府，而且要使州政府成为国家主权的构成部分，准许它在参议院有直接代表，而且让它们拥有某些独立的非常重要的主权。”④如果说汉密尔顿的前面一段话在于说明各州不认可和让与联邦主权，不限制本身的主权，就不可能加强联邦的权力，那么，他的后面一段话就说明了联邦主权形成之后，各州仍然拥有某些主权权力。他的主权双元主义的观点是十分明显的。其他国家的学者也有很多类似观点的，如英国史学家弗里曼就说过：“主权的完全分立，可以说是理想中最完美的联邦制度所不可缺少的要素。”⑤德国的威兹在德意志联邦帝国成立以前也提倡双元主权说。

---

① 参见叶林涅克：《法与现代国家》，法文版第 2 卷，第 15 页。

② 《加尔洪全集》，英文版第 1 卷，第 196 页。

③ 《联邦党人文集》，1981 年商务印书馆中译本，第 83 页。

④ 《联邦党人文集》，1982 年商务印书馆中译本，第 44 页。

⑤ 弗里曼：《联邦政府的历史》，英文版，第 4 页。

本书作者赞成关于联邦制国家的双元主权论。联邦主权是各成员国协同认可与让与的结果，没有这种主权，联邦国家就不足以自立于世界各国之林；成员国的主权是经其本身认可与让与联邦之后所剩余的主权权力部分，而其让与联邦的部分得根据主权者的意见，通过特定的程序以收回，没有这种主权，成员国便会丧失民族自决的权利。这里应该进一步说明的是，联邦制国家的双元主权论与现代的有限主权论应该存在着根本的区别。前者的成员国主权虽因让予而受到限制，但出于自愿而且可以收回，后者则无此种限制条件；前者以联邦制的实际存在这一现实政治为基础，其目的在于稳定世界秩序、维护民族自决，后者则企图创造新的政治事实，实现新的殖民主义政策。当然，这种区别还只是从现代国际事务中所作出的推断，是否得到公认，尚待进一步讨论、研究。

(二)联邦制国家中权限划分问题

联邦与成员国之间的主权问题的矛盾，不只是单纯的理论问题，而且是个实践问题。这两种主权权力的矛盾，是通过联邦和成员国之间的实际权限划分来解决的，即通过它们之间的权限划分，来确定它们的主权权力的范围与限度。

世界上各联邦制国家关于联邦和成员国权限的划分，一般都由宪法规定，并表现为以下几种原则：

第一，联邦列举、成员国概括保留的原则。联邦制国家多采用这一原则。如美国，它的宪法有如下规定：(1)宪法所授予的各项立法权均属于国会；(2)宪法明确列举国会拥有十七项职权，并且规定它可以制定为执行这些职权所必需的和适当的法律。对联邦的权力采取列举的原则是十分明显的。美国宪法还规定："宪法所未授予合众国政府，也未禁止各州行使的权力，均由各州或各州人民保留之。"它对各州权力采取保留原则也是十分明显的。瑞士联邦、德意志联邦共和国等国家也采用这一原则。如联邦德国基本法规定：在本基本法未授予联邦以立法权的范围内，各州拥有立法的权力；联邦和各州之间权限的划分按有关专有立法和并行立法的规定进行；在联邦专有立法范围内，各州只有在某项联邦法律明确授予权力的情况下方具有立法权；在并行立法范围内，只有联邦未使用立法的权力，各州才拥有立法权。

苏联也采用联邦列举，加盟共和国保留的原则。宪法第 73 条规定了属于联盟行使的国家权力，第 79 条规定：在苏联宪法第 73 条指出的范围以外，加盟共和国在自己的领土上独立行使国家权力。

第二，联邦和成员国权限由宪法同时列举的原则。联邦列举成员国保留的原则在实践中常常引起联邦与成员国之间的权限冲突，因而产生了并列原则，如委内瑞拉共和国宪法第 17 条和第 136 条分别规定了属于州的权限之内的事项和列入国家职权之内的事项。这个宪法还规定了各州不可以做的事项，也规定了经各议院议员三分之二的多数通过，国会可把国家职权的特定事项给予州或自治区。

第三，双方列举，未能列举的职权由联邦保留的原则。加拿大采用这一原则。这个国家的 1867 年宪法的制定者为了提高联邦权威，企图利用未列举的权力由联邦行使的规定，改变联邦权力由各省转让的印象，以补救美国宪法所产生的那种缺陷。但是，它还是像美国那样，常常因列举职权的解释不同而产生联邦与各省的权限之争。

不论采取何种原则，联邦制国家权限划分一般具有如下特点：即联邦权限大于成员国。凡属涉及全联邦利益的重大事项，如外交、军事、税收、财政、度量衡制度、货币等，都属于联邦职权。但这些职权适用的程度各国有所差别。以外交方面的权限为例，美国控制较严，各州没有这方面的职权。它的宪法规定，无论何州不得行使缔结条约、同盟或联盟的权力，即使涉及外国大使、公使及领事的诉讼案件，也要归联邦最高法院管辖。苏联则不同，它的宪法规定：加盟共和国有同外国发生关系、同外国缔结条约和交换外交和领事代表、参加国际组织的活动的权力。

不论采取何种原则，都不能改变联邦权力不断扩大的趋势。联邦制国家的这种发展趋势，是社会发展的必然结果。社会经济的发展要求全联邦有统一的市场和它相适应；现代交通、电讯事业的发展加强了地区和民族间的联系；国际事务的交往频繁和国际局势的不断变化，更需要联邦运用整个国家的力量才能争取主动。这些都是助长联邦权力扩大的因素。同时，许多联邦国家的建立，就蕴藏着某些扩展联邦权力的思想动机。如社会主义的联邦制国家本来就被视为向集中制国家过渡的一种国家结构形式；资本主义的联邦制国家，如美国、加拿大等，自建立联邦起，就有加强联邦权力的打算。

三、地方制度

地方制度从根本上说，是一种处理一个国家的中央与地方关系的制度。

从封建社会末期起，资产阶级就提出地方自治的要求，用以对抗封建专制主义的政治统治。资本主义国家产生之后，除少数二元君主立宪制国家仍然企图实行绝对的中央集权制以外，近代和现代的资本主义国家一般都用宪法确认地方自治原则，并根据这个原则处理中央和地方的关系。社会主义国家出现后，更产生了一种新型的处理中央与地方的关系的原则，即民主集中制原则。现分述于后：

(一)资本主义国家的地方自治

西方国家的宪法用各种不同的方式确认地方自治制度，归结起来，大致可分地方分权式的和中央集权式的两种。它们的内容和区别是：从权限分配方面说，前者由中央指定个别地方管辖的事项，地方可向中央提议谋求新的职权，后者则由中央委托地方管辖各项事务，但地方一切职权须经中央认可；从机关组织方面说，前者的地方机关体系和中央机关体系不同，其代议机关同时又是执行机关，代议机关有议决权，其决议由它所设的各委员会执行，后者的地方机关体系则和中央机关体系相同，其代议机关受中央监督，行政机关首长由中央任命；从监督方式说，前者着重立法监督，辅以行政监督，地方机关在法律范围内行动比较自由，后者着重行政监督，辅以立法监督，中央有权认可、限制、取消地方机关的活动，可解散地方议会，罢免地方行政首长。

上述两种地方自治制度中，英国属于地方分权式的典型，法国属于中央集权式的典型。英国出现地方分权是由于资产阶级刚刚夺取政权以及在资本主义自由发展时期，还没有形成力量足以控制全国的资本家，他们的活动范围还带有地域性质，要求地方机关有能力帮助他们发展。同时，英国资产阶级取得革命胜利后的阶级分权局面，也对中央与地方的分权关系产生了一定的影响。至于法国，则如赖特在他的《法国政府与政治》一书中所说："决策日益集中于巴黎，强力的、统一的中央集权成为共和国不可分割的基础，是历史的、文化的、社会的、经济的压力的结果。"①法国雅各宾党人塑造的第一共和国就是中央集权国家，其后这种中央集权又为拿破仑所强化；同时法国的地方机构是在田园式的农村经济盛行时期建立起来，后来虽然试图改革，但效果不大。这些都是它的中央集权产生的重要原因。

不论是中央集权式的地方自治，或者是地方分权式的地方自治，它们的发展趋势都是中央权力日益加强，地方权力日益削弱。中央集权式本身就预示着这种发展趋势。即使是地方分权式，也只是在理论上中央没有否定地方决定的一般权力和指导地方议会的一般权力，不能设想地方可以不顾中央政策而进行活动。而且有许多国家任务必须有中央与地方的相互配合才能完成，如教育事业、水流整治、环境保护等，这就给中央提供了干预地方事务的必要和可能，而地方自治本身就有一种受中央干预的潜在的趋势。

特别是资本主义发展到垄断资本主义阶段后，资本的集中要求权力的集中，必然使地方自治制度遭受破坏。列宁说过："资本主义必然要使国家政权趋于集中，在反动的国家政权下，任何自治机关都绝对会被制服。"②目前各资本主义国家无不采取各种措施，加强中央权力，制服地方自治机关。

（二）社会主义国家的民主集中制和地方自治

社会主义国家实行民主集中制，而民主集中制是可以而且必须和地方自治相结合的。列宁说过："民主集中制不仅不排斥地方自治和具有特殊的经济和生活条件、特殊的民族成分等等的区域自治，相反

① 赖特：《法国政府与政治》，1987年英文版，第200页。

② 《列宁全集》第15卷，第147页。

地，它必须要求地方自治，也要求区域自治。"①在论述地方自治的重要性时，列宁还说："非常明显，如果不保证每一个在经济上和生活上具有比较大的特点以及具有特殊民族成份等等的区域享受的这种自治，那就不可能设想有现代的真正民主的国家。"②这就是说，没有一般的地方自治、没有特殊的民族区域自治，就不可能有社会主义民主。

各社会主义国家大都用宪法确认民主集中制原则，并且根据这个原则把中央集权和地方分权结合起来。一方面强调中央的统一领导，另一方面强调因地制宜地发挥地方的积极性和主动性。但是，在实际政治生活中，往往难于掌握中央集权与地方分权的适当界限，出现权力过分集中的倾向。近年来许多社会主义国家都在进行政治体制改革。这一改革的中心问题之一就是要正确地运用权力，其中包括正确处理中央与地方的权限划分，适当地实行地方分权，扩大地方权力，在社会主义国家中也有个别国家呈现出权力过于分散的倾向，也在酝酿着改革，适当地加强中央的权力。

从中央与地方的关系的角度来说，民主集中制原则就是中央集权与地方分权相结合的原则。实际政治生活中所提出的问题，要求各社会主义国家把这项原则具体化，通过具体的法律规范贯彻这个原则，以便消除权力过分集中或过分分散的弊病。

四、一国两制

一国两制是指一个主权国家根据实际需要，在不同的地区中实行两种不同的社会经济制度。

一国两制的设想是我国的党和国家领导人提出来的。中国共产党第十一届三中全会以后，邓小平同志和其他领导同志多次表示：力求用和平方式解决台湾回归祖国，并且表示一定考虑台湾的现实，尊重台湾人民的意见；台湾回归祖国之后，可以作为特别行政区，享有高

---

① 《列宁全集》第 20 卷，第 29 页。

② 《列宁全集》第 20 卷，第 31 页。

度自治权，可以保留军队，那里的现行社会经济制度不变，生活方式不变，同外国的经济文化关系不变。1982年颁布施行的我国现行宪法明确规定："国家在必要时得设立特别行政区，在特别行政区内实行的制度按照具体情况由全国人民代表大会以法律规定。"正式确认我国可以实行一国两制。1984年年底中英两国政府签署了《关于香港问题的联合声明》，宣布中国收回香港以后，"香港的现行社会制度不变"，这个声明已经两国有关机关批准，批准书也已互换，它已经发生效力。1997年我国将根据"联合声明"对香港行使主权，实行一国两制。

我国宪法关于一国两制的规定和设想，是对马克思主义国家学说的创造性运用和发展。从国家本质说，根据马克思主义原理，国家是实现阶级统治的工具，它的阶级本质决定于社会经济制度。现在在同一个主权国家里出现了两种社会经济制度，从表面上看似乎使国家的阶级本质多样化、复杂化。其实不然。香港问题的解决是为了香港的繁荣和稳定，促进我国整个国家社会生产力的发展，是为了更好地巩固和发展我国的社会主义制度。实行一国两制和坚持社会主义并不发生矛盾。同时，在香港这样一块新收回的、面积约占全国总面积的万分之一、人口约占全国总人口二百分之一的土地上实行资本主义制度，绝对不会改变我们国家的社会主义本质，也不可能引起我们社会主义制度蜕化变质。实行一国两制表现了社会主义建设中的中国特色，也表现了中国党政领导人创造性地运用马克思主义国家学说的才能。再从国家形式说，根据马克思主义原理，国家结构形式决定于国家阶级本质，并且服务于它赖以决定的特定阶级本质的国家。现在在同一个主权国家里，出现了两种阶级本质不同的地方，尽管它们有大有小，有主有次，却仍然使国家结构形式、中央与地方的关系复杂化，从而也给宪法学中关于国家结构形式部分提出了新的研究课题。其中最为重要的是一国两制下的特别行政区所产生的国家结构形式的变化，是否影响以往的国家结构形式决定且服务于特定的阶级本质的国家的马克思主义论断。对于这个问题的回答应该是否定的。因为未来的香港特别行政区的设立，是由我们国家根据香港的实际情况和整个国家的利益选择决定的，它虽然依法享有立法、行政、司法等方面的高度的自治权，但其根本目的只能是为了香港的稳定和繁荣，而香港的稳定和繁荣有利于整个中国社会生产力的发展，有利于整个中国的社会主义建设。实行一国两制不仅符合马克思主义关于国家结构形式的原理，而且创造性地发展了这一原理。

中国宪法关于一国两制的规定的贯彻执行，顺利地、合理地解决了香港问题，它对台湾回归祖国也将产生深远影响。它将引起台湾当局深思，获得台湾人民的支持和拥护，总有一天重重阻力将会被冲破，种种困难将会被克服，台湾问题也将按照一国两制的办法加以解决。

中国的一国两制是单一制国家结构形式下的一国两制。根据目前的国际形势，世界上可能出现联邦制国家结构形式下的一国两制。南北两朝鲜、东西两德国都在酝酿和平统一问题。酝酿中的朝鲜的统一有人建议成立高丽联邦；议论中的德国的统一虽然没有关于国家结构形式的建议，但联邦德国已是联邦国家。如果朝鲜和德国的和平统一真正实现的话，现代国家中将出现一国两制的联邦制国家结构形式。而这种新的联邦国家内将存在两个对等的社会制度。那时候马克思主义关于国家结构形式的原理将因现实政治的发展而获得更进一步的发展。

第四节　选举制度

选举制度是一个国家选举代议机关的议员或代表和选举其他国家机关公职人员的原则方法和组织程序的总和。它是国家的统治阶级用以挑选本阶级的代表人物和优秀人物进入国家机关实现国家权力的重要手段和步骤。它既体现国家权力的本质，又和国家权力的组织形式有密切联系，故在国家制度一章中加以论述。

一、选举制度的产生和发展

历史上早有选举活动，如古希腊五百人会议的成员、中世纪波兰的国王就是由选举产生的，中国古代也有所谓选贤举能的活动，但都未能形成近代意义的选举制度。

近代意义的选举制度是伴随代议制度产生出来的。它是封建等级授职制的对立物，也是资产阶级天赋人权学说、人民主权学说的补充物。它具有以往的选举活动所没有的三个特点：一是被选举者以代议机关的议员或代表为主；二是形式上采用普选制；三是有一套比较完整的法律规范作指导。

资本主义国家的代议制创始于英国。英国的议会是由中世纪的等级会议演变而来的。等级会议几经周折发展成为两院制议会，两院制议会随着资本主义生产关系的发展和资产阶级革命的胜利，最终产生了由选民选出的议员组成的下议院。其后代议制度为美法等资本主义国家所采用，议员的选举便成了一种普遍的政治活动，近代的选举制度由是产生。

在近代选举制度产生以前，西方启蒙思想家已经提出了天赋人权和人民主权学说。他们认定：人人都有与生俱来的权利；国家的主权属于人民。而选举制度的形成，选举权的出现，恰好以事实补充了这种学说。西方国家一些学者所提倡的选举权为国民固有权利说，就是以天赋人权和人民主权学说为基础的。

近代选举制度的产生标志着资产阶级民主制的正式确立。资产阶级民主制是在资产阶级内部实行民主和对无产阶级、广大劳动人民实行专政两者相结合的民主制，因而决定着这种选举制度的本质只能是马克思所揭示的：“为了每三年或六年决定一次，究竟由统治阶级中的什么人在议会里代表和压迫人民。”①但是，对资本主义国家的选举制度，决不能因其阶级局限性而低估其历史作用。资产阶级国家的选举制度出现以后，随着资本主义制度的发展和阶级力量实际对比关系的变化而产生了相应的发展变化。这些发展变化的重要情况之一是一些资本主义国家逐步建立了一套比较完整的形式上的普遍、平等、直接选举权原则、秘密投票方法和选举的组织程序，把资产阶级民主制

① 《马克思恩格斯选集》第2卷，第376页。

发展到了最高限度。这一整套的选举原则方法和组织程序，既是资产阶级发展本阶级的民主的重要经验，也是人类历史上的巨大成果。正如列宁在《论国家》一书中所说："资产阶级的共和制、议会和普选制，所有这一切，从全世界社会发展来看，是一种巨大的进步。"①在同一著作中列宁还历数了资本主义时期工人阶级在思想认识、组织程度等方面的发展，并且指出："没有议会制度，没有选举制度，工人阶级就不会有这样的发展。"②

继资本主义国家选举制度之后，出现了社会主义国家的选举制度。社会主义国家选举制度的出现标志着社会主义民主制的正式确立。社会主义民主制度是一种最高历史类型的民主制。它是实现工人阶级、广大人民群众当家作主的权利的民主制。这就决定着社会主义国家的选举制度必然与资本主义国家选举制度有本质的区别。它决不是每数年一度决定由资产阶级决定什么人进入议会统治和压迫人民，而是每数年一度由广大劳动人民决定挑选自己最为满意的公仆进入代表机关代表人民行使国家权力。然而社会主义国家选举制度产生以前，资本主义国家已经有数百年的选举的历史，并且建立了整套制度。其中的原则方法以及一部分组织程序可供社会主义国家改造、利用。事实上社会主义国家的选举制度是在旧的选举制度的基础上经过一番改造加工才建立起来的，它和旧的选举制度有着历史的联系。

二、选举原则与选举程序

(一)选举原则

现代民主宪政国家多采用以下原则：

第一，普遍选举权。它是指享有选举权的主体范围而言的。它的含义是：凡具有一国国籍，达到一定年龄的公民，除因患精神病或受刑事处分之外，都取得该国的选举资格，都有选举权。

西方学者如前面所说过的多从人民主权学说解释这一原则产生的

---

① 《列宁选集》第4卷，第55页。

② 《列宁选集》第4卷，第55页。

根源，认为选举权是公民固有的权利。但也有一些学者从功利主义出发，认为国家的目的在于为最大多数人谋最大幸福和利益，而普遍选举权的运用则直接涉及各人感受最深切的幸福和利益，因此，它是一种功用问题，而不是权利问题。从理论上说，以人民主权说解释普遍选举权较为妥当。

普遍选举权在两种不同历史类型的国家中都有一个实现的过程。西方国家一般都经过从直接的财产限制和与财产有关的住所、教育程度的限制、性别限制和民族种族限制到逐步消除这些限制的过程，社会主义国家也要经历一个从对敌对阶级的限制到逐步缩减和消除这种限制的过程。

第二，平等选举权。它是指享有选举权的主体实现权利的效力而言的。它的含义是：所有选民在一次选举中只能投一个选票，所有选票的效力完全相等。

平等选举权渊源于自由、平等、博爱口号和反特权思想。它的实现也需要有一个历史过程。西方国家经历了以财产为中心的复数投票和等级投票制，直到近几十年才取消这种公开表现的资本特权。社会主义国家有的已取消了工人、农民之间选举权的实际效果的差别，有的还保存着这种差别。

第三，直接选举。直接选举是由选民直接投票选举代议机关的议员或代表，选举其他国家机关的公职人员。和它相对称的是间接选举，即由选民选出选举人或选举团体，然后由选举人或选举团体再选举被选举人。

现代国家中对议员和代表的选举多采用直接选举原则，少数国家实行间接选举。总统制国家里总统的选举一般采用间接选举办法，少数国家采用直接选举办法。

第四，秘密投票。它是由选民不署自己的姓名，亲自书写选票并投入密封票箱的一种投票方法。

秘密投票的优点在于保守秘密，保证选举人能够消除顾虑，打破情面，自由地表达自己的意志。现代国家通常都采用这种投票方法。

判断一个国家的选举制度是否民主，在通常情况下，应以是否真正实现了普遍选举权、平等选举权、直接选举和秘密投票为标准。但又不可把这些标准加以绝对化。对待这个问题应有历史唯物主义观点。首先，要把实行选举的国家的政权性质和它的选举制度联系起来加以考察，从本质上了解这个国家的选举制度所体现的民主的性质。同时也要分析实行选举的国家的国情，诸如社会经济文化发展状况和交通信息条件等，从形式上了解这个国家的选举制度是否适应它的国情、达到了它所能达到的民主要求。运用这种历史唯物主义观点考察问题，就会发现选举制度中的例外情况，即现代国家中有的国家虽然还没有完全实现普遍选举权、平等选举权和直接选举，却比某些在形式上实现完全选举权、平等选举权和直接选举的国家更为民主。当然，对于这种国家来说，还是不能放松要求，它仍然有必要使自己的选举制度进一步民主化。

(二)选举程序

选举程序包括设立选举机构、划分选区、制造选民册、提出候选人、竞选、初选预选、正式投票与宣布选举结果等。

设立选举机构：各国在进行选举之前均设立选举机构。它们的名称不同，但都是办理选举事项的工作机关。西方国家除政府设立的选举机构之外，各政党也为筹措竞选费用开展竞选活动而设立选举机构。

划分选区：即划分实施选举的区域单位。这种区域单位常和人口数量相结合，它和各阶级、各政党的势力范围常有密切联系。各国执政党常常按照有利于自己的方式划分选区，因而西方国家中选区时有变化。选区的划分按其选出议员的人数，分为单选区与大选区两种，每个选区只能选出议员一名者为单选区，能选出数名议员者为大选区。美国众议员的选举采单选区制，法国国民议会议员的选举采大选区制。

制造选民册：这一程序的进行在于确定选举权，保障选举权，防止无选举权的公民参与投票，保障有选举权的公民不被剥夺参与选举的权利。各国的选民册多由选举工作人员或管理户籍的地方官员制定。公民如有异议，可申请更正，倘经申请仍不得地方官员或选举机构更正，可以诉请法院裁决。

提出候选人：即由有关机关、团体组织或公民提出供选举人选择的被选举人。西方国家多由政党提名，而且在两党占绝对优势的国家里多由两党各自单独提名，在许多政党都具有一定势力的国家里多由政纲相近的政党联合提名。在社会主义国家里多以工人党、共产党为核心组织竞选联盟，提出候选人。

竞选：竞选是候选人为争取选民信任而进行的一种活动。它是西方国家选举中的一项重要程序，西方国家的竞选耗资巨大，热闹非凡，宣传机器一齐出动，宣传手段花样翻新。社会主义国家一般对竞选不作规定，虽然在历史的和现实的政治生活中都有竞选事实，但似乎并不提倡。其实西方国家的竞选固然和其选举的本质密切关联，流弊很多，但对广大劳动人民来说并非毫无意义，社会主义国家不能因西方国家竞选活动的流弊而舍弃这一程序，可以根据自己的本质特征采取新的竞选方式。

初选和预选：初选是指间接选举中的第一阶段的选举，即由选民选出选举人；预选是指在选举中因候选人太多，由选民经过选举确定正式候选人，或者在选举前对候选人进行预测性投票。初选和预选的重大区别在于初选是间接选举的必经程序，如美国的总统选举就必须经过初选阶段；而预选则不是选举程序中的必经阶段。

正式投票与宣布选举结果：前者是选民或选举人对候选人进行赞同与否的正式发表意见的程序。后者是根据当选制度和计算票数宣布当选人。

选举程序在选举制度中占有十分重要的地位。现代各国的选举制度在选举原则方面一般都趋向民主化，如规定普遍选举权、平等选举权等。但这些民主化的选举原则能否真正实现，却与选举程序有极大关系。如西方国家在选区划分方面所运用的所谓选举地理学，实际上造成选民投票的效力不平等的结果，破坏了平等选举权原则；西方国家的候选人保证金制度则在事实上限制了被选举人资格，破坏了普遍选举权原则。

三、当选制度

选举制度以选出代议机关的议员、代表和其他国家机关公职人员为目标，被选举人的当选办法应是选举制度中的重要组成部分。现代各国在选举中所采用的办法大致有以下几种类别：

（一）多数选举制与比例选举制

凡在一个选区内由获得票数最多的政党独占全部议员名额的称多数选举制；由各政党按其获票数目的比例分配议员名额的称比例选举制。在单选区内只能采多数选举制，在大选区中才有采取多数选举制与比例选举制的可能。如某选区有选民六万，应选议员六人，A、B、C三党竞选，A党得票三万、B党得票二万、C党得票一万。按多数选举制，六个议席全由A党获得，按比例选举制则A、B、C三党分别获得三、二、一个议席。但在选举实践中，各党获得的选票远不如上述例子这么简单，各党获得票数往往按比例分配议席之后，尚有余票，于是在比例选举制中又有“最大残数”、“最大均数”等比较复杂的分配议席的计算方法。比例选举制的理论创导者是19世纪的美国的吉尔品和英国的密尔等人。比利时于1899年首先采用。现代各国采用此制者逐渐增多，但西方学者对此仍有争论。主张者认为议会作为人民的代表机关应当恰如其分地反映各种力量，只有采用比例选举制才能做到这一点，而且他们还认为采用比例选举制能防止议会为一个政党所垄断，能防止专制；而反对者则认为政治问题应该取决于多数，比例代表制与“多数政治”原则相违背，且难于在议会中形成多数党，使政党内阁制不易确立。本书作者认为比例选举制更符合民主宪政的要求和代议制度的本意。

（二）一轮多数联盟制

一轮多数联盟制的含义是：在选举中允许几个政党结成联盟参加竞选，竞选联盟只要获得过半数选票即可独占选区内全部议员席位；如果没有任何一个竞选联盟或政党获得过半数票，则在各竞选联盟或政党之间按其获得票数比例分配议员席位，不需要再进行选举。此制实行于多党制而又采用大选区制国家。竞选联盟多由政纲相近的政党组成，并用以对抗政纲不同的政党。西方国家最初实行此制的目的是为了对抗比例选举制，排斥进步政党进入议会。例如：1946 年法兰西第四共和国第一届国民议会选举时采比例选举制，法国共产党按获得选票比例分配得到 183 个议席，成为国民议会中第一大政党；1951 年第二届国民议会的选举采一轮多数联盟制，法国共产党获全国选票的 26%，而所得议席却只占议员席位总数的 16.1%。但政纲相近的进步政党也有组织竞选联盟、争得选举胜利的可能。

(三)二轮多数选举制

二轮多数选举制的含义是：在选举中第一轮采绝对多数制，候选人必须获得本选区的有效选票过半数才能当选，否则要进行第二轮选举；第二轮选举采相对多数制，得票最多者当选。此制为多党制国家所采用，因为在多党制国家里，第一轮选举中能获过半数选票者为数极少。1958 年法兰西第五共和国国民议会的选举开始采用此制，并且在第二轮选举中各政党可以结成竞选联盟，其用意也在于排斥进步政党进入议会。在这次选举中戴高乐的保卫新共和联盟得国民议会议席的 196 个，法国共产党全国范围内所获选票多于保卫新共和联盟，却只获得 10 个议席。但进步政党亦可组织竞选联盟使自己在选举中处于有利地位。

四、选举诉讼

选举诉讼是指选民、候选人、参与选举组织的工作人员以及国家公诉人对有关选举问题所进行的诉讼。这种诉讼的起因是在选举中出现贿赂、欺骗、暴力、威胁、歧视、渎职等妨碍和破坏选举的违法犯罪活动。处理这种诉讼的目的是保证选举工作正常进行。

近代选举制度产生后，在选举中出现的舞弊活动五花八门，选举诉讼经常发生，妥善地处理诉讼案件、确定这些诉讼案件的管辖权十分重要。

选举诉讼发生于选举进行过程之中或选举结果宣布之后。发生于选举进行过程之中的诉讼，世界各国一般都由普通法院管辖，少数设有行政法院的国家由行政法院管辖。至于发生在选举结果宣布之后的诉讼，涉及议员、人民代表当选的合法性，其管辖权较为复杂，现代国家大致可分为由代议机关、普通法院或宪法法院(宪法委员会)三种管辖情况。下面分别加以说明：

代议机关管辖：议员、人民代表当选的合法性诉讼由代议机关自行处理。如美国宪法规定：各议院应自行审查各该院的议员的选举、选举结果的报告以及议员的资格。西德基本法也有类似规定。代议机关管辖选举诉讼案件，对于西方国家来说有它的缺点。在政党政治十分发达的今天，代议机关一般都由一个多数党或政党联盟控制，议会对议员资格的审定常偏袒议会中的多数党或政党联盟，以至产生不公正现象。但是，在社会主义国家中，这种不公正的现象不会产生，因为这些国家由一个政党领导，当选的人民代表都是党与非党联盟，或领导党和其他民主党派竞选联盟提出的候选人，不存在党派偏见。现代各社会主义国家多由人民代表机关管辖有关代表资格的诉讼。如苏联现行宪法规定：联盟苏维埃和民族苏维埃基于各院选出的资格审查委员会的报告，通过承认代表资格的决议；遇有违反选举法时，则通过个别代表的选举无效的决议。

普通法院管辖：议员当选的合法性诉讼由司法机关处理。采用这种管辖方式的国家很少，但英国却从议会管辖改变为法院管辖。英国从 17 世纪开始，即由议会自行处理议员资格的争讼，由于政党政治的发展，逐渐显露出政党控制的不公允现象，从 1868 年颁布的《议会选举法》施行后，即改归高等法院管辖。

在代议机关管辖和法院管辖两者之间，德国 1919 年的威玛宪法规定了一种折中的管辖方式。这个宪法规定：在联邦议会内设置选举审查法院。议员资格的存在或丧失，由该选举审查法院决定。它还规定该院按公开口头辩论原则由议会推选的三名议员和由总统任命的两名法官进行合议判决。威玛宪法规定的这种管辖方式对西德基本法的影响非常明显。这个基本法规定：联邦议院负责(议员的)资格审查，并决定联邦议院议员资格是否失效；联邦议员如反对联邦议院的决定，允许向联邦法院提出申诉。

宪法委员会管辖：这是一种监督宪法实施的专管机关管辖。法国实行这种管辖方式。法国宪法规定：在发生争议的情况下，宪法委员会就议员和参议员选举的合法性作出裁决。法国的这种管辖方式也是从议会管辖方式中改变过来的。根据法兰西第四共和国宪法的规定，议员的当选资格及选举的合法性是由议会两院各自审查的。第五共和国宪法才改用现在的管辖方式。

第二章　经济制度

第一节　经济制度的概念及其在宪法规范中的表现形式

一、经济制度的概念

各国学者对经济制度的理解各不相同，因而产生各种不同的经济制度概念的表述。中国司法部统编教材《宪法学》的作者称："经济制度是指一国的经济结构，由生产关系的总和所构成。"①并且认定：它是不以人们意志为转移的一种客观存在的物质关系，它是生产关系的总和；它是社会上层建筑所赖以建立的经济基础。而中国《法学词典》的作者则称经济制度为"人类社会发展一定阶段上生产关系的总和"。②

简明不列颠百科全书经济制度条目的作者认定"一种经济制度可解释为组织社会中的经济活动的各种制度的总和"。他在这个条目中还指出："现代经济制度间的差别实质上同下列三种主要特征有关：1. 生产手段公有或私有的程度；2. 对生产计划重视的程度；3. 公共决策还是私人决策占优势。"

苏联学者马斯连尼科夫谓："经济制度就是反映所有制的性质和形式，社会生产目的，分配社会产品和管理国民经济原则的国家经济

① 《宪法学》，群众出版社 1983 年版，第 277 页。

② 《法学词典》，上海辞书出版社 1984 年增订版，第 648 页。

生活制度。”①

上述三种经济制度的概念具有一定的代表性。若加以比较，便可发现：中国学者表述的概念具有片面性，未能概括它的全貌。作为一种制度，包括经济方面的制度，它不仅包含客观成分，而且还应包含主观成分。中国学者只论述了它的客观成分，即构成经济制度的不以人们意志为转移的生产关系的总和及其所构成的经济结构，但没有涉及经济制度中所应该包含的主观成分。英国学者表述的概念，则具有和中国学者相反的缺点。英国学者对概念的总体论述中只有主观因素，即经济活动的各种制度，仅在解释经济制度的差异时才谈到生产手段的所有制这一客观因素。苏联学者表述的概念概括了经济制度的客观部分和主观部分，从总体上说比中国学者和英国学者的表述要好，但也有不足之处。首先，在客观因素的表述上，它只说明了所有制的性质和形式，而没有明确表述由所有制所构成的经济成分。因为所有制的形式是可以理解为社会主义公有制的两种形式，即全民所有制和集体所有制的。如果所有制不构成经济成分，它只能是马克思所说的不以人们意志为转移的物质关系，不可能加入人们的主观因素。其次，在主观因素的表述方面，社会生产目的、分配社会产品的制度是比较明确的，但它和管理国民经济的原则却有重叠之处。

本书作者基本同意苏联学者马斯连尼科夫对经济制度的概念的表述方式，但认为还应作若干修改，把经济制度分为相互联系的三个组成部分。

生产资料的所有制应该列入概念之首，否则经济制度便失去了它赖以存在的基础；

生产资料所有制所构成的经济成分也应列入概念之中，以它作为从客观因素转入主观因素的中介，使两者互相衔接；

国家对各种经济成分的基本政策与管理国民经济的原则，作为概念中的主观因素，显出国家对社会经济的作用。

综合以上三部分，本书作者拟对经济制度的概念作如下表述：

① 《苏联宪法讲话》，群众出版社 1982 年中译本，第 51 页。

“经济制度是一个国家用宪法、法律所确认和规定的各种生产资料所有制和它们所构成的经济成分，国家对各种经济成分的基本政策与管理国民经济的原则等方面的制度的总和。”

二、经济制度的宪法规范的表现形式

近、现代国家都有它的经济制度，而且可以说在实质上各国宪法都有关于经济制度的规定，不过表现形式有所不同而已。资本主义国家宪法的规定比较简单而且多采隐蔽形式，社会主义国家宪法的规定则比较详细而且都采用公开的形式。下面分别加以说明：

（一）资本主义国家经济制度的宪法规范的隐蔽性

近代资本主义国家宪法从不公开确认其经济制度的资本主义性质。它的特点是宣布“私有财产神圣不可侵犯”的原则，在公民基本权利的规定中对私有财产加以精心的保护，并把这种保护涂上一层“人人平等”的油彩，使之更加隐蔽。

资本主义国家经济制度的宪法规范的隐蔽性的产生，归结起来有三种原因。

第一，历史的原因。资本主义国家经济制度是生产资料的资本主义私人占有制，它和历史上的奴隶社会、封建社会的私有制一脉相承。资本主义私有制尽管在剥削形式上和奴隶制、封建制的私有制有所不同，但利用私有财产剥削他人的本质属性却是一致的。这种以私有财产作手段进行剥削的共同性，决定着资本主义国家对私有财产的精心保护合乎历史传统，容易为人们所接受。同时，资本主义生产关系在封建社会内部孕育成长过程中受到封建行会制度、封建专制制度的扼制，资产阶级对此深恶痛绝。这种在历史上形成的逆反心理，导致资产阶级一经掌握政权，便把自由竞争、自由发展看得高于一切。他们从自己的历史经验中所得出的结论是：只要私有财产受到保护，能够自由地进行竞争，就可以得到发展，国家对这种竞争的干预越少越好。

第二，政治的原因。资产阶级在夺取政权的时候，它的经济势力已经膨大到足以统治社会国家的地步。在夺取政权以后，资产阶级面临的政治任务比经济任务要严重得多。他们在早期制定宪法的过程中，不得不把政治问题，如防止封建势力复辟、防止工农革命等放在首位。同时，近代宪法的政治思想基础，渊源于社会契约论以及受它的影响而发展起来的个人主义、自由主义。这样的政治思想反映在经济方面，就是要求个人在经济上有自我表现的权利，有企业自由。而且在近代宪法最初制定时，马克思主义尚未产生，制宪者们还不能认识政治与经济的关系，更谈不上对国家制度反作用于经济制度的理解。他们制宪的目的，在政治上只是要求表现自己的制度优越于封建制度，要求使工人农民在形式民主中得到抚慰；只是要求一个具有最高权威的法律并在其中确定永久不变的原则。根据这些政治任务、政治思想和政治要求，他们便把精力集中于安排政府的组织与政府权力的运用，考虑公民权利的范围与实现方式方面，关于经济制度的各种具体细节问题的规定就退居次要地位，留待普通法去解决。美国宪法和早期的法国宪法便是根据上述情况制定出来的。

第三，法律的原因。几乎是在宪法规定保护私有财产的同时，资产阶级的民法、商法以及其他有关调整财产关系的法律已问世。例如世界上最著名的法国民法典就是在法国第一部宪法制定后十三年，即1804年颁布的。恩格斯称这部法典为“典型的资产阶级社会的法典”。它体现了适应当时资本主义经济关系的要求的基本原则，从而促进了资本主义经济的发展。然而这部法典却是以罗马法为基础的，其中还吸取利用了法国革命前颁布的某些适应资本主义发展的王室敕令。可见关于经济制度中的主观因素部分，完全可以在宪法的“私有财产神圣不可侵犯”的总原则指导之下由普通法加以规定，并有一些以往的法律规范可以利用。

随着社会的发展，资本主义国家宪法中关于经济制度的规定已日见增多。在政府机关的职权方面，增加了组织经济工作的条款。如法国宪法规定议会有权制定有关国家计划的法律，确定国家的经济和社会活动的目标；制定有关企业国有化和企业所有制从公有到私有的变化的法律。在宪法结构方面，设置专门章节加强国家组织经济工作的职能。如意大利宪法专设经济关系一章，确认“宪法规定适当计划，并实行监督，使公营与私营经济活动均须以此为指导，向社会共同目标前进。”该章还规定“财产分为公有和私有两种，经济利益属于国家、团体或私人”以及“共和国承认劳动者有权按照法律程序并在法定范围内参加各种经济企业的管理”等等。在公民的基本权利方面，增加了社会经济文化权利的规定，如劳动权、休息权、受教育权等等。有的国家还把一些其他的权利和经济方面的权利结合在一起。如西德基本法规定结社权利的目的在于保障和改善工作条件。这些新增的宪法规范说明：现代资本主义国家宪法对经济制度的规定，和以往相比已经发生变化。但是，万变不离其宗。私有财产神圣不可侵犯的原则没有改变；经济制度的资本主义性质没有改变；经济制度的宪法规范的隐蔽性也没有改变。

（二）社会主义国家经济制度的宪法规范的公开性

社会主义国家的宪法公开地确认其经济制度的社会主义性质，并且明确规定国家的基本经济政策和发展国民经济的指导方针。这种公开性和资本主义国家经济制度的宪法规范的隐蔽性形成鲜明的对照，而且在形成的原因方面也有彼此相对应的三种因素。

第一，历史的因素。社会主义国家的经济制度以生产资料的社会主义公有制为基础。这种公有制和以往的私有制不存在历史渊源关系。它不能从资本主义社会内部自发地产生出来，只能在无产阶级取得革命胜利以后运用国家政权的力量着手建立。同时，从私有制到社会主义公有制的转变是一种伟大的历史变革，它冲破了人类的历史传统。它要求人们更新观念，摆脱千百年来的传统的私有制观念的影响和束缚。在这种情况下，只宣布社会主义公共财产神圣不可侵犯的原则，达不到巩固、发展社会主义经济制度的目的，必须在宣布这项原则的同时，确认经济制度的本质，规定经济制度的内容。

第二，政治的因素。无产阶级取得革命胜利，夺得政权以后，也面临着反对资本主义复辟的政治任务，但这一任务能够完成与否，和经济制度的创建工作的成败有紧密联系。如果掌握政权的工人阶级不能采取有效的措施建立和发展国营经济，就没有足够的经济势力击败资本主义复辟势力；如果不能很好地把个体经济组织起来，就会失去自己的同盟军，使一部分农民和其他个体劳动者在两极分化中坠入资产阶级反革命营垒。在这种情况下，为适应政治斗争的需要，也有必要明确宣布和规定社会主义国家的经济制度。

第三，法律的因素。以社会主义公有制为基础的经济制度，也需要用普通法促进其巩固和发展，也可以改造、利用某些旧的法律条款，但它是一种崭新的经济制度，若不首先确定其基本的原则精神，普通法的制定，旧法条款的改造利用，就可能发生失误。这种法律形式上的要求，决定着社会主义国家经济制度的宪法规范，除了确认社会主义公共财产神圣不可侵犯的原则之外，必须明确规定其中的其他各种基本原则。

第二节 各种经济成分和国家的基本政策

现代世界各国都存在多种经济成分。由于经济制度的基础不同，国家对它们的政策也迥然有别。

一、两种不同的国有经济和两种不同的政策

社会主义国家的国有经济一般称国营经济。它是社会主义性质的经济。它的社会主义性质取决于：生产资料归工人、劳动人民的国家所有；人们在生产的组织与活动中的关系是平等的；产品分配实行按劳取酬原则，消灭了剥削制度。这种国营经济是依靠无产阶级革命政权的力量建立起来的。它的建立方式有两种：一是无产阶级运用政权的力量，采取剥夺剥夺者的方式，直接没收资本主义的私人企业，实行企业国有化；一是剥夺一部分剥夺者的企业，而对另一部分私人资本主义企业实行限制、利用、改造政策，使之逐步被改造成为国营经济。前者是苏联方式，后者是中国方式。苏联完全采取剥夺剥夺者的方式，是因为在无产阶级革命过程中，所有剥削者阶级都反对革命成为革命对象。中国采取的部分剥夺剥夺者的方式，是因为在革命过程中，一部分资产阶级即民族资产阶级，在一定的时期和一定的程度上，在工人阶级及其先锋队中国共产党的领导下参加过反帝、反封建

的民族民主革命。

社会主义国家的国营经济是保证工人阶级实现对国家的领导权的物质基础，也是巩固工农联盟、发展社会主义建设事业的物质基础，更是坚持走社会主义道路的可靠保障。因此，单靠剥夺剥夺者、实行企业国有化所建立起来的国有经济，力量还很薄弱，远远不能适应国家对它的要求。国家必须采取适当的方针、政策使之得以巩固和发展。而保障国营经济的巩固和发展就成为各社会主义国家的一项基本政策。

国家保障国营经济的巩固和发展，通常表现为三个方面：一是在财产所有权和经营范围方面为国营经济的巩固和发展创造条件。如朝鲜宪法规定，国家所有权的对象没有限制；匈牙利宪法规定，国家财产以及国家垄断的经济活动范围由法律规定。二是在经营管理体制方面不断地总结经验，改进国营企业的经营管理方式，使之更有利于得到巩固和发展。三是在维护已经取得并争取更大成就方面，宣布社会主义公共财产不可侵犯的原则。如罗马尼亚宪法宣布国家保卫社会主义财产，苏联宪法规定国家保护社会主义财产并为其增多创造条件。

在国家对国营经济的基本政策的上述三个方面的具体表现中，各社会主义国家在一、三两方面的原则和做法大致相同，但在经营管理体制方面出现了各种纷繁复杂的情况。它们都在不断地探索适合本国国情的经营管理体制，其中有的已经写入宪法，有的还在继续探索之中。

社会主义国家国营经济的经营管理最先出现的是苏联模式。它的特点是高度集中，主要地依靠行政手段进行管理。这种模式对于苏联建立初期乃至于30年代的苏维埃国家应该说在很大程度上是比较合适的。当时的情况是新生的苏维埃国家内有反革命暴乱，外有帝国主义的武装干涉，急切地需要发展重工业、特别是国防工业，以增强抗拒国内外敌人的经济力量；在击退了国内外敌人的武装进攻之后，苏维埃没有具备全面进行经济建设的人力和财力，只能开展以重工业为重心的工业化建设。在这种情况下实行高度的集中管理，强化国家机关在经济管理中的作用，是必要的，它所取得的成效也是显著的。但是，随着苏联经济的发展和第二次世界大战以后世界经济的发展，苏联原先的经营管理模式已经日益显露出它的缺点。其中最主要的是决策过于集中，国家机关的经营管理权力太大，企业缺乏自主权，企业职工的积极性难以发挥。巩固和发展国营经济的基本政策已经受到阻碍，经营管理体制已经到了必须改革的时候了。

首先进行探索和着手这种改革的是南斯拉夫。它从 40 年代末、50 年代初就开始着手建立自己独特的经营管理体制，并逐步从理论上加以充实，在实践中加以改善，然后用宪法加以确认。现在，南斯拉夫的企业经营管理体制具有以下特点：一是为削弱国家对企业的控制力量，改国家所有制的称谓为社会所有制，在宪法中确认生产资料的社会所有制为国家经济制度的基础，二是为了扩大企业的自主权，把所有权和经营权分开，政企分开，使企业(联合劳动组织)拥有决策权，成为完全独立的商品生产者、经营者；三是为了更好体现企业职工的主人翁地位，实行工人自治制度，保证劳动者在生产和劳动产品的分配中实行自治，有权直接管理生产和支配劳动成果。

南斯拉夫的企业经营管理模式克服了苏联模式的缺点，增强了企业活力，取得了巩固和发展社会所有制企业的显著成效。但是，南斯拉夫模式在实践中也逐步显现出它的缺点，即权力过于分散，国家难于对各个企业作宏观控制，因而在一定程度上影响南斯拉夫国民经济的协调发展。

在南斯拉夫的企业经营管理模式正式确立并已取得初步成效的时候，从 1956 年开始，欧洲的人民民主国家，捷克斯洛伐克、波兰、匈牙利等也开始改革企业的经营管理方式。由于 60 年代末和 70 年代初苏联加紧了对这些国家的政治控制和军事干涉，以至见效甚微的改革即告停顿。及至 70 年代末，苏联对这些国家的改革的态度稍有松动，欧洲各人民民主国家才出现了新的改革浪潮。目前这个改革浪潮正在向前发展，而在这个改革浪潮中，匈牙利的企业经营管理模式的改革具有典型意义。

匈牙利企业经营管理模式具有以下特点：一是称所有制为社会所有制，称其经济成分为国营经济；二是在实行所有权和经营权适当分开和政企分工的基础上，使国营企业成为相对独立的商品生产者，它既拥有商品生产者的必要权限，又受国家的监督；三是实行决策分工，企业在微观经济、简单再生产方面拥有决策权，国家则对宏观经济、扩大再生产进行控制。匈牙利的这个模式从总体上说，既不高度集中，又不过分分散。它能够克服苏、南两国模式所产生的缺点，发扬苏、南两国模式所具有的优点。尽管匈牙利在改革中出现过一些失误，遇到过一些困难，若能进一步加以探索和改进，它是可以成为社会主义国家企业经营管理体制中一种比较合乎理想的模式的。

目前，各社会主义国家都在根据自己的国情继续探索前进，不断总结经验。相信不久的将来一定会出现许多完善的企业经营模式，将会使社会主义的国营企业更为巩固，更加发展。

资本主义国家也有国有经济。这种国有经济产生的根本原因，是生产的社会化和生产资料的私人占有之间的矛盾。资本主义国家建立以后猛烈发展着的生产力对它的资本属性发生对抗，要求承认它的社会属性，从而迫使资本家不能不把它当作社会生产力看待。资本家阶级起初企图组织托拉斯解除这种矛盾，继而求助于国家干预。正如恩格斯所说："无论在任何情况下，无论有或者没有托拉斯，资本主义社会的正式代表——国家终究不得不承担起对生产的领导。这种转化为国家财产的必然性首先表现在大规模的交通机构，即邮政、电报和铁路方面。"①促使这种国有经济的发展的还有一些其他因素。如为适应战争的需要，迫使资本主义国家不得不实行军事工业的国有化和加速与军事有关的企业的国有化；社会主义国家的出现及其国有经济取得的巨大成就导致改良主义思想抬头，资产阶级的政治家、经济学家企图引导他们的国家从国有经济中寻找出路；现代科学技术和新兴工业的发展，要求资本主义国家集中人力和财力承担创建那些投资多、风险大的企业的任务等。

国有经济的性质取决于国家的性质。资本主义国家不论其形式如何，它的实质都是管理资产阶级事务的总委员会、理想的总资本家。

---

① 《马克思恩格斯选集》第3卷，第435页。

资本主义国家的国有经济不过是国家以总资本家的身份占有生产资料的一种形式。

资本主义国家国有经济的性质不能通过直观得出上述结论，但通过国家的法律规定与政策措施的分析，上述结论就一目了然。

首先，从建立的方式说，资本主义国家的国有经济或者是通过国有化把私人资本主义企业收归国有，或者是由国库支付直接兴建。前者都应根据宪法的规定给予企业以适当的、公正的补偿，即由总资本家给予个人资本家以补偿，而且在实践中这种补偿往往高于企业的资产。后者则是总资本家直接投资。两者都没有改变资本主义私有制。

其次，从建立的目的说，资本主义国家的国有经济没有改变原来的生产目的，都是为了剥削工人阶级、增加总资本家的超额利润。在这种国有企业里，雇佣劳动关系形式上似乎发生了变化，但本质未变，而且和私人企业中的雇佣劳动关系一样受到法律保护。如意大利宪法规定，财产分公有和私有两种，经济利益属于国家、团体或私人。这一规定和一切资本主义国家宪法中关于私有财产的保护所产生的雇佣劳动关系一样，它所产生的不过是总资本家和工人之间的一种新式的雇佣劳动关系。同时，这一规定还把通过雇佣劳动所获得的经济利益，首先归于国家这个总资本家。

最后，从法定的可变性说，资本主义国家的国有企业呈现起伏不定、时长时消的状态。这种状况的产生常受执政党的政纲、政策措施与意识形态的影响和制约。如英国工党对国有化比较热心，而保守党则比较冷淡，法国社会党密特朗总统执政初期曾扩大企业国有化范围，但自社会党在议会选举中失去多数、希拉克出任总理之后，总统与总理之间常为国有化问题产生争执。为了使这种起伏长消的变化更适应资本家阶级总体的政治和经济利益，资本主义国家便用法律形式确认国有企业的可变性，如法国宪法就规定议会有权制定关于企业国有化和企业所有制从公有到私有的转变的法律。

二、两种不同的合作经济和两种不同的政策

社会主义国家的合作经济是劳动群众集体所有制的经济形式。它

是由小商品生产者、即农民和手工业者实行合作化的结果。

小商品生产者具有两重性：一方面他们是劳动者，能在工人阶级的领导下走社会主义道路；另一方面他们又是私有者，存在自发地走资本主义道路的倾向。因为他们是劳动者，无产阶级在夺得政权以后对于这种人不能像对地主、资本家那样，采取剥夺剥夺者的方式，只能像列宁所说的那样，“不能驱逐，不能镇压，必须同他们和睦相处”。① 因为他们是私有者，社会主义国家必须通过长期的、缓慢的、谨慎的组织工作教育他们、改造他们。这就是社会主义国家必须实行农业、手工业合作化，必然产生合作经济的根本原因。

社会主义国家的合作经济是社会主义经济。它的社会主义性质取决于：生产资料归参加合作经济组织的劳动群众集体所有；劳动者以合作经济组织的主人的身份参加劳动；劳动产品根据按劳取酬的原则进行分配。

社会主义国家的合作经济是工人阶级引导小生产者走社会主义道路的一种有效的经济形式，它也是工人阶级巩固同农民的联盟的物质基础。所以列宁说：“单是合作社的发展就等于社会主义的发展。”“有了完全合作化的条件，我们也就在社会主义基地上站稳了。”②

合作经济的性质和作用决定着国家对它的基本政策。这项基本政策分为两个部分：

一是国家保护合作经济的合法权利和利益。合作经济由城乡劳动者集资组建，它的产品是全体成员的劳动成果。它的全部生产资料和生产所得都属于合法权益，受到国家保护。如德意志民主共和国宪法规定：“农业、手工业和其他社会主义性质的合作社的工具、机器、设备、建筑、农业生产合作社的牲畜、以及合作社使用的土地和合作社生产资料所得的成果，均为合作社财产。”社会主义公共财产神圣不可侵犯的原则对合作社的财产完全适用。如波兰宪法规定：对于合作社的财产，视为公有财产，国家保证其获得特别支援和保护。合作

① 《列宁选集》第4卷，第200页。

② 《列宁选集》第4卷，第687页。

经济的另一合法权益是经营管理权。如中国宪法规定："集体经济组织在接受国家计划指导和遵守有关法律的前提下，有独立进行经济活动的自主权。""集体经济组织依法律规定实行民主管理，由它的全体劳动者选举和罢免管理人员，决定经营管理的重大问题。"

二是国家指导、鼓励和帮助合作经济的发展。这里所说的指导是国家为合作经济的发展指引方向，即坚持社会主义原则。如匈牙利宪法规定："合作社是社会主义制度的组成部分；它在与社会主义国家社会和经济目标一致的情况下为成员的利益服务。"保加利亚宪法也规定："合作社财产得有利于社会，有利于合作社社员。"至于对合作经济的鼓励和帮助，首先是指国家为它提供资金方面的优厚待遇和文化教育方面的特殊条件。列宁曾经指出："在政策上要这样对待合作社，就是使它不仅能一般地、经常地享受一定的优待，而且要使这种优待成为纯粹资财上的优待（如银行利息的高低等等）。贷给合作社的国家资金，应比贷给私人企业的多些（即使稍微多一点也好），甚至和拨给重工业等等的一样。"①为了使个体劳动者了解参加合作社的好处，自愿地积极地参加合作社，列宁认为需要经过一个整整的历史时代。他强调指出："如果不经过这一历史时代，不做到人人识字，没有足够的理解能力，没有充分教会居民利用书报，没有这一切物质基础，没有一定的保障，如防备歉收、饥荒等等的保障，——没有以上这些条件，我们就达不到自己的目的。"②各社会主义国家在实现合作化过程中，在给予合作经济资财帮助和城乡劳动者的文明教育方面作了许多工作，取得了巨大成就；但也有少数国家作得不够，特别是文化教育方面表现得更为明显。合作经济的创建和发展是一个漫长的过程，现在的合作经济的发展条件和以往不同，即它必须在实现现代化的基础上进一步发展。因而，一般的文化教育已经不能满足需要，国家必须为合作经济提供现代化的机器设备并且传播使用它们的知识和技能。波兰现行宪法规定："国家对于农业生产合作组织的支持与

① 《列宁选集》第4卷，第683页。

② 《列宁选集》第4卷，第684页。

帮助的主要方式是：国家拖拉机站给予采用现代技术的可能和低利息的国家贷款。”

合作经济的发展的总方向是向国有经济发展。50 年代初斯大林曾经谈论过把集体农庄所有制提高到全民所有制水平的问题。苏联现行宪法规定：“国家促进集体农庄合作社所有制的发展，并促进其同国家所有制接近。”这一规定符合合作经济发展方向的要求，但是否为时过早，以及用什么方法促进其接近于全民所有制的国家经济，都是值得进一步研究的问题。

资本主义国家也有合作经济。它是由人们为避免商业资本的剥削而建立起来的。资本主义国家的合作经济有各种形态：有生产供销合作社，它供给社员生产资料，并使之在有利条件下、出售自己的产品；有消费合作社，它直接供给社员较为廉价的消费品。这种合作社所获的利润大部分在年底分配给社员。这种合作社在形式上和社会主义制度下和合作经济有某些类似之处，但在性质上却有根本差异。它的性质正如列宁所说：“毫无疑义，合作社在资本主义国家条件下是集体的资本主义组织。”①

资本主义国家的合作经济虽然可以避免商业资本的剥削，把归于资本家的剩余价值让渡一部分给予社员，多少可以改善社员的物质生活；但是，这种改善有一定的限度，不能从根本上改变广大劳动人民的被剥削地位。正因为它有把归于资本家的剩余价值让渡一部分给予社员的作用，便有人对它存在幻想。列宁早就对此提出过批评。列宁说：“为什么说自罗伯特·欧文以来所有的旧日合作社提倡者的计划都是幻想呢？就是因为他们没有估计到阶级斗争、工人阶级夺取政权、推翻剥削者的阶级统治这样的根本问题，而幻想用社会主义来和平改造现代社会。因此我们很有理由把这种‘合作制’的社会主义当作彻头彻尾的幻想，把以为只要实行居民合作化就能使阶级敌人转变为阶级朋友、使阶级战争转变为阶级和平（所谓国内和平）的幻想，

① 《列宁选集》第 4 卷，第 685 页。

当作浪漫主义的，甚至是庸俗的东西。”①

资本主义国家的合作经济的作用是在现存的资本主义制度下发生的，它必然受资本主义生产规律的制约，无法避免现存制度的一切缺陷。同时，这种合作经济为追求利润，常受资本的限制，为寻找资本，不得不使自己隶属于资本家并受其支配，成为资本家发财致富的手段。

资本主义国家对合作经济的政策决定于它的政治经济需要。当它需要利用合作经济缓和矛盾时，便扶助合作社的发展；当它没有这种需要时，便运用竞争的压力迫使合作社转变为资本主义性质更加明显的股份公司。意大利宪法规定：“共和国承认不以进行私人投机为目的的互助合作社的社会职能。法律得以各种极为恰当的措施奖励和支持互助运动之成长，并通过必要的监督来保证互助运动能保持自己的性质和目的。”这里所说的奖励、支持和监督就是为资本主义国家的政治经济需要服务的。

三、个体经济与资本主义企业

社会主义国家以生产资料的社会主义公有制作经济制度的基础，重视国有经济和合作经济的发展。但是，这些国家也都允许个体经济存在。如捷克斯洛伐克宪法规定：“在社会主义经济体系范围内，允许建立在个人劳动基础之上的不剥削他人劳动的小规模私有经济。”其他社会主义国家的宪法也有类似规定。多年的宪政实践说明，由于受“越大越公越先进越优越”的错误思想的影响，有些社会主义国家的个体经济受到过多的限制和排斥，未能发挥其应有的作用。在社会主义公有制经济的发展水平还不是很高的一些社会主义国家里，个体经济在生产和生活中能够弥补社会主义公有制经济所难于周全照顾的缺陷，起着拾遗补缺的作用。它有吸引城乡闲散劳力、发扬传统手工业技术的优点；也有分散经营、灵活多样、服务周到的长处；从而能够发展社会生产，方便人民生活。个体经济的作用，近年来逐步为人

---

① 《列宁选集》第4卷，第686页。

们所认识。因而出现了中国宪法关于“在法律规定范围内的城乡劳动者个体经济是社会主义公有制经济的补充”的规定。这项规定意义重大，它确认了个体经济的重要地位，也就因此承认了个体经济的重要作用。

社会主义国家的个体经济从性质上说，仍然是私有制经济。但它是一种在社会主义公有制经济占绝对优势下的、割断了和资本主义联系的私有制经济。它和以往的小生产者经济有所不同，其最大的区别是它已经杜绝了发展为资本主义经济的可能性。

社会主义国家对个体经济的基本政策是由个体经济的性质、地位和作用决定的。这项基本政策包含保护其合法权利和利益，对它进行指导、帮助和监督两个方面：

在保护个体经济的合法权利和利益方面，主要是国家对它的生产资料所有权和劳动成果的支配权加以保护。如罗马尼亚宪法规定：国家保障不能参加农业生产合作社的农民对于他们自己及其家属耕作的土地与为此目的而使用的工具的所有权、以及对于役使的和供应产品的牲畜的所有权；同样保障手工业及其作坊的所有权。南斯拉夫宪法规定：保障农业劳动者及其家属有权支配自己的劳动成果，满足自己的需要和社会的需要。

在指导、帮助和监督方面，主要是国家对个体经济的生产能力与发展方向给予关怀、支援和指引。如波兰宪法规定：国家关怀劳动农民的个体农业，帮助其扩大生产和提高农业技术水平。匈牙利宪法规定：私有财产和私人创业不得损害公共利益。苏联宪法规定：国家调节个体劳动，使之有利于社会。

个体经济在社会主义国家里是一种必然趋于消逝的经济成分。它将通过合作化而基本消逝，再经历集体所有制向全民所有制转变而全部消逝。但这是一个漫长的历史过程。目前消灭个体经济的问题还远远没有提上议事日程。各社会主义国家正在根据自己的国情仔细探讨个体经济的地位和作用，并且把进一步完善对它的政策作为经济体制改革的一部分。而完善这项政策的出发点，应该是充分发挥个体经济在发展社会生产力方面的作用，正确引导它为社会主义服务。

在社会主义国家里，特别是在生产力远远落后于生产关系的中国，为了发展社会生产力，不能不适当地发展个体经济。同时在个体经济的发展过程中，逐步出现了私营经济。这种私营经济中存在雇佣劳动与剥削关系，但它对发展社会生产力却有一定的作用。因此，中国宪法以修正案的形式确认其合法地位。这里应该说明的是中国的私营经济必须在法律规定的范围内进行活动，必须接受国家的监督，它是在社会主义公有制经济占绝对优势下的私营经济，它和资本主义国家的资本主义经济有重大差别。

资本主义经济是由生产资料的资本主义私人占有制构成的经济形式。它的基本特征和主要内容是：采取雇佣劳动制，即由资本家和工人双方通过劳动力的买卖使后者为前者劳动，由前者付给后者工资，通过雇佣劳动，资本家直接榨取或参与瓜分工人生产的剩余价值。资本主义经济是资本主义制度的基础，资产阶级的国家政府就是依靠它才得以建立起来并继续生存的。资本主义国家对它的基本政策在宪法中没有明确规定，只是在保护私有财产的条款中略见端倪。毫无疑问，资本主义国家对它赖以生存的资本主义经济是积极保障其发展的。在自由资本主义时期，国家提倡自由竞争，标榜自由放任，实行一整套的自由贸易政策，竭力开拓国内市场和世界市场，提倡国家不干预经济生活。其目的就是要使资本可以在各企业部门之间自由转移，迫使同一部门的资本家在竞争中不断改进生产技术和经营管理，从而促进资本主义经济的迅速发展。到了垄断资本主义时期，出现了垄断资本主义经济组织。少数资本主义企业或若干企业联合，独占生产和流通领域，它们控制着一个或数个生产部门，取得该部门的统治地位。与此同时，私人垄断资本还同国家政权相融合。国家通过种种“调节”措施，如通过战争和国民经济军事化掠夺国库、对外扩张以及运用先进科学技术等手段，使资本主义经济的发展总的说来比以前更为迅速。

尽管资本主义经济无论在自由资本主义时期或垄断资本主义时期，都能得到国家的扶助而不断发展，但和这种发展相伴随的是资本主义社会的固有矛盾更为尖锐。

第三节　管理国民经济的原则

世界各国管理国民经济的原则多种多样。不同性质的国家有不同性质的原则，但并非所有的原则都不相同；性质相同的国家有相同的原则，但也并非所有原则完全一样。至于各种原则的运用，在形式上各个国家也因其阶级属性与发展状况而有差异。要详细论述管理国民经济的原则确有实际困难。下面就其中的两个重要的、基本的原则加以说明。

一、生产目的与产品分配原则

(一)生产目的

生产目的取决于生产资料所有制的性质。在社会主义国家里，由于建立和发展了社会主义公有制，劳动人民已经成为生产资料的主人，生产出来的产品已归劳动人民所享用，这就决定着他的生产目的是为了不断满足人民日益增长的物质和文化需要。这个生产目的在社会主义国家宪法中已有明确规定。如苏联宪法就确认了“社会主义条件下社会生产的最高目标，是最充分地满足人的日益增长的物质需要和精神需要”。其他如民主德国、北朝鲜等国宪法也有类似规定。

社会主义国家的生产目的要靠发展社会生产力来实现。而发展社会生产力的途径则有增加劳动力、扩大生产规模、改进经营管理、发展科学技术以及提高劳动者的创造性和积极性等。各社会主义国家宪法在促进生产力发展方面作了很多规定。这些规定虽有不同的角度、不同的重点、不同的语言表述方式，但基本精神却是完全一致的。尤其值得注意的是，各社会主义国家近期宪法的制定和宪政的实施中，特别重视改进经营管理和发展技术。这些都已对社会主义生产力的发展起了促进作用，今后还会起更大的作用。

资本主义国家也有它独特的生产目的，即追求最大限度的利润。马克思说过：“资本主义生产的始终不变的目的，是用最小限度的预付资本生产最大限度的剩余价值或剩余产品。”①资本家的一切活动都以获得利润的多少为转移。资本主义国家的宪法从不规定这个生产目的，可是在这些国家的宪政实践中，各个资本家之间为追逐利润而展开的竞争却不仅被视为合乎宪法，而且在一定程度上受到鼓励。为了追逐利润，资本家可以通过延长工人每天的劳动时间，采用先进技术手段，争取大幅度降低生产成本以战胜自己的对手。这种追逐利润的自由竞争导致生产集中和资本集中，从而使资本主义从自由竞争阶段发展到垄断阶段。尽管垄断并不排除自由竞争，却产生了垄断资本与国家的融合，增加了国家对经济生活的干预。这时候资本主义的生产目的没有改变，国家宪法仍然没有关于生产目的的规定，但资产阶级所追逐的利润却获得新的表现形式，即由平均利润转向垄断利润。垄断资本家可以凭借他们所垄断的产品市场、原料来源、投资场所等攫取超过平均利润的高额垄断利润。国家则运用诸如财政税收政策、国家巨大工程的投标、专利权的买卖与使用等办法为垄断资本家服务，使之更有利于获得超额利润。而这些办法一般也不见之于宪法，多由议会以普通法形式或决议的形式表现出来。

(二)产品分配原则

分配是由生产决定的。没有产品的生产就没有产品的分配。由此推论，产品分配原则和生产目的有密切联系。

社会主义国家的生产目的是为了不断满足人民日益增长的物质和文化需要。它服务于这一生产目的的产品分配原则是按劳取酬。这项原则在各社会主义国家的宪法中都有明确的规定。

社会主义国家宪法中规定的按劳取酬原则是指劳动者生产的总产品在扣除了生产需要和公共消费之后，剩余部分作为个人消费品，根据劳动者的劳动数量和质量进行分配。

按劳分配的科学概念由马克思最先提出。1867 年，他在《资本论》第一卷中曾经设想消灭资本主义私有制以后，在生产资料公有制的基础上生产者将组成一个自由人联合体。联合体中的总产品一部分

① 《马克斯恩格斯全集》第 26 卷，第 625 页。

用于补偿生产资料的消耗，另一部分作为联合体成员的消费资料。那时候“劳动时间……是计量生产者个人在共同劳动中所占份额的尺度”。① 马克思这时已预见到生产资料公有制建立以后，在一定时期内有实行按劳分配的可能。1875 年马克思在《哥达纲领批判》中首次提出共产主义的两个发展阶段的理论，并且进一步论证了在共产主义第一阶段，即社会主义阶段，实行按劳分配的必然性。按照马克思的意见：社会主义刚刚从资本主义社会中产生出来，它还带着它脱胎出来的那个旧社会的痕迹，无论物质财富的生产和道德精神的提高，都没能达到实行共产主义旗帜上写着的“各尽所能，各取所需”的水平；社会主义社会又是一个集体的，以共同占有生产资料为基础的社会，在这样的社会里，除了自己的劳动，谁都不能提供任何东西，除了个人的消费资料，没有任何东西可以成为个人财产，而个人获得消费资料的权利只能和他们的劳动成比例，以劳动作为计量尺度。马克思的关于按劳分配原则的理论，是社会主义国家宪法确认按劳分配原则的立法依据。

社会主义国家宪法所确认的按劳分配原则在人类社会产品分配制度史上是一个伟大的革命改革。它的革命意义在于：它是社会主义公有制的产物，它的实现能够巩固和发展社会主义公有制；它是使劳动者关心自己劳动成果的原则，它的实现能够鼓舞劳动者的生产积极性；它是改造剥削者阶级的强制性的经济原则，它的实现有利于把剥削者改造成为自食其力的劳动者。

社会主义国家按劳分配原则的实施，必须正确处理公共积累和个人消费的关系。按劳分配的含义之一，正如前面所说，要对社会总产品作出必要的扣除，其中包括生产需要的扣除。所谓生产的需要，又包含补偿已经消耗的生产资料和用于扩大再生产的生产资料。如果不正确处理公共积累与个人消费的关系，忽视公共积累，个人的物质和文化需要虽可暂时获得较大程度的满足，但整个国家社会将没有可能扩大再生产，社会生产力的发展就会陷于停顿；反之，如果忽视个人

① 《马克思恩格斯全集》第 23 卷，第 96 页。

消费，国家社会的扩大再生产虽可获得暂时的较大的成就，劳动者的劳动热情和生产积极性可能受到挫伤。两者都不利于社会生产力的发展。这方面中国宪法给予了足够的重视，它明确规定：“国家合理安排积累和消费，兼顾国家、集体和个人的利益，在发展生产的基础上，逐步改善人民的物质和文化生活。”这一规定有利于保障按劳分配原则的实施，同时也把社会主义国家的生产目的和产品分配原则更好地结合起来了。

社会主义国家按劳分配原则的实施必须反对平均主义和不切实际的分配差距。平均主义人为地缩小劳动报酬的差别，从根本上否定多劳多得，少劳少得的原则，不能起奖勤罚懒，奖优罚劣的作用，也不能区分各种不同的劳动，如简单劳动与复杂劳动等区别。它不利于调动劳动者的积极性，不利于促进社会生产力的发展。不切实际的分配差距，人为地夸大了劳动的差别，也就是对按劳分配原则的否定，它导致追求享受、损公肥私、搞特殊化，产生劳动者的劳动成果被人侵占的弊病，同样挫伤劳动者的积极性，不利于促进社会生产力的发展。

资本主义国家的产品分配原则是资产阶级依靠他们垄断的生产资料作为剥削手段，无偿占有劳动者生产的产品，过着不劳而获的优裕生活，而劳动者则只能获得维持劳动力再生产的生活水平。概括地说，这种分配原则是一方面不劳而获，另一方面劳而少获。这种分配原则带有对抗性质，它使无产阶级和资产阶级之间的矛盾斗争日趋激化。

随着阶级矛盾的激化和阶级斗争的发展，资产阶级国家的产品分配原则出现了两点新的情况。一是个别的资本主义的宪法打破不公开规定社会产品的分配原则的常规，在宪法中规定这个原则。如意大利宪法规定：“劳动者均有按其质与量的比例获得报酬的权利。”从本质上说，意大利是资本主义国家，它的宪法规定：“法律承认并保障私有财产”；“私人经济的积极性不受限制”。这个国家没有消灭以生产资料资本主义私有制为基础的雇佣劳动制度，不可能消灭资本家不劳而获的剥削制度，不可能实行按劳取酬原则。意大利宪法规定的所谓按劳取酬，唯一的解释办法，就是把资本家进行剥削的各种活动也视为劳动。很显然，这种解释只是为了掩盖其分配制度的剥削本质。

资本主义国家产品分配原则出现的另一新情况是“福利国家”所表现出来的消费品再分配。所谓福利国家是指资产阶级宣扬的私人企业生产物质产品、政府提供越来越多的提高文化和生活水平所不可缺少的社会服务和设施的国家。它是根据资产阶级庸俗经济学家和右翼社会党人的福利国家论所建立起来的。这种福利国家在第二次世界大战以后广为流行，以至出现了资产阶级所鼓吹的从摇篮到坟墓的资本主义，即每个人从出生起直到死亡止都能享受国家的物质福利保障。这些号称为“福利国家”的资本主义国家，确实在社会保险、卫生保健、教育文化等方面做了许多工作，支付了大量资金，在一定程度上有利于劳动者。但是，资本主义国家各种福利措施的开支，都来自劳动者所生产的社会产品。它实际上只是一种消费品的再分配形式，不过其中包含着一小部分已归资本家榨取到的社会产品罢了。福利国家的福利措施没有改变资本主义制度的剥削本质，也不可能从根本上改善劳动者的经济地位。

二、计划经济与市场机制

(一)计划经济

计划经济就是国家用统一的计划调节整个社会的生产活动。

任何社会只要存在社会分工，它在生产上就存在按一定比例分配社会劳动的客观要求，在国民经济中就存在按比例发展的客观规律。如果它能够自觉地适应这种要求，自觉地运用这种规律，就能够实行计划经济。

在社会主义社会里，社会主义公有制的确立，为自觉适应上述客观要求和客观规律提供了可能条件，因而有可能实行计划经济。各社会主义国家都根据自己的可能条件在宪法中规定实行计划经济的原财。如苏联宪法规定：“苏联对经济的领导根据国家经济和社会发展计划”；匈牙利宪法规定匈牙利人民共和国的经济生活受国家的国民经济计划所决定；南斯拉夫宪法规定联合劳动基层组织和其他联合劳动组织的工人和自治利益共同体、其他自治组织和共同体的劳动者以及社会共同体的劳动者，依靠科学知识和以科学知识为依据的对社会发展可能性的估计，通过制定自己的劳动和发展规划，协调社会再生产的关系，指导社会生产和其他社会活动的发展。

各社会主义国家宪法在对实行计划经济作出原则性规定的同时，还就国民经济计划的制定程序、执行办法、法律保障等方面作出了比较明细的规定。在制定程序方面，一般由国家最高行政机关编制，经国家最高权力机关审查批准。如苏联宪法规定苏联部长会议行使制定当前和长远的苏联国家经济和社会发展计划的职权；苏联最高苏维埃有权批准苏联国家经济发展计划和苏联国家社会发展计划。在计划的执行方面，通常由最高国家行政机关主管。如苏联宪法规定苏联部长会议保证对国民经济和文化建设实行领导，采取措施来执行国家计划，并对苏联最高苏维埃报告计划完成情况。波兰宪法规定波兰部长会议监督国民经济计划的实行。在法律保障方面，一切国家机关和全体公民必须遵守宪法的规定，当然包括遵守宪法中关于国民经济计划的规定，此外，少数国家还有关于保障经济计划实施的特殊规定。如中国宪法就规定了禁止任何组织或个人破坏国家经济计划；国营企业行使经营管理自主权时，以服从国家的统一领导和全面完成国家计划为前提；集体经济组织在行使独立的经济活动自主权时也以接受国家计划指导为前提。

社会主义国家实行计划经济的目的是为了保证国民经济按比例地协调发展。经济计划服务于社会主义的根本任务，即服务于发展社会生产力，使社会财富越来越多地涌现出来，不断满足人民日益增长的物质和文化需要。这一目的在各社会主义国家宪法中都有所体现。如波兰宪法规定把国民经济计划作为发展国家经济与文化生活的根据；匈牙利宪法规定使决定国家经济生活的国民经济计划有利于生产力的发展，社会财富的增长，不断提高劳动者的物质和文化水平，并加强国家的防御力量。

计划经济的目的要能达到，应该重视计划的科学性，建立科学的计划管理体制。社会主义国家实行计划经济从苏联开始已经有近七十年的历史，从第二次世界大战后出现的社会主义类型国家算起也有三十多年的历史。在这段时期内，实行计划经济虽然取得了巨大的成就，发挥了社会主义制度的优越性，但是应该承认，已经取得的成就并不理想，社会主义的优越性没有充分发挥出来。产生这种结果的主要原因，在于计划管理体制不够完善，不够科学。

各社会主义国家除南斯拉夫以外，过去基本上采用苏联的计划管理模式。这种模式存在以下较为突出的缺点：在计划的制定方面，由一个统一的中心包揽，不发挥各个层次的主动性和积极性，在计划的各部分的联系方面，重视纵向联系，忽视横向联系；在计划的执行手段方面，采取行政手段，依靠自上而下的命令，轻视经济手段，不依靠发挥经济效益作为实现计划目标的动力，为完成计划的资源分配以及计划产品的成本核算与供应销售，只是用货币作为形式上的计算工具，至于货币所表现出来的数值，如价格高低等，都不成为衡量计划完成的好坏标准。

苏联计划管理模式的产生，在理论上的根源是否定社会主义社会中的商品货币关系的普遍存在，同时也受沙俄时代小生产占优势情况下所遗留下来的传统轻商思想的影响。若把这种理论根源和思想影响结合起来加以考察，便可发现苏联计划管理模式的主要特点和主要缺点在于否认社会主义制度下的经济是一种有计划的商品经济，在于否认市场机制的作用。

苏联计划管理模式的特点和缺点已经引起各社会主义国家的重视，苏联已在探索，并且还在继续探索改革计划管理模式的方案。其他社会主义国家也已经进行，并继续进行同样的工作。1977 年的苏联宪法在关于计划经济的规定中就增加了以下内容，即：“在考虑到部门原则和地区原则的情况下，在集中领导同企业、联合公司和其他组织的经济独立性和主动性相结合的情况下实施国家经济计划，同时积极利用经济核算、利润、成本以及其他经济杠杆和刺激。”和以往的苏联宪法相比，应该说有所改进。

从实行计划经济的历史经验中，除了应从苏联模式里吸取教训之外，另一值得重视的教训是计划管理模式的改革应该采取实事求是的态度，使计划管理工作和本国的国情相结合，作到计划管理的原则性和灵活性的统一。我们期待着各社会主义国家在计划管理的改革中不断创造，在宪法中有更完善的、科学的关于计划经济的规定。

在资本主义国家里，计划经济在理论和实践两方面都是很复杂的问题。

从理论上说，在资本主义私有制的基础上按比例分配社会劳动的客观要求，按比例发展国民经济的客观规律，是通过盲目的、自发的过程，通过平衡的不断被破坏、不断被纠正的过程来实现的。在那里，生产为不断变化的市场供求关系所制约，因而不可能实行计划经济。正如马克思所说："资产阶级社会的症结正是在于，对生产自始就不存在有意识的社会调节。"①18、19世纪，乃至20世纪初的资本主义国家宪法，都没有关于经济计划的规定，就是因为那时候根本不可能对生产进行有意识的社会调节。那时候理论与实践完全一致。

随着资本主义的发展，资本主义国家产生了经济计划，并且逐步扩大了计划调节的范围。特别是第二次世界大战以后，这种计划调节的作用更加明显。许多发达的资本主义国家出现了对公用事业部门和企业的指令性计划；对传统工业、新兴工业如钢铁、电子计算机等工业进行指导性计划调节；而且计划调节的指导思想非常明确。如日本把50、60年代的计划目标放在重工业、能源工业、化学工业上面，把70年代的计划目标放在扩大出口上面，把80年代的计划目标放在刺激国内需求方面。与此同时，资本主义国家的宪法也出现关于经济计划的规定。如意大利宪法规定："法律规定适当计划，并实行监督，使公营与私营经济活动均须以此为指导，向社会共同目的前进。"法国宪法规定，议会有权制定"有关国家计划的法律，确定国家经济和社会活动的目标"。

资本主义国家经济计划的实践给马克思主义政治经济学、比较宪法学带来了新的研究课题：为什么资本主义国家会出现经济计划，能够实现计划调节？资本主义国家的经济计划与社会主义国家的计划经

① 《马克思恩格斯选集》第4卷，第369页。

济有何差别?

资本主义国家经济计划的出现是生产社会化高度发展的结果。资本主义发展到垄断阶段后，生产社会化的发展要求对国民经济进行计划协调，而这种协调的责任是任何私人垄断组织所承担不了的，这个责任最终只能由“总资本家”——国家承担。这是资本主义国家出现经济计划的根本原因。我们可以说，资本主义国家经济计划的出现是生产社会化的高度发展与生产资料的私人占有制不断调和的反映。此外，社会主义国家计划经济表现出来的优越性以及现代科学技术的预测性也起着影响和推动作用。

资本主义国家的经济计划和社会主义国家的计划经济相比较，由于生产资料所有制的不同而有以下主要区别：在计划目的方面，前者为垄断资产阶级追求超额利润服务，后者服务于发展社会生产力，满足人民需要；在价值规律的运用方面，前者受利润法则和价值规律的两重制约，价值规律对供求关系发挥自动调节作用，其盲目性的一面得不到控制，后者可通过国家综合利用经济手段，自觉运用价值规律调节供求关系；在计划的作用方面，前者只能在一定程度上促进生产力的发展，减轻生产无政府状态，不能从根本上解决资本主义制度的固有矛盾，后者能够在不断地解决各种旧有的和新生的矛盾中持续地促进社会生产力的发展，推动社会主义经济前进。

(二)市场机制

市场机制即通过市场的商品供应关系调节整个社会的生产。它和计划经济表面上似乎是对立的，但实际上却有密切的关系。

在社会主义国家里曾经流行着这样一种理论，即认定无产阶级革命胜利后就消灭商品货币关系，或者认为在社会主义制度下，商品货币关系只存在于非社会主义经济成分之中，至多可以存在于合作经济之中，至于全民所有制的国营经济中，这种商品货币关系是被认为根本不存在的。在这种理论认识的基础上，各社会主义国家以往实行的计划经济一般都排斥市场机制，因而在宪法规范中也就没有关于市场机制的规定。多年的经济管理经验，特别是近十多年来对改革经济体制的探索，使一些社会主义国家逐步提高了理论认识。这些国家的实际工作者和理论工作者开始察觉到商品货币关系不仅存在于非社会主义经济之中，而且存在于合作经济与国营经济之中；开始认识到商品经济的发展是社会主义经济发展不可逾越的阶段；开始改变把计划经济同商品经济对立起来的传统观念，并且明确社会主义的计划经济必须自觉依据和运用价值规律，是公有制基础上的商品经济。但是，理论认识和社会实践的发生往往先于宪法规范，迄今为止，各社会主义国家宪法仍然没有确认这些理论认识，没有规定这方面改革措施的原则性规范。唯一在这方面表现出新迹象的还只有中国宪法。它规定了“国家通过经济计划的综合平衡和市场调节的辅助作用，保证国民经济按比例地协调发展”。在社会主义的计划经济中引入市场机制，无疑地会产生良好的效果。它将使计划决策由集中决策变为多层次决策；它将产生社会主义的竞争，迫使企业提高自己的竞争能力；它将加强各个层次经济活动的配合和联系，在国家对宏观经济的计划指导下，使微观经济活动适应宏观经济活动决策的要求。尽管中国宪法的这一规定还不尽善尽美，但我们相信，随着理论认识与改革实践的深入发展，社会主义国家宪法将在计划经济与市场机制的互相结合上，产生一些更加完善的、新的规范。

在资本主义国家里，资本主义为追求利润，必须生产适应市场供求关系的产品，市场机制成为支配社会生产的主要力量。然而资本主义国家宪法极少有关于市场机制的规定，只有西德基本法规定了联邦对商品流通自由事项享有立法权。商品流通自由可以说与市场机制有密切关系。此外美国宪法规定无论何时不得通过损害契约义务的法律。契约中包括买卖契约，也可勉强说稍微涉及市场机制问题。产生这种现象的原因，大抵是由手市场机制可以通过普通法中的民商法加以规定。

随着资本主义的发展，国家对市场经济的干预逐步加强。西方经济学家称这种国家干预为“经济计划化”，称市场机制和国家干预的经济为“混合经济”。但是，不论这些经济学家怎样解释，这种市场机制与国家干预的混合经济不能改变其资本主义市场经济的本质。

从两种不同历史类型国家的经济活动的考察中，我们可以看出，在经济计划和市场经济两者的结合上有相似之处。如果只把它们视为一种组织管理经济的手段，仅从形式上考察，确实难以区分。但是，它们的结合的产生发展过程却截然相反，资本主义国家先强调市场经济后产生国家干预，社会主义国家先实行计划经济，后来才开始认识和重视发展商品经济，如果把这种产生发展过程和前面所说的生产资料所有制、生产目的等联系起来加以考察，它们的本质区别就十分明显。

第三章　公民的基本权利

第一节　概　　述

一、公民资格

(一)公民

公民是指具有一个国家的国籍，根据该国宪法、法律享受权利、担负义务的自然人。

公民一词同国家法律相联系，它的含义随国家、法律的发展而变化。在前资本主义国家里，只有奴隶主、自由民、封建主才是公民。奴隶、农奴没有公民资格。恩格斯说过：“在希腊人和罗马人那里，人们的不平等比任何平等受重视得多。如果认为希腊人和野蛮人、自由民和奴隶、公民和被保护民、罗马的公民和罗马的臣民(指广义而言)，都可以要求平等的政治地位，那末这在古代人看来必定是发了疯。”①在这里，他从平等观念出发，揭示了古希腊、罗马等奴隶制国家里，只有享受特权的奴隶主，只有自由人才算是公民。列宁也说过：在封建制国家里，“只有地主才能有充分的权利，农民是没有权利的。”“农民的地位与奴隶占有制国家内奴隶的地位没有多大区别。”②在那里也只有享受特权的地主才算是公民。

公民一词普遍适用于国家的全体成员，是资产阶级取得革命胜

① 《马克思恩格斯选集》第3卷，第143页。

② 《列宁选集》第4卷，第50页。

利，建立资产阶级国家开始的。而国家的全体成员都称公民则是由资产阶级在革命时期提出的口号和革命胜利后确立的宪法原则所决定的。这些口号、原则就是自由、平等、博爱以及主权在民等等。

(二)公民资格

公民既是取得一国国籍，根据该国宪法、法律享受权利、承担义务的人，公民资格自然应以取得一国的国籍为要件。因此，论述公民的基本权利时，必须涉及国籍问题。现代世界各国对于国籍问题，只有少数国家在宪法中不作规定；多数国家的宪法确认由普遍法加以规定；也有个别国家，如委内瑞拉在宪法中专章规定。不论宪法规定的情况如何，由于国籍的取得与丧失涉及人们是否能够享有国家宪法、法律所规定的公民权利，因而必须加以说明。

国籍的取得即公民资格的取得，有三种方式：第一，根据出生而取得国籍。用这种方式取得的国籍，称原始国籍或生来国籍。确定原始国籍的原则，各国不完全相同。有的采出生地主义，即婴儿出生于该国就取得该国国籍；有的采血统主义，即出生婴儿不论出生于何地，均取得和其父母相同的国籍；有的采出生地主义和血统主义相结合的原则。由于当代世界各国彼此之间的交往频繁，婴儿的出生地点和父母的国籍问题都十分复杂，因而多数国家采用出生地主义与血统主义相结合的原则。如专章规定国籍的委内瑞拉宪法，既规定在共和国领土内诞生的婴儿取得委内瑞拉国籍；又规定在外国领土内诞生的婴儿，其父母是委内瑞拉出生的原始国民者，取得委内瑞拉国籍；此外，它还规定在外国领土上诞生的婴儿，其父或母为委内瑞拉国民或为委内瑞拉入籍国民者，在特定条件下也可取得委内瑞拉国籍。第二，归化入籍，或称继有国籍。它是根据出生以后与出生无关的事实而取得国籍的方式。归化入籍可分狭义与广义两种。狭义的归化入籍系指当事人根据自己的意思表示，如主动申请或自由选择而获得某一国家的国籍；广义的归化入籍则指由于当事人的意思表示，或由于婚姻、收养、准婚生、领土转移、接受公职等事实，根据国籍法的规定所获得的国籍。如委内瑞拉宪法规定和委内瑞拉国民结婚的外国妇女符合归化入籍的条件。第三，恢复国籍。它是指原来具有一国国籍的人在丧失该国国籍之后，依法重新取得该国的国籍。如联邦德国基本法规定原德籍公民在 1933 年 1 月 30 日到 1945 年 5 月 8 日之间由于政治的、种族的或宗教的原因而丧失国籍者及其后裔，经申请，可以恢复他们的国籍。

国籍的丧失即公民资格的丧失，有两种原因。一种是自愿的丧失，一种是非自愿的丧失。自愿的丧失国籍以当事人的意思表示为基础，由当事人声明放弃或申请解除其国籍。不论声明放弃或申请解除，都须向国家主管机关提出，申请解除国籍还须经主管机关批准。有的国家不允许自愿丧失国籍，如联邦德国基本法规定德国国籍不允许退出。非自愿丧失国籍不以当事人的意志为转移，而由国家法律决定。如联邦德国基本法规定，对有德国国籍的人，不论其意愿如何，均可能在违法时依法丧失其国籍。

二、公民基本权利的法律特性

公民权利是指国家通过宪法、法律所确认的公民实现某种行为的可能性。这里所说的公民实现某种行为的可能性有两重含义：首先是指国家为公民提供合法手段和可能条件，使公民有为达到某种目的而实现某种行为的可能；同时也指公民在获得国家提供的合法手段和可能条件后，并非一定要实现某种行为，仍有自行决择是否实现某种行为的可能。

上述关于公民权利的说明，是从权利可以被放弃的观点出发的。有的学者不同意这个观点，而且西方国家的选举制度也曾出现过强制投票制，事实上不承认选举权是一种可以放弃的权利。但本书作者仍然认定权利是可以放弃的。因为如果权利必须行使的话，就和义务的含义没有什么区别；从而会导致科学概念的混乱。同时，民主政治的基本精神是崇尚自由，尽管这种自由应有一定限度，但若连国家法律所赋予的权利都要强制公民行使，未免对自由的限制过于苛刻，也会对民主宪政造成损害。

公民权利的名目繁多，范围广泛，宪法作为国家根本法，不可能、也没有必要对公民的各种权利一一加以规定。宪法所规定的只是公民基本权利。公民的一般权利由普通法规定。

由宪法规定的公民基本权利具有如下法律特点：

第一，它派生出公民的一般权利。公民基本权利和公民的一般权利的关系，如同宪法和普通法的关系。宪法为普通法提供立法原则，宪法规定的公民基本权利也为普通法规定的公民一般权利提供立法依据。例如宪法为民法所调整的特定范围的财产关系提供立法原则，宪法所确认的公民的财产权也为民法中的债权、继承权等提供立法依据。很难设想，没有宪法所确认的公民的财产权这项基本权利，会有民法所规定的债权、继承权等公民的一般权利。

第二，它决定着公民在国家中的法律地位。公民的基本权利反映公民和国家的关系。这种关系在政治方面的基本权利中表现得更为明显。以选举权为例，社会主义国家宪法明确地规定达到法定年龄的公民哪些人享有选举权，哪些人被剥夺选举权，清楚地反映出民主的主体和专政的对象之间的差别，决定了他们在国家中的不同的法律地位。即使在选举的形式上的限制已近乎完全取消的当代的一些资本主义国家里，通过对它们的选举实际活动的考察，也可发现这些国家的公民在国家中的法律地位并不相同。其中民主主体与专政对象的区分仍然比较清楚。

第三，它推出国家作为当事人的一方。宪法所确认的公民基本权利直接反映公民和国家的关系。如果说公民的一般权利调整公民和国家机关之间、公民和社会团体之间、国家机关或社会团体相互之间以及公民相互之间的关系，那么公民的基本权利所调整的关系中，国家和公民之间的关系就具有决定性的意义。因为在宪法确认公民基本权利之后，国家就负有提供合法手段和必要条件，以保证公民能够实现这些权利的义务，从而使它居于当事人的地位。

三、公民基本权利的限制

世界上从来没有不受任何限制的权利和自由。西方启蒙思想家孟德斯鸠说过：“自由是做法律所许可的一切事情的权利；如果一个公民能够做法律所禁止的事情，他就不再有自由了，因为其他人也同样会有这个权利。"①《法国人权宣言》宣布："自由就是有权从事一切无害于他人的行为。因此个人自然权利的行使，只以保证社会上其他成员享有同等权利为限制，此等限制，仅得由法律规定。"

马克思主义出现以后，对权利和自由的限制有更为精辟的说明。恩格斯曾经从哲学的角度解释自由。他认为"自由是对必然的认识"，② 人们只有认识了事物的必然，即认识和掌握了事物发展的内在规律，才能得到充分的自由。例如人们要获得运用电器设备的自由，就必须认识和掌握电的规律，并依据它的规律进行操作。对于自然界的事物是这样，对于社会事物也是这样。人们的社会活动也必须遵循社会的内在规律以及根据这些规律所定的规章制度。恩格斯从哲学角度说明的自由，可说是对自由是作法律所允许的行为的理论解释。马克思曾经从社会经济文化的角度说明权利。他指出："权利永远不能超出社会的经济结构以及由经济结构所制约的社会的文化发展。"③马克思对权利的限度的这个说明，揭示了公民权利所受的法律限制的根源。

当代两种不同历史类型的国家对公民权利和自由的法律限制，从本质和目的来说都不相同，但在限制的形式上却有共同之处。通常都有以下三种相同的形式：

第一，在宪法规范中直接加以具体的限制。即宪法规定公民享有某种权利自由，同时又规定在某些特定情况下可以限制。以通讯秘密自由为例，意大利宪法规定："通讯及其他各种通讯自由与秘密，不得侵犯。只有根据司法当局说明理由的文书并遵守各项法定保障始得加以限制。"保加利亚宪法规定："除在动员、战争状态下，或经法院或检察长许可外，通讯、电话和长途联系的秘密不可侵犯。"

第二，在宪法规范中不作具体限制，只规定依法限制的原则。也以通讯秘密自由为例：联邦德国基本法规定："通讯、邮政、电讯的

① 孟德斯鸠：《论法的精神》，1982 年商务印书馆中译本，第 154 页。

② 《马克思恩格斯选集》第 3 卷，第 153 页。

③ 《马克思恩格斯选集》第 3 卷，第 12 页。

秘密权利不容侵犯，但可依法限制此类秘密行为。”民主德国宪法规定：“通讯、电讯秘密不可侵犯，只有在社会主义安全或刑法追诉必要时，才可根据法律加以限制。”

第三，在宪法规范中对公民的某些基本权利和自由不作限制，但对各种权利和自由加以总的原则性限制。如日本宪法对公民通讯秘密自由的规定，没有上面所说的两种限制。但它却规定：“本宪法所保障的国民自由及权利，国民应以不断努力而保持之，不得滥用，并负有为公共福利而予以利用的责任。”又如苏联宪法规定：“公民个人生活、通讯、电报和电话的秘密，均受法律保护。”即对公民的通讯秘密自由没有限制性规定。但它却也规定了：“公民行使权利和自由不得损害社会和国家利益以及其他公民的权利。”日本宪法和苏联宪法的这种总的原则性的限制性规定，不但适用于未加任何限制的权利和自由，而且适用于已作过限制的公民的基本权利和自由。

四、公民基本权利的分类

各国宪法确认的公民基本权利，从总体上说，其范围和内容都非常广泛。为了便于研究，也为了便于形成一个整体的概念，确有进行分类的必要。但是，要对公民基本权利作出科学的分类，却有许多困难。因为进行科学分类的依据不外两种：一种是宪法本身所明示的分类；一种是学者论著中所作出的分类。然而这两种可作为依据的分类又各不相同。以宪法所明示的分类为例，世界各国宪法很少明确地分类规定公民的基本权利，而作了分类规定的却又各不相同。如德国威玛宪法分为个人、共同生活、宗教及宗教团体、教育及学校、经济生活；意大利现行宪法分为公民关系、伦理及社会关系、经济关系、政治关系；委内瑞拉现行宪法分为个人权利、社会权利、经济权利、政治权利。这几部宪法的最重要的区别是：威玛宪法把公民的政治权利纳入共同生活权利之中，把宗教和宗教团体方面的权利单独列出；而意大利宪法则把宗教和宗教团体方面的权利纳入公民个人权利之中；委内瑞拉宪法也是如此；同时，意大利和委内瑞拉两国宪法把公民的政治权利专章加以规定。再以学者论著中的分类为例，比较简单的是英国学者韦德和菲利普分公民基本权利为人身和财产权、表达意志自由两类;① 苏联学者沃伊沃金认定苏联通常分公民基本权利为社会经济权利、政治权利和个人权利三类，他本人则认为可以分为社会和经济、文化生活，国家和社会政治生活，个人自由和个人安全等四类;② 比较复杂的是中国学者吴杰分中国公民的基本权利为平等权、政治权利和自由、宗教信仰自由、人身自由、批评建议申诉控告检举权和取得赔偿权、社会经济权利、文化教育权利和自由、国家保护妇女的权利和利益、婚姻家庭老人妇女和儿童受国家的保护、国家保护华侨归侨侨眷的正当权益等十类。从以上引述的少数几位学者的意见中，即可看出没有一个统一的意见可以作为公民基本权利分类的依据。

宪法规范、学者论著对公民基本权利分类各不相同，也各有优点和缺点。至于孰优孰劣，难于评断，可以不加评论。但是，比较宪法学既要对宪法所确认的公民基本权利进行比较研究，就必须探究产生各种分类的差异的原因，探求可为人们接受的共同的分类原则。宪法规范所产生的分类差异，大抵不外乎由于国家的性质、历史文化传统、现实发展状况等原因；学者论著所产生的分类差异，通常是由于各自的观念形态、以及由此决定的注重角度和概括方式等原因。在这些纷繁复杂的情况下，要找出为人们接受的共同的分类原则，唯一的出路只有把公民这个法律概念还原为人这个原始的概念。公民是人，不论国情如何，学者观念如何，应该是可以普遍接受的。把公民还原为人之后，再从人的本质属性中探索与之相联系的各种权利，进而作出相应的分类，也应该不致遭到反对。

在现代国家中，人有三种属性，即政治生活中的人、社会生活中的人和私人生活方面的人。和这三种属性相联系相适应的公民基本权利也应该有政治生活、社会生活、个人生活三类基本权利。

当然，按照上述原则分类，会遇到实际困难，因为现代国家中人

① 参见韦德·菲利普：《宪法和行政法》，第 26、27 章。

② 参见《苏维埃国家法》，第 13，14 章。

的生活的三个方面常常互相渗透，难于截然划分。就政治生活与社会生活而言，国家凌驾于社会之上，它又和社会存在密切联系。如结社权本是公民之间互相交往的一种权利，应归属于公民的社会生活权利，但组织政党、为政治目的而结社的现象已普遍存在，它也可归属于政治生活方面的权利。就私人生活而言，也常介入一些与政治生活、社会生活有关的事项。如通讯秘密自由本属公民私人生活方面的权利，但通讯必有通讯对象，通讯的内容也不限于私人的起居饮食。尽管如此，人的各方面的生活互相渗透所造成的分类上的困难并非不能克服。克服的办法是：第一，根据某项具体的基本权利所反映的人的生活的主要方面，确定它的类别归属；第二，根据宪法规范、学者论著中已经确立的共同归类，确定某种基本权利的类别归属。

第二节　公民在政治生活方面的基本权利

人作为公民，在形式上普遍地享有政治生活方面的权利，是资产阶级取得革命胜利以后，为反对封建特权而在宪法中确立起来的。它在公民基本权利的宪法规范中居于极重要的地位。

一、参政权

参政权系公民参与国家政事、行使统治权的权利。它包括选举、罢免、创制、复决四种。

(一)选举权

选举权是指公民选举代表机关代表、国家机关公职人员的权利，它也包括公民被选为代表机关代表和国家公职人员的权利。这项权利在本书第二编第一章中已经作过说明，这里不再重复。

(二)罢免权

罢免权是选民对他们选出的不称职的代表机关代表或国家公职人员在其任期届满之前将其撤换的权利。罢免权最初在1852年为瑞士各州所采用，到第一次世界大战以后才扩及整个联邦。罢免权的应否行使在理论上仍有争议。其中关于代表的应否罢免问题，又和代表与选民的关系的理论有密切的联系。一派持委托说，认定被选出的议员或代表是本选区选民的受托人，他们在代表机关中的一切活动和表示都须以本选区选民的意志为依据，他们必须受本选区选民的监督，因而主张选民对其所选出的代表行使罢免权是理所当然的。另一派持国民代表说，认定议员或代表一经选出，就不是本选区选民的受托人，而是和全体议员或代表一道成为全国人民的受托人，他们代表整个国家的人民，他们在议会中的一切活动和表示不受本选区选民意志的约束，选民无权罢免他们。

现代西方国家对议员多不采用罢免制度。如意大利宪法明确规定：议会的每个议员均代表国家，并在履行其职务时不受任何强制性命令之拘束。这是一种明示议员不受本选区选民约束，不能被罢免的规定。另外，许多国家宪法则只规定议员的选举，不规定议员的罢免，也表示议员一经选出便不能罢免的意思。但也有一些例外情况，如联邦德国基本法规定联邦议院议员不受罢免，联邦参议员则可由州政府罢免。它规定："德意志联邦议院的议员由普遍、直接、自由、平等和秘密的选举产生。他们是全体人民的代表，不受选民的委托和指示的约束，只凭他们自己的良心行事。"它还规定："联邦参议院由各州政府的成员组成，各州政府负责推选和罢免这些成员。他们可以为政府中的其他成员所替换。"

社会主义国家普遍确认公民的罢免权。马克思在《法兰西内战》一书中总结巴黎公社的经验时，高度赞扬公社"以随时可以罢免的勤务员来代替骑在人民头上作威作福的老爷们，以真正的负责制来代替虚伪的负责制"。① 他还指出："公社必须由各区全民投票选出的城市代表组成(因为巴黎是公社的首创者和楷模，我们应引为范例)，这些城市代表对选民负责，随时可以撤换。"②社会主义国家宪法关于选民的罢免权的规定以马克思主义理论为依据，它所遵循的基本原理是代表是人民的勤务员，代表应向选民负责。

---

① 《马克思恩格斯选集》第2卷，第414页。

② 《马克思恩格斯选集》第2卷，第438页。

罢免权应是选举权的延伸。在实行民主宪政的国家里，公民既有权选举议员进入议会并代表自己行使统治权，就应有权监督议员，使之根据自己的意志和利益进行活动，而罢免权就是选民实行监督的最有利的武器。放弃这种武器，即放弃监督，选举权就只能是公民在进行选举时的一瞬间的权利。选举过后，议员可以为所欲为，选民的利益即使受到损害，也无法补救。选民只能把自己的希望寄托于下一次的选举，但下次选出的议员能够真正代表自己的利益进行活动的希望却也十分渺茫。因此，和罢免权脱节的选举权，实际上是一种残缺不全的权利，对于民主国家来说，是不足取的。

选举权的范围包括代表机关代表的选举，也包括其他国家机关公职人员的选举。罢免权除涉及上述关于议员或代表的罢免以外，也应涉及国家公职人员的罢免问题。现代国家中有很多由选民选举产生的行政机关官员和法院的法官。这部分选举产生的国家公职人员是否可被罢免，西方国家的做法各不相同。如美国总统由选举产生，但选民对总统没有罢免权；而各州由选举产生的行政官员，有的可由选民罢免。又如日本宪法规定：选举或罢免公务员为国民之固有权利。它从原则上确认了凡经国民选举的公务员均可为国民所罢免。同时，西方国家的学者对罢免权的理论也存在分歧，有的认为行政官员和法官既由民选，便受选民的委托，应得选民的信任，选民应有罢免权；有的则认为由选举产生的行政官员和法官如能被选民罢免，他们在工作中便不敢负责，甚至会产生阻碍选贤举能的后果，因为有人害怕由于罢免问题而遭受攻击，损害名誉。至于社会主义国家，则因为采用民主集中制，议行合一制，行政机关和司法机关的负责官员均由人民代表机关选举产生，和选民不发生直接联系，因而不产生选民对他们是否有权罢免的问题。

(三)创制权

创制权是指由一定数量的公民签署提出宪法修正案，或者提出法律的制定、修改或废弃案，并经公民投票决定的权利。创制权是公民直接参与立法活动的权利，是一种直接民主形式。

创制权可溯源于古希腊的人民直接立法，近代创制权的行使是由瑞士和美国在它们的各州开始的，其后扩及瑞、美两国联邦及其他国家。创制权作为一种公民的参政权在宪法中确立以后，西方国家在理论上学者间有不同见解，在实践中宪法也确定了不同的作法。

理论上赞成者认为：它符合主权在民原则，人民在立法机关代表自己制定法律之外，具有直接创制法律的权利，可以防止立法机关的失职和专横；同时，在政党政治发展的时代，立法机关的成员和政党关系密切，创制权的行使可以防止政党的独断专行。反对者则认为：创制权的行使常导致削弱议会的地位，挫伤议员的政治热情和工作责任心，而且人民创制的法律难免因专业知识欠缺而流于粗陋。就民主宪政的本意来说，赞成创制权的理由比较充足，至于创制权可能产生的缺陷，则可在实践中加以弥补。

在实践中，创制权的行使有不同的方式和不同的范围。在方式上有原则创制和草案创制两种。原则创制指的是创制者只提出制定或修改法律的原则，草案创制则由创制者提出法律草案条文。如瑞士宪法规定：人民创议，得以普通提案或草案形式提出。即两种方式都可采用。意大利宪法则规定：人民通过每五万以上的选民提出拟定为条文的草案的方法来实现创制法律权。它限于采用草案创制。这两种创制方式各有优点和缺点。原则创制的优点在于公民提出立法原则，细则由立法机关制定，可免除立法技术的困难，但立法机关制定的细则未必合于公民提出的立法原则；草案创制的优点在于能够符合创制者的意愿，但又难免不产生不当之处。在创制权的适用范围上，有的国家以普通法律的创制为限；有的国家则可进行宪法修改方面的创制活动。如意大利宪法只在法律的制定一节中规定了公民的创制权，而在宪法的修改及宪法性法律一节中没有关于公民创制权的规定，可见其公民的创制权仅限于普通法。瑞士宪法在联邦宪法的修改一章中规定：宪法的部分修改得依人民的创议或按联邦法律规定的方式进行；人民的创议系指五万有表决权的公民所提出的关于宪法新条文的增订或关于现行某项条文的废止或修改。瑞士宪法在联邦议会的职权的规定中，只有关于议员的立法创议权和各州得以通讯方式行使立法创议权的规定，没有关于公民创议权的规定。其公民创制权限于宪法的修改是非常明显的。意大利和瑞士两国公民创制权范围的限定各有理由。主张意大利的以普通法为限者认为宪法是国家根本法，不宜轻易修改，公民的创制权如果不限定在普通法范围以内，难于保持宪法的稳定性。主张瑞士的以宪法的修改为限者认为宪法是国家根本法，它和人民的关系非常重要而又十分密切，人民自应拥有创制权。至于普通法则和人民的关系不如宪法那么大、那么密切，可由立法机关制定、修改。从民主宪政的根本精神考虑，公民创制权的范围以包括宪法和普通法两者较为适宜。

社会主义国家宪法一般无公民创制权的规定。对这种立法方面的直接民主形式弃而不用，似乎是社会主义民主的一种缺陷，应该加以补救。

（四）复决权

复决权是公民对国家机关通过的宪法或法律有经公民投票决定其应否正式成立的权利。它和创制权一样，也是公民直接参与立法活动的权利，是一种直接民主形式。但它又和创制权有所区别：第一，创制权的原案必由公民提议，复决权则否；第二，创制权中关于宪法的创制以宪法的修改为限，复决权中关于宪法的复决可以是宪法的制定。

复决权创始于美国的州宪，其后为瑞士各州和联邦所采用。现在瑞、法、日、意、奥等国采用此制。复决权产生以后，和创制权一样，在西方国家的理论界出现争议，实践中有不同作法。

理论上赞成者认为：民主宪政的首要意义在于表现人民主权，而法律是主权者的意志表现，人民自然应该享有批准立法机关所制定的法律的权利；同时，在政党政治较为发展的国家里，公民复决权的行使有利于防止政党对立法机关的操纵；在立法与行政发生冲突的国家里，公民复决权的行使，有利于缓解两者表现在立法方面的冲突。复决权的反对者则认为：复决权的行使必然导致立法机关的地位的削弱；而且立法是一项专业性很强的工作，一般公民的文化知识程度不够，难以判断法案是否恰当，因而在复决过程中往往产生盲从或弃权现象，甚至为人所操纵，不能真正地表现人民主权。

在实践中，复决权的行使也有不同的方式和不同的范围。在方式上有任意复决与强制复决之分。所谓任意复决，是指复决并非必须经过的立法程序，它必须经国家机关或公民的请求才能进行；所谓强制复决，是指复决为必须经过的立法程序，它不须经国家机关或公民的请求即应进行。如意大利宪法规定：当十万选民或五个省议会要求全部或部分废除某项法律或具有法律效力的法令时，得宣布实行人民公决。瑞士宪法规定：联邦法律得经三万公民或八州政府之请求，由人民表决采用或拒否之。这些规定表明意、瑞两国采任意复决制。又如法国宪法规定：对宪法的修改需由公民复决通过，才最后确定；但它又规定：当共和国总统决定将宪法修改草案交付议会两院联席会议讨论时，该项修改草案便不交付公民复决，在这种情况下，该项修改草案必须得到有效票的五分之三的多数赞成才能通过。法国实行的可以说是一种原则上的强制复决制。再如日本宪法规定：宪法的修改必须由国会创议向国民提出并得其承认，此项承认必须在特别国民投票或国会规定的选举时进行投票，获得半数以上的赞成。日本实行的是完全强制复决制。就复决的范围而言，有的国家限于宪法修正案，有的国家除宪法之外，法律案也在复决范围之内，有的国家更把条约置于复决的范围。采用公民复决制的国家，其复决范围一般都包括宪法的制定和宪法的修改。少数国家如瑞士，普通法律经特定程序列入复决范围。更有少数国家将与别国签订的某些条约列入公民复决范围。如法国宪法在其国际条约与协定一章中规定：领土的割让、交换或合并未经有关居民同意均属无效。它还规定：共和国总统根据政府在议会开会期间所提出或议会两院联合提出的、公布在政府公报上的建议，可将有关公共权力机构的组织，有关核准共同体协定或者在授权批准虽然不违反宪法影响现行体制运行的条约的任何法律案提交公民复决。在复决范围中较为特殊的是联邦德国。它的基本法规定：本基本法在德国人民根据自决所通过的宪法开始生效之日起，失去效力。这一规定说明将来的德国宪法的通过要根据人民自决，至于自决方式如何，并不明确。这个基本法没有关于基本法本身和一般法律的修改和制定的复决问题的规定，但它规定了：法律草案通过后，规定更改州隶属的那些地区的有关法案部分，应交该地区的国民进行复决；法案在一个地区被否决时，必须再送联邦议院重新讨论，法案再行通过后，必须在全联邦组织一次国民的复决加以批准。联邦德国基本法的这些较为特殊的规定，大抵是由于德国已分为联邦德国和民主德国两个部分，期待将来统一后再制定宪法；联邦德国实行联邦制必须顾及州的领土主权。

复决权是公民的一项直接民主权利。它可弥补间接民主可能产生的缺陷，应该加以提倡。至于采取什么方式，在何种范围内实现，总的说来以强制方式和范围广泛为好，但也不可绝对化，要根据各个国家的国情来决定。社会主义国家在立法过程中，曾采用全民讨论形式，但只进行讨论，而不进行表决。按照社会主义民主发展的要求，理应把这种全民讨论的形式向前推进一步，使之发展成为公民复决形式。现在，苏联宪法已有关于法律草案和最重要的国家生活问题的全民公决的规定。波兰在宪法中虽无全民公决的规定，却出现了全民公决的事实。公民的复决权在社会主义国家里已呈现逐步发展的迹象。

二、表达意见的自由

人们的意见在没有表达以前属于思想范畴，不宜用法律加以规定，因为法律对于人们的思想无法加以强制。但意见表达之后，就已公之于众，就会产生社会影响，国家对这种表达就并非无能为力了。同时，民主政治是以人民的意志作基础的。社会的发展也以人们的思想交流、知识传播作为重要条件，国家也有必要表示对各种意见表达的态度，所以各国宪法都有关于意见表达自由的规定。

意见表达自由无论是形式和内容都十分广泛。形式上有口头表达和书面表达，无言的行动表达和有言的行动表达；内容上可涉及社会、政治、经济、文化等各个方面。广而言之，它可以说是一种无所不包的权利，离开公民的意见表达这个因素，公民的任何权利都难以想象。但是，如果把公民的基本权利和自由统称之为意见表达自由，就从根本上否定了公民基本权利的分类，对它们各自的特点就无法加以说明。本书拟根据一些国家宪法的规定，把公民的意见表达自由中的言论、出版、集会、结社、游行示威列为政治生活方面的权利。如苏联宪法第50条规定："为了适合人民利益以及巩固和发展社会主义制度，保障苏联公民享有言论、出版、集会、游行和示威的自由"；同时这一条还规定："实行这些政治自由的保证是：为劳动人民及其组织提供公共场所，街道和广场，广泛发布消息和提供利用报刊、电视及广播的机会。"苏联宪法的这一规定把言论、出版、集会、游行、示威等自由归入政治自由之内。这就是本书把上述自由列为政治权利的宪法依据之一。

（一）言论出版自由

言论自由是指以语言形式表达意见的自由；出版自由是指以文字形式表达意见的自由。言论出版自由对民主政治的发展产生重大影响，和国家安全有密切联系，而且对其他公民也发生影响。因此各国宪法对这项自由既要加以确认，又须加以限制。

首先确认言论出版自由、并把两项自由规定在同一条文中的是美国宪法第1条修正案。该修正案规定：国会不得制定剥夺人民言论或出版自由的法律。其后许多国家的宪法相继仿效美国宪法确认公民的言论出版自由。

关于言论出版自由的限制，就内容而言，有诸如为防止对其他公民、对社会产生恶劣影响而禁止运用言论或出版诽谤他人、伤风败俗，为维护国家安全而禁止通过言论或出版泄露国家机密等。就限制的形式而言，概括地说有法律限制和司法限制两种。法律限制中又有宪法加以原则性的限制和宪法确定由普通法加以限制之分。前者如苏联宪法，它在言论出版自由的规定中未加任何限制，却对公民的各种基本权利作了原则性限制，它规定公民行使权利和自由不得损害社会和国家利益以及其他公民的权利。后者如意大利宪法，它规定违反善良风俗之出版物、曲艺演出和其他一切表演均予禁止，预防和消除其违法行为之适当措施，由法律定之。较为特殊的是联邦德国基本法，它规定人人有口头、书面和绘画自由地表达和传播自己意见的权利；同时规定这些权利的范围在一般法律内予以规定；如任何人滥用自由表达的权利，即和自由、民主的基本法相抵触，这一基本权利即告丧失，联邦宪法法院将宣布剥夺这项权利，并确定剥夺的范围。这个宪法既规定了法律限制，也规定了司法限制。美国宪法对言论出版自由无明文限制，但联邦最高法院在审理有关言论出版自由案件时，创造了“明显而现实的危险”原则，即根据因果关系确认有明显而现实的危险的言论或出版，联邦最高法院有权加以限制，并对当事人予以惩治。美国的这种限制可说是一种完全的司法限制。

（二）集会、结社自由

集会自由是指公民为某项共同目的集合在一个场所，用演讲或讨论形式发表意见与交流思想的自由。结社自由是指人民为某项共同目的而组织持续性团体的自由。这两种自由的相同点是都为某种共同目的的公民聚集。它们的不同处是集会为暂时的聚集，而结社具有持续性质；集会只有主持人员，而结社必有组织机构；集会不一定结成团体组织，而结社则必有集会。集会、结社自由都是实行民主宪政国家中公民的重要权利。集会自由为宪政理论家所普遍赞许，而结社自由则为著名的宪政理论家卢梭所反对。他从“公意”的观点出发，认为国家是表现全国人民“公意”的大团体，在这个大团体内如果允许小团体存在，各种小团体势必因谋求自身的特殊利益而影响人民的公意。卢梭反对结社自由的主张曾经发生重大作用，因为中世纪留传下来的基尔特行会组织为18世纪的法国人所敌视。但卢梭的主张并没有构成否定结社自由的永久性的理论根据，随着民主宪政思想的发展和法国人对基尔特的淡忘，结社自由终于获得普遍承认。

现代各国宪法一般都确认公民的集会和结社自由，但因集会、结社的目的十分广泛，有经济的、文化的、政治的，特别是政治性的集会、结社，容易导致社会动乱，不得不加以必要的限制。下面分别论述对这两种自由的限制。

集会自由的限制有两种形式，即预防性限制和追惩性限制。所谓预防性限制，是集会者在集会之前须报知有关国家机关，使之能够采取预防措施。实行这种限制的国家，有的在申报之后，须经国家机关许可才能集会，有的不经国家机关许可即可集会。所谓追惩性限制，是指在集会之前不须向有关国家机关报告或得其许可，只是在集会发生违法行为之后，才由有关国家机关惩处。现代各国多采用预防性和追惩性相结合的限制办法。例如联邦德国基本法规定：所有德国人均可在不携带武器的情况下有和平集会的权利；如进行露天集会，此权利将受法律限制或依法予以限制。这一规定即对不持武器的和平集会采取追惩性限制，对露天集会采取预防性限制。意大利、比利时等国宪法也有类似规定。少数国家采用追惩性限制办法。如美国宪法第1条修正案规定国会不得制定限制剥夺人民和平集会的权利，它只规定了和平集会，未规定其他集会，可以说是采取的追惩性限制办法。

西方学者有人认为集会自由是人身自由和言论自由两者相结合的一种自由，英美学者多持这种主张。有人认为集会自由是一种特殊的自由，应该根据集会的性质予以区别对待。对于露天集会、政治性集会、劳工性集会宜加预防；对于室内集会、非政治性集会、非劳工性集会可以不加预防，可采取追惩办法。实际上，集会自由应采取何种限制办法，并不决定于集会的性质。它决定于国家的性质，它决定于统治阶级的性质，决定于统治阶级的政治需要，决定于国家的利益。

社会主义国家的宪法规范中所表现出来的对集会自由的限制，即是由国家利益、社会利益和其他公民的利益决定的。集会自由以不损害这些利益为限度。从宪法规范本身，很难判断它是预防性限制或者追惩性限制。我们可以说它是一种预防性限制，因为它指明了集会自由的限度，预防公民运用集会自由损害国家、社会和其他公民的利益；也可以说它是一种追惩性限制，因为它不要求公民在集会之前向有关国家机关申报，而且集会是否损害国家、社会、其他公民的利益，集会者在集会之前通常难于从有关国家机关获得具体的衡量的标准。

结社自由也因为有一部分结社具有政治性而不得不加以限制。其限制形式和集会自由一样，也有预防性限制和追惩性限制两种。如联邦德国基本法规定：所有德国人民皆有结社的权利；凡结社的目的或活动与国家刑法相抵触，或导致违反基本法，或违反国际和谐观念，得予以禁止；以保障与改善劳动与经济条件为目的之结社权，对任何人及任何职业均应予以保障。它所采取的是两者相结合的限制形式。

当代各国采取这种形式者居多。但也有少数国家采取追惩性限制形式，如比利时宪法规定：比利时人民有结社权，结社权应不受任何预防措施限制。

集会自由和结社自由的限制在形式上基本相同，内容上也有近似之处。其限制内容主要表现为：集会的申报手续、集会的解散、集会的追究；结社的登记程序、结社的解散、结社的追究。但因结社具有持续性质，构成团体组织，涉及法人资格，它的限制内容比集会更为复杂。

（三）游行、示威自由

游行自由是指不定数量的多数公民采取列队行进的方式表达特定意愿的自由。示威自由是指不定数量的多数公民采取静坐、集会宣言或列队进行的方式来表示某种较为强烈的意愿的自由。游行、示威都属多数公民的聚集，都有和集会相同的某些特点。因此，有些国家的宪法不单独加以规定，而从集会自由中加以扩充解释；有些学者在自由的论著中也不单独加以说明，只在集会自由的论述中加以附带说明。实际上游行、示威和一般集会仍有不同之处：一是它们之间有静态与动态之分，集会是静态的，即静居一处讨论问题发表意见，游行、示威是动态的，除个别的静坐示威之外，一般都列队行进，高呼口号表达愿望；二是它们的政治影响有大小之别，集会静处一处，闻之者甚少，游行、示威行进于大庭广众之中，目见者甚多。有些国家的宪法专门规定游行、示威自由是有一定道理的。

再就游行、示威本身而言，两者既有相似处，也有不同点。其相似处是：两者均系多数公民聚集起来以表示特定意愿的活动。其不同点是：游行一律采列队行进方式，示威则除列队行进之外，还有静坐方式；游行多正面表示意愿，没有或不提反对某种事物的主张，如通常所见的国庆、或其他节日的庆祝游行活动，一般只表示喜庆，示威则除正面表示意愿之外，还表示对某种事物的强烈反对和抗议。

游行、示威这两种自由常产生重大的政治影响，因而常受比较严格的限制。如委内瑞拉宪法规定：公民有不携带武器和平地示威游行的权利，只受法律所规定的限制。这一规定表明示威游行要受法律限制。即使是没有单独规定游行、示威自由的国家，也都用司法判例或特别法规限制游行、示威活动。

社会主义国家的宪法多规定公民的游行、示威自由，并且强调实现这种自由的物质保障条件。如苏联宪法在规定游行、示威自由的条款中就强调了前面谈过的为劳动人民及其组织提供公共场所，街道和广场，广泛发布消息和提供利用报刊、电视及广播的机会，以保证这种政治自由的实现。尽管如此，这些国家的公民的游行、示威自由仍要受到限制，除宪法所规定的不得损害国家社会利益之类的原则性的限制之外，有的国家还通过普通法规加以限制。

第三节　公民在社会生活方面的基本权利

人类社会产生之后，任何人都不由自主地被卷入社会生活之中。他们必然要为社会作出特定的贡献，也必然要从社会享受一定的利益和待遇。尽管因社会性质和个人素质的差别，人们所作的贡献以及享受的利益和待遇有所不同，但是，自从人文主义出现、人的地位和作用受到重视以后，特别是近代宪法产生以后，这种作贡献、享利益、受待遇的事实，就已作为公民在社会生活方面的权利被宪法加以确认。

公民在社会生活方面的基本权利包括社会经济和文化权、平等权。它的宪法规范和公民政治生活以及个人生活方面的权利的宪法规范相比较，有较为明显的特色。政治生活和个人生活方面的权利，在宪法中既规定予以保障，又规定加以限制，而且限制条件较多；社会生活方面的权利，在宪法中虽然也不免有若干限制性的规定，而保障条件却居于重要地位。

一、社会经济文化权利

人们的社会经济生活离不开生产资料的占有制度以及由它决定的个人财产保护制度。关于生产资料所有制，在本书经济制度章内已经论及，个人财产的保护也在本章内作为个人生活权利的重要条件加以论述。这里所说的社会经济权利专指劳动权、休息权和物质帮助权。至于公民的社会文化生活权利则只论及受教育权。

（一）劳动权

劳动权是有劳动能力的公民为社会进行劳动的权利。它在近代制宪史上最早出现于法国1848年六月革命以前制定的宪法草案，但因六月革命的失败，1848年的法国宪法正式公布时，这项公民权已被删去。

1919年德国威玛宪法规定："德国人民应有可能之机会，从事经济劳动，以维持生计。无相当劳动机会时，其必需生活应筹划及之。"该条涉及劳动就业问题，但并未完全规定劳动权。及至第二次世界大战以后，西方国家的宪法才正式规定劳动权，但为数也不甚多。1946年法兰西第四共和国宪法序言宣布："任何人有工作之义务，并享有就业之权利，其工作或职业不得因出身、政见或信仰而受妨害。"日本宪法规定："一切国民有劳动的权利，并且负有劳动的义务。"意大利宪法宣布：意大利为民主共和国，其基础为劳动，并规定："共和国承认全体公民均享有劳动权，并帮助建立实现此项权利的条件。"联邦德国基本法、南朝鲜和印度宪法也有关于劳动权的规定。此外，埃及宪法还有关于劳动既是权利又是义务的规定。

严格地说，资本主义国家宪法所规定的劳动权是一种不能完全实现的权利。

马克思在《1848年至1850年的法兰西阶级斗争》一书中指出：劳动权是"初次概括无产阶级各种革命要求的笨拙公式"，"在资产阶级的意义上说是一种胡说，是一种可怜的善良愿望"。① 马克思在同一著作中进一步指出："劳动权实际上是表示控制资本，而控制资本又是表示占有生产资料，使生产资料受联合的工人阶级支配，从而消灭雇佣劳动、资本及其相互间的关系。"②这就是说，当无产阶级不占有生产资料，当生产资料的资本主义私人占有制、雇佣劳动制度还没有

① 《马克思恩格斯选集》第1卷，第426页。

② 《马克思恩格斯选集》第1卷，第426页。

被消灭的时候，劳动权只是一种无法实现的空想。尽管如此，在失业情况严重的资本主义国家里，这种抽象的难于实现的劳动权的规定，对于劳动者来说，并非毫无意义，这一规定至少使资本主义国家负有缓解失业问题的义务。

社会主义国家宪法也规定劳动权。社会主义旗帜上写着的“各尽所能，按劳取酬”，要求国家使公民有尽其所能的劳动的权利。社会主义社会所确立的生产资料社会主义公有制，消灭雇佣劳动制度和生产的无政府状态，使公民有实现劳动权的可能。这就是社会主义国家宪法确认公民的劳动权的立法依据。

社会主义国家宪法所确认的公民的劳动权，不是一种单纯的获得工作的权利。它的含义在不断发展更新。以苏联宪法的规定为例，1936 年宪法的规定是：“苏联公民有劳动的权利，即获得有保障的工作并按劳动的数量和质量领取报酬的权利。”那时候的劳动权包括工作与报酬两个方面的权利。1977 年宪法的规定则为：“苏联公民有劳动的权利，即获得有保障的工作并按其工作数量与质量获得不低于国家规定的最低数额的劳动报酬的权利，包括根据其志愿、才能、职业训练、教育程度并在考虑到社会需要的情况上选择职业及工种的权利。”苏联这部现行宪法所规定的劳动权虽然也没有超过工作与报酬两个方面的权利，但在工作方面增加了有条件地选择职业与工种的权利，在报酬方面除按劳取酬外增加了不低于国家规定的最低数额的报酬的权利。

社会主义国家宪法在确认劳动权的同时，特别强调实现这项权利的保障条件。这些保障条件在各社会主义国家宪法的规定中不完全相同，概括起来有以下内容：依靠社会主义经济制度、生产资料的社会主义公有制；进行社会主义再生产过程的管理和计划以及科学技术革命；加强职业教育和就业训练；制定劳动法规范等。在这些保障条件中，经济制度有逐步巩固和发展的问题，生产管理、计划、技术革命有经验积累问题，职业教育、劳动立法有专业技术问题。而且在解决这些问题时并非一帆风顺，有时还会产生失误，出现波折。因此，社会主义国家公民的劳动权，尽管有各种保障其实现的必要条件，也并非一经宪法规定就可立即完全实现，仍然要经过努力才能彻底实现。

（二）休息权

休息权和劳动权密切相联，是指劳动者的劳动时间有一定限制，得以恢复体力和精神的一种权利。

劳动是体力和精神的消耗。在任何社会制度下，劳动者都须得到休息才能恢复精力进行再生产。尽管如此，用宪法确认公民的休息权却是工人阶级斗争的结果。这种斗争最初表现为八小时工作日的斗争。1866 年第一国际日内瓦代表大会首先提出八小时工作制的口号。1886 年 5 月 1 日美国工人发动了争取八小时工作日的全国大罢工。工人阶级经过长期激烈的斗争，才迫使资本家缩短工作日，才由资本主义国家制定法律承认八小时工作制。

争取八小时工作日只是劳动者争取休息权的斗争的初步成果，而且没有提到国家根本法的高度加以确认。首次规定休息权的资本主义国家宪法是德国的威玛宪法。它规定："星期日及由国家所认许的休息假日为工作休息日及精神修养日，以法律保护之。"社会主义国家宪法首次确认休息权的是 1936 年的苏联宪法。它规定"苏联公民有休息的权利"，并且规定了实现这项权利的保证条件。现在，各社会主义国家宪法都有关于休息权的规定。少数资本主义国家的宪法也有这方面的规定。

纵观世界各国宪法关于休息权的规定，不外以下内容：在工作时间方面，一般规定八小时工作制，少数国家对艰苦的劳动部门的工作时间有酌情减少的规定；还有一些国家规定每周工作的最高时数，如苏联宪法规定实行不超过 41 小时的工作周。在休假制度方面，一般规定每周一天休假，有的国家除每周的休息日之外，另有关于休假期的规定。如南斯拉夫宪法规定的除每周休假日之外，劳动者有每年不少于 18 个劳动日的工资照付的休息权利。此外，有些资本主义国家已经实行每周工作五天的工作制度，但这种制度一般由普通法规定，没有载入宪法，在休息场所方面，社会主义国家一般都规定由国家设置疗养院、休养所、俱乐部、旅游点等为劳动者提供休息场所。

（三）物质帮助权

物质帮助权指的是公民因丧失劳动能力等原因而无力获得生活资料时，可获得物质救助的权利。

西方学者的公民权利分类中有一种受益权。他们把这类权利分为消极受益权与积极受益权两种：称公民因权利受侵害请求救助，国家被动地提供救助者为消极受益权；称由国家主动提供救助者为积极受益权。这里所说的物质帮助权即积极受益权中的一种。

马克思在谈到1848年的法国宪法时说："在六月事变以前制定的最初宪法草案中，还提到了……劳动权……现在这个公式却已转化为droitàl'assistance——享受社会慈善救济权，——但试问有哪一个现代国家不是这样或那样地饲养着自己的乞丐呢。"①1848年法国宪法所规定的社会慈善救济权虽然还带有饲养乞丐的性质，但具有物质帮助权的雏形。

随着时代的发展和国家社会的需要，物质帮助权日益扩展。现代宪法中正式确认物质帮助权的也是威玛宪法。它规定："为保持健康及工作能力，保护产妇及预防因老病衰弱而经济生活不受影响起见，联邦应制定保险制度，且使被保险者预闻其事。"社会主义国家宪法正式确认物质帮助权的也是1936年的苏联宪法。它规定"苏联公民年老、患病及丧失劳动能力时，有享受物质保证的权利"，它还规定了实现这项权利的保证条件。

在当代国家中，社会主义国家的宪法普遍规定了公民的物质帮助权。如匈牙利宪法规定：匈牙利人民共和国的公民在年迈、生病及丧失劳动能力的情况下有权得到津贴；国家在社会保险和社会福利机构内保障实现享有津贴的权利。其他社会主义国家宪法中关于物质帮助权的规定在语言表现形式上不一定和匈牙利宪法相同，但基本精神却是一致的，都包括享受这项权利的主体和实现这项权利的方式两个方面。在主体上除一般地规定年老、疾病、丧失劳动能力的公民之外，有的国家强调对革命残废军人和烈士家属的物质帮助权，有的国家强

① 《马克思恩格斯选集》第1卷，第426页。

调对无人照顾的老人和儿童和产妇的物质帮助权。可以说凡是需要物质帮助才能生活的公民，都能享有这项权利。在实现方式上，一般采取社会保险、社会救济、免费医疗等方式。

在当代的资本主义国家中，也有少数国家的宪法确认了公民的物质帮助权。如日本宪法规定：一切国民都有维持健康的、有文化的、最低限度的生活的权利；国家必须在生活的一切方面，致力于提高和扩充社会福利、社会保障以及公共卫生。其他如意大利宪法也有关于没有劳动能力和失去必需生活资料的公民，均有权获得社会之扶助和救济的规定。即使是没有在宪法中规定物质帮助权的资本主义国家，也为了社会的安定而对公民的物质帮助十分重视。以美国为例，它的宪法没有规定公民的物质帮助权，但各级政府举办的社会福利措施多达九十多项，每年用于社会福利的费用约占财政支付总额的百分之四十。此外，现代资本主义国家中，还出现了一些“福利国家”，他们自诩为建立了一套“从摇篮到坟墓”的社会保险和社会救济制度。

公民获得物质帮助的权利，在很大的程度上要受社会经济发展状况的制约。如果把两种不同类型国家实现这一权利的实际状况加以比较，就不能否认一些发达的资本主义国家比一般的社会主义国家的情况要好。这是因为它们的社会生产力已有高度的发展，具有比较雄厚的经济力量；它们可以从榨取的剩余价值中抽出一部分用于社会保险和社会福利事业。倘若社会主义国家的经济发展达到了和它们同等的程度，社会保险和社会福利工作一定比它们做得更好。

(四)受教育权

教育是提高人们科学、文化知识和思想品德的手段。公民的教育程度是衡量社会文明的重要标尺，也是决定国家发展的重要因素。

西方国家的宪法关于公民受教育权始自威玛宪法。它规定：“受国民小学教育为国民的普遍义务……国民小学及完成学校之授课及教育用品，完全免费。”这个宪法还就奖学金资助，各级学校的组织系统、学校的监督、教员的待遇、私立学校的设立等问题作出了规定。它还特别强调道德教化、国民操节、德意志民族精神的培养等。当代西方国家虽重视国民教育，但以宪法规定公民受教育权者为数不多，而且所规定的条款一般都比较简单。如日本宪法规定：一切国民都有依照法律的规定，按照其能力受同等教育的权利；一切国民都有依照法律的规定，使其受保护的子女受普通教育的义务。它把受教育权的细节留给普通法补充规定。

社会主义国家的宪法关于公民受教育权的规定始自 1918 年的苏俄宪法。它规定，为保证劳动者能够真正获得知识，俄罗斯社会主义联邦苏维埃共和国的任务为给予工人与贫农各方面的完全的免费教育。当代各社会主义国家的宪法都规定了公民受教育权。它们的规定详简不一，概括起来，包括着受教育权的内容和实现这一权利的保证条件。就受教育权的内容而言，一般表现为义务教育制。有的规定实行小学义务教育，为普及中等教育创造条件；有的规定实行中等学校义务教育制。就实现这一权利的保证条件而言，一般为实行免费教育制度，即在义务教育的范围内由国家提供费用。此外，有的国家强调依靠国家力量和社会力量发展各种教育机构，改善学校工作条件。

两种不同类型国家公民的受教育权的宪法规范，从立法目的来说有相同之处，即都是为了普及提高国民的科学文化知识。但由于立国的基础不同，它们的思想意识形态却大相径庭。社会主义国家强调马克思列宁主义思想教育。如捷克斯洛伐克宪法性法令规定：一切教育和教学均以科学世界观为基础。它所说的科学世界观就是马克思主义、辩证唯物主义和历史唯物主义。西方国家对教育也强调思想内容。如以往的威玛宪法规定学校致力于道德教化、国民节操；现行的西班牙宪法规定教育的目的是在民主共存的原理与基本权利和自由基础之上，对尊敬和协调的人格，给予完全的发展。它们把品德的培养置于资产阶级的道德意识和民主自由观念的基础之上。

二、平等权

平等权可以说不是一种具有具体内容的权利，而是一种实现权利的原则。在近代的政治文书中首先表现这一原则的是《法国人权宣言》。它宣布："在权利方面，人们生来而且始终是平等的，只有在公共利用上才显出社会上的差别。"一个人是否享有平等权固然和国家的性质以及他所属的阶级在国家中的地位有密切关系，但这种平等权一定要通过他和社会其他成员的交往中才能体现出来。从这个意义上说，它是一种社会生活方面的权利。

(一)平等权的实质

现代国家的宪法多有关于平等权的规定，而且这些规定的文字表述也基本相同。如瑞士宪法规定：一切瑞士公民在法律面前一律平等。保加利亚宪法规定：保加利亚人民共和国全体公民在法律上一律平等。两种不同历史类型国家的宪法都有关于平等权的规定，但实质上却有区别。

西方国家的平等权是在这些国家取得反对封建特权制度的革命胜利以后确立起来的。和封建制度下的公开的等级特权相比，它具有重大的历史进步作用。它反映了资产阶级的要求，也在一定程度上反映了劳动人民的愿望。它解放了被封建制度所禁锢的社会生产力，因而推动了人类社会的发展。但是，西方国家的平等权不过是商品关系、商品的等价交换原则在法律上的反映。它没有、也不可能消灭特权，它是用新的资本的特权取代了旧的封建特权。在这种新的特权制度下的平等权，实质上正如恩格斯所说："法律上的平等就是在富人和穷人的不平等的前提下的平等。"①

在社会主义国家里，掌握国家权力的无产阶级从它的阶级本质和所肩负的历史使命来说，是不谋求、也不允许谋求任何特权的。社会主义国家里，虽然也存在商品关系，平等权中间也包含着某些商品等价交换原则的因素，但从本质上说，它是以实现共产主义、解放全人类的宏伟理想为基础的。为实现这个宏伟理想，社会主义国家把实现法律上的平等视为走向事实上的平等的一个重要的、决定性的步骤。社会主义制度下的平等权，也只是一种法律上的平等权，它在立法上仍然包含着劳动者压迫剥削者的不平等的因素，而这种不平等因素正是以消灭阶级、消灭压迫为目的的。恩格斯说过："无产阶级平等要求的实际内容都是消灭阶级的要求。任何超出这个范围的平等要求，

① 《马克思恩格斯全集》第2卷，第648页。

都必然要流于荒谬。”①

两种不同历史类型国家宪法所规定的平等权的实质上的差异，是它们代表和反映的阶级利益和阶级意志的差异。也就是说，两种平等权显示两种不同的阶级属性。但这种不同的阶级属性都是以司法上的平等方式表现出来的。不论何种国家，都把阶级之间的不平等规定在法律里面。这种不平等一经法律确认，就必须贯彻执行。如果从这方面推敲，宪法上关于平等权的用语以“法律面前人人平等”比“法律上人人平等”更为确切。

两种不同历史类型国家宪法所规定的平等权同是司法上的平等权，却因其代表和反映的阶级利益和阶级意志的不同，而有不同的表现形式和不同的发展趋势。西方国家的平等权常以司法上的平等掩饰立法上的不平等，社会主义国家的平等权则公开显示立法上的不平等；西方国家的平等权永远不可能走向立法上的平等，社会主义国家的平等权则随着社会的发展和阶级结构的变化而日益趋向于立法上的平等。

（二）男女平等

任何国家都有男性公民和女性公民。但在前资本主义国家里，妇女的地位低于男子，而且这种男女不平等的现象直到资产阶级取得革命胜利、掌握国家权力、制定宪法以后，在很长的时期内没有得到改变。著名的法国人权宣言没有专门谈到妇女的权利，19 世纪的资本主义国家宪法几乎普遍地留存着男女不平等的痕迹。男女不平等、妇女的地位低于男子，是由于在资本主义以前的国家里，妇女不从事生产劳动，只从事家务劳动，在家庭中不能和男子一样掌握经济权。随着妇女的智识的开发，从事生产劳动的增多，资本主义国家的女权运动逐步开展起来了。它的显著成果是新西兰、澳大利亚先后于 1893 年和 1903 年最早地取消了对妇女的选举权的限制。美国在 1920 年也取消了这种限制，美国宪法第 19 条修正案明确规定：合众国公民的投票权不得因性别为合众国或任何一州所取消或剥夺。第二次世界大

① 《马克思恩格斯选集》第 3 卷，第 146 页。

战后，有更多的资本主义国家用宪法确认了妇女和男子享有同等的选举权。与此同时，还有少数资本主义国家在宪法中增加了男女平等的其他方面的规定。如意大利宪法规定：劳动妇女享有与劳动男子同样的权利并与劳动男子同工同酬。日本宪法规定：婚姻必须以夫妇享有同等权利为基础；关于选择配偶、财产权、继承、选定居所、离婚以及关于婚姻和家庭其他事项的法律，必须从两性本质上平等的观点出发。法兰西第四共和国宪法规定：法律保障妇女在各方面享有与男子同等的权利。这说明男女平等的范围和内容在一些资本主义国家里已经有所扩展。

当代社会主义国家普遍用宪法确认男女平等。其中多数国家的宪法规范表现为“妇女享有与男子平等的权利”或“男女平等并在社会、国家和个人生活的一切领域享有平等的法律地位。”多数国家的宪法规范强调在婚姻家庭方面对妇女的保护，强调妇女和男子同工同酬，并以之作为实现男女平等的保障条件。马克思主义认定妇女的解放是整个社会解放的组成部分，以马克思主义为指导思想的社会主义国家必然自觉地、主动地用宪法确认男女平等。而资本主义国家宪法中确认男女平等，则是被动的，是它们国内女权运动和劳动人民进行的各种斗争相互配合的结果。这是两种不同历史类型国家的男女平等权利的根本区别。

(三)民族平等

近代国家中单一的民族国家较少，多民族国家居多。在这些多民族国家里，各民族的人口数量、经济文化发展状况总是不相同的，因而在国家中的地位和作用也总会不一样。尽管资产阶级在进行反封建斗争中提出了许多的进步理论、口号和建国方案，却没有对种族、民族之间平等权利予以重视。即使法国的人权宣言，也和前面谈过的男女平等问题一样，没有专门提及种族、民族的平等权利。资本主义国家建立以后，民族间的不平等现象普遍存在。西方学者中有人甚至还鼓吹民族优生理论，用以说明某一个民族是天生的优秀民族，理所当然地应该统治、同化劣等民族，并进而为国内实行民族压迫、为国外实行民族侵略扩张政策作辩护。这种荒谬的理论造成了许多民族的悲剧。任何种族、民族得以世代延续下来，必定有它本身的优点和特点，而不甘受压迫、受奴役则是各个种族、民族的共同的优点。资本主义国家里，被压迫民族斗争绵延不断。被压迫民族进行斗争的显著成果之一，是1870年颁布的美国宪法第15条修正案的出现。这一修正案规定：合众国或其任何一州，对于合众国国民投票权，不得以种族肤色或曾为奴隶而拒绝或剥夺。随着民族斗争的发展，资本主义国家宪法确认民族平等权者日益增多。如日本、法国、意大利等国的宪法都在“法律面前人人平等”的条款中，特别强调不分民族、种族的平等。

当代社会主义国家的宪法一般都在确认法律面前人人平等的同时，强调民族种族之间的平等权利。其中匈牙利宪法还规定：凡因民族关系而对公民作任何不利的区别者均依法严惩。保加利亚宪法也有类似规定。社会主义国家根据平等原则处理民族关系，是从无产阶级解放、全人类的解放的目标出发的。马克思恩格斯曾经指出：“压迫其他民族的民族是不能获得解放的。”①“奴役其他民族的民族是在为自身锻造镣铐。”②

两种不同历史类型国家的宪法都有关于民族平等的规定，但其间有很大的区别。首先，目的不同，资本主义国家是为了缓和矛盾，平息国内被压迫民族争取平等权的斗争；社会主义国家是为了国内各民族的共同繁荣，争取实现包括民族解放在内的人类解放的宏伟目标。其次，规定的情况不同，资本主义国家的规定是被动的，而且并非所有的国家都作了这种规定；社会主义国家的规定是主动的，普遍的。再次，执行的情况不同，资本主义国家在执行民族平等的宪法规范中并不始终如一地按平等原则办事，而是审时度势地对平等原则作出各种不同的解释，社会主义国家在执行中虽有失误情况，但坚持平等原则，坚持真理，修正错误。

---

① 《马克思恩格斯选集》第2卷，第586页。

② 《马克思恩格斯全集》第16卷，第474页。

第四节 公民在个人生活方面的基本权利

公民作为一个自然人，应该享有个人生活方面的基本权利。这种基本权利概括起来有三项内容：一是人身自由，二是物质生活方面的权利，三是精神生活方面的权利。

一、人身自由

人身自由专指公民个人身体保护、人身自主的自由。它包括人身保护、住宅不受侵犯、迁徙自由、人格尊严不受侵犯等。人身自由可说是公民的最基本的权利，很难想象一个公民在丧失人身自由的情况下能够正常地享有其他权利和自由。

(一)人身保护权

人身保护权是指公民个人的身体受法律保护，不受非法逮捕、审讯、惩处的权利。

人身保护权受到普遍重视，是从法国革命以后开始的。《法国人权宣言》首先宣布："除非在法律所规定的情况下并按照法律所指示的手续，不得控告、拘留或逮捕任何人"；"法律只应规定确实需要和显然不可缺少的刑罚，而且除非根据在犯法前已经制定和公布且系依法施行的法律以外，不得惩处任何人"；"任何人在其未被宣告为犯罪以前应被推定为无罪。"这个宣言明确宣布了非依法律不得控告、拘留或逮捕的原则，非依法律不得惩处的原则，还确立了不溯既往和无罪推定的原则。自此以后，各国宪法多在逮捕、审讯、惩处三个方面作出原则性规定以保障公民的人身保护权。下面以日本和罗马尼亚两国宪法为例加以说明。

在逮捕方面，日本宪法规定：除作为现行犯被逮捕的情况外，任何人除根据有权限的司法官署发出并且载明逮捕理由的命令，不得逮捕；任何人若非告以理由且予以即行委托辩护人的权利不得予以拘留或拘禁。罗马尼亚宪法规定：如果没有充分根据的证明或者标记表明其人已从事法律规定的应受处罚的行为，不得加以拘留或逮捕；侦查机关可以命令拘留一个人的最长时间为二十四小时；任何人除非根据法院或检察院发出逮捕状，不得加以逮捕。

在审判方面，日本宪法规定：任何人在法院受审判的权利，不得剥夺。罗马尼亚宪法在规定公民的逮捕、拘留的限制条款之后，接着就规定了保障其在全部诉讼期间的辩护权。

在惩处方面，日本宪法规定：任何人除非依照法律规定程序不得剥夺其生命或自由，也不得科以其他刑罚。罗马尼亚宪法在公民基本权利中没有类似于日本宪法的规定，但在关于司法机关的规定中规定了在罗马尼亚共和国的最高法院、县法院、地方法院以及军事法院依照法律进行审判，还确认了在司法活动中审判员和人民陪审员独立审判只服从法律的原则。从这些规定中可以推论出非依法律不得剥夺任何人的生命、自由，不得科以其他刑罚的结论。

在人身保护的宪法规范中，英国的人身保护令独具特色。英国的人身保护令是一种保护公民人身自由的令状，它是在公民被剥夺人身自由之后可能获得法律补救的一种办法。人身保护令的具体内容是：在英国任何公民受到国家机关的拘禁时，可向法院请求颁发命令，使拘禁者把被拘禁者移交法院审讯；如果拘禁者不服从法院的命令，法院可给予一定的制裁；如果被拘禁者经过法院审讯认为不须监禁，即可获得自由。法院应被拘禁者的请求而颁发的这种命令，称为人身保护令。

英国从 13 世纪开始即形成一种惯例。如果有人被拘禁，只要向法院申请，法院即发出人身保护令。

到了 1667 年，伦敦市议会开会，商人弗朗西斯·琼克发表演说。他指出英国议会十五个月不召开会议，人民的冤屈无处申诉，法国货币充斥英国市场，打击着英国的工商业，并进而主张市议会提请英王召集英国议会。当时英王查理第二正推行和法国友好政策，琼克的讲话激怒了国王，第二天国王下令拘禁了琼克，法院不敢应琼克的请求签发人身保护令。

琼克获释以后，常邀集友人向议会请求制定人身保护令。1679 年，英国议会通过了人身保护令的法律。它的第 4 条规定：任何官员或其他下属如果忽视或拒绝对人身保护令的回证，不在指定时间内将被监禁人移交法院，第一次罚款 100 英镑给被监禁人。第二次罚款 200 英镑，革除职务，永不录用。该法还规定：任何法院的法官均有权签发人身保护令，即使在假期之内也应签发，拒不签发者罚款 500 英镑。此外，还规定，不准将被监禁人送出英格兰以外的地方。

1679 年的人身保护令仅适用于刑事方面的拘禁。1816 年，英国制定了适用于民事方面的拘禁的人身保护令法律，开始适用于破产等事项的拘禁。1960 年英国制定了司法行政法，把人身保护令的适用范围从英国公民扩展到一切受英国保护的人。包括在英国司法管辖下的外国侨民。

(二)住宅不受侵犯

住宅不受侵犯是人身保护的重要条件之一，因而也构成人身自由的一部分。早在 1603 年英国的判例中就写下一句格言：每个人的房屋就是他的堡垒。1763 年威廉·比特曾用强有力的语言表现住宅不受侵犯的权利。他说：最穷苦的人在他的小茅屋里可以和一切皇家军队相对抗。茅屋可能脆弱，屋脊摇晃，风能吹透，雨能打进，但英国的国王不能进来，国王的军队不敢跨越门槛。

现代各国宪法一般都有住宅不受侵犯的规定。少数国家把它和人身保护规定在同一条款。如朝鲜民主主义共和国宪法规定公民的人身和住宅不受侵犯；匈牙利宪法规定匈牙利人民共和国保障其公民的人身自由和人身不可侵犯、通讯秘密和住宅不可侵犯。多数国家在宪法中单独规定公民的住宅不受侵犯的权利。

现代各国宪法除确认住宅不受侵犯之外，同时，对于例外情况下的住宅搜查也作了一些原则性的限制规定。综合起来有如下几项：

第一，必须有法律依据，并由主管机关签发搜查证。如波兰宪法规定：住宅不可侵犯，仅在法律规定的情况下，始得施行住宅搜查；日本宪法规定：搜查依照有权限的司法官署发出的个别命令状执行。

第二，必须有住宅的有关人员和见证人在场。如南斯拉夫宪法规定：被搜查住宅或房屋的人，或者他的家庭成员或代理人，在搜查时有权在场；搜查只有在两名见证人在场的情况下才可以进行。

第三，无证搜查必须在特定情况下才能进行。如南斯拉夫宪法规定：如果为直接逮捕刑事犯或为保护生命和财产所需，或者如果其他方式显然不能保证获得刑事诉讼的证据，在法律规定的条件下，公务人员可以不持主管机关的搜查证进入住宅或房屋，并在没有见证人在场的情况下进行搜查。

在住宅不受侵犯的规定方面，美国宪法和联邦德国基本法具有一些特点。美国宪法规定未经宅主同意，平时不得在任何住宅驻扎士兵；除依法律规定的方式，战时也不得驻扎。它特别重视对军队侵犯住宅权的防止，因为在英国殖民时期，美国人对英国军队驻扎民房十分反感。此外，要以宣誓或代誓宣言证实可能的理由和详细写明搜查地点，也是美国宪法规定搜查住宅的法定程序的一个特点。联邦德国基本法在规定住宅不受侵犯的条款中，指明了这项权利可能遭到剥夺或受限制的特别情况，其中除一般国家所列举的防止公共利益受到危害、危及个人生命、防止危害公共秩序和治安之外，还指明为解决住宅缺乏问题，同流行性疾病作斗争，为保护青年免受危害，也可剥夺或限制住宅不可侵犯的权利。

(三)迁徙自由

迁徙自由是公民选择居住地点的自由。

迁徙自由最初是为适应资本主义商品生产的发展和雇佣劳动的需要而产生出来的。资本主义生产关系的发展打破了封建社会中原有的农奴对地主的人身依附关系，迫使小农失去土地成为无产者，产生了大量失业工人。这些破产的农民和失业的工人为了生存不得不出卖自己的劳动力，而资本家为了剥削他人则需要购买劳动力。这种劳动力的买卖是根据“自由”契约和“平等”地位进行的。双方都希望在有利于自己的条件下进行。劳动者希望高价出卖劳动力，资本家则希望低价收买劳动力，而人员的流动能为买卖双方创造有利条件。劳动者希望从自由流动中，能选择有利于出卖劳动力的场所和地方，资本家也希望从自由流动中调整劳动力的供求关系，以有利的条件购买劳动力。宪法所规定的迁徙自由就是这样产生的。

迁徙自由是从雇佣劳动制度中产生出来的，只要存在雇佣劳动制度，就必然存在迁徙自由。但是，这种自由产生以后，却又超越了雇佣双方当事人的界限。在资本主义社会里，有些不参与雇佣活动的公民为寻找适合于自己的生活环境，也需要这种自由。在社会主义国家里，已经消灭了雇佣劳动制度，人们为了身心健康，为了工作如意，也需要选择自己的居住场所，也需要这种自由。因此，现代各国宪法多有关于迁徙自由的规定。如德国的两个部分、民主德国和联邦德国的社会制度不同，却都在自己的宪法中规定了公民的迁徙自由。民主德国宪法规定：德意志民主共和国公民在法律范围内有在德意志民主共和国领土上自由迁徙权。联邦德国基本法规定：所有德国人依法享有联邦领土上自由迁徙的权利。

现代各国在规定迁徙自由的同时，也规定了限制这项自由的条件。这些限制条件为：保证刑事诉讼的进行和防止犯罪活动；适应保健利益的需要和防止传染病蔓延；维护国防利益和保护国家安全；维护公共秩序和社会公共福利。对上述限制条件的规定较为全面的首推南斯拉夫宪法。其他如联邦德国、日本、意大利等国宪法也都有上述限制条件中的某些限制性规定。即使没有直接限制条件的国家，在宪法中一般都有依法享有迁徙自由的规定，表示这一自由可由法律加以限制。

现代各国宪法关于迁徙自由的规定，日本和意大利宪法独具特色。日本宪法规定：任何人移居外国或脱离国籍的自由不得侵犯。意大利宪法在迁徙自由的条款中规定了“每个公民在履行法定义务的条件上，均可自由离开或返回共和国国土。它们把迁徙自由的范围从国内扩展到了国外。

尽管迁徙自由属于人身自由的组成部分，仍有少数国家的宪法未作规定。宪法不作规定者并非一律对这项自由加以否定。如美国宪法虽然未规定公民的迁徙自由，联邦最高法院却在判例中承认美国公民有移居任何一州并享受移居州公民同等待遇的权利。另外，也有少数国家的宪法不规定公民的迁徙自由，事实上也对这种自由加以限制，这是由于这些国家存在着实现迁徙自由的实际困难的缘故。

(四)人格尊严不受侮辱

人身自由以肉体保护为主要内容，但精神上的保护也十分重要，因为人们在精神上受到摧残必然在肉体上感到痛苦，这种痛苦有时甚至比肉体上受到摧残更加厉害。中国人有“士可杀，不可辱”的传统信念，西方人也讲究名誉是第二生命。可见对人的精神上的保护、人格尊严的维护十分重要。

自20世纪以来，各国宪法多有关于人格尊严不受侵犯的规定。如日本宪法即规定了任何国民的人格均被尊重。同时，很多国家保护人格尊严的宪法规范具有明显的特点：

第一，公民的人格尊严权利不受限制。宪法所确认的公民基本权利一般都要受到不同程度的限制，唯独人格尊严的权利可以不受限制，它构成世界上没有不受限制的自由的唯一例外。如南斯拉夫宪法不仅没有对维护人格尊严作出限制性规定，而且明确规定：在刑事诉讼和其他任何诉讼中，在剥夺或限制自由时以及在服刑期间，保障尊重人格和人的尊严。宪法规范所表现出来的这种人格尊严权的无限制性，在于它不同于其他的权利和自由，它不构成对国家社会和其他公民的危害和威胁。

第二，公民的人格尊严权利构成明显而直接的国家社会责任。宪法所确认的公民基本权利都为国家带来维护这些权利的义务，也为社会组织和其他公民带来尊重这些权利的义务，但这种国家社会的义务并不在任何公民基本权利的规定中直接加以规定，而对人格尊严的保护却不是这样。如联邦德国基本法第一条就开宗明义地宣布：人的尊严不可侵犯，保护和尊重它是国家的义务。民主德国宪法则明确规定：尊重和保护个人尊严和自由是一切国家机关、社会力量和每个公民的职责。两德的宪法和基本法所表现出来的国家和社会为维护人格尊严的直接而明显的责任，目的在于引起国家、社会予以特别的重视和关注。

第三，公民的人格尊严权利已开始发展成为法人的权利。公民权利通常表现为公民个人的权利。但意大利宪法却规定：共和国无论对个人或对人格借以发展的社团，均承认并保障其人权之不可侵犯。这里所说的承认并保障的社团的人权，是指人格借以发展的社团的人权，它包括社团的人格权，也包含有强调社团人格权的意思。意大利宪法的这一规定已经显示了人格尊严权由公民个人扩展到法人的趋势。

二、财产权

公民个人生活方面的权利，以维持其生命为前提，即必须有获得物质生活资料的权利，然后才有其他的权利和自由可言。从这个意义上说，财产权是公民个人生活方面的最基本的权利。但是财产权的范围不以生活资料的产权为限，它还包括着生产资料的财产权，因此，必须从通常所说的私有财产说起。

私有财产是国家赖以产生的根源，人类有了私有财产即划分为阶级，有了阶级以后，即产生国家。国家产生以后即以保护私有财产为己任。奴隶制国家、封建制国家。资本主义国家都是如此。但前资本主义国家没有产生近代的作为国家根本法的宪法，君主对人民的生命财产有生杀予夺之权，当时的私有财产并未获得确切的保护。

资产阶级在革命时期创立天赋人权学说，在革命胜利以后以政治文书和法律形式确认了天赋人权。1789 年的《法国人权宣言》首次宣布："任何政治结合的目的都在于保存人的自然的和不可动摇的权利。这些权利就是自由、财产、安全和反抗压迫。"同时还宣布"财产是神圣不可侵犯的权利"。自此以后资本主义国家宪法都对私有财产加以精心的保护。

早期资本主义国家宪法对财产权的保护都是以天赋人权作为理论基础，认定财产权为基本人权。尽管《法国人权宣言》在宣布财产是神圣的权利的同时，加上了"除非当合法认定的公共需要所显然必需时，且在公平而预先赔偿的条件下任何人的财产不得受到剥夺"的说明，暗示着在特定的条件下，私有财产可以受到限制。但 1793 年的法国宪法列入的人权宣言却又加上了"财产为一切公民得自由处分其财富、其收益、其工作与职业所收入的权利。"强调了财产的无限制性。

随着资本主义的发展，资产阶级从自己的统治中察觉到无限制的财产权对于整个阶级成员来说并非完全有利无弊。因而开始舍弃以往的财产权为基本人权的理论，创立财产权为社会职务的学说，认定财产所有者负有社会职务，财产权受到保护是因其履行社会职务，而且因其要履行社会职务，又应该加以限制。法国的狄骥是这一学说的主要代表人物。他从社会连带主义法学派的观点出发，认定人们有共同的和不同的需要，因而存在同求与分工两种社会关系。这种关系是一切社会关系的基础，也是客观法。他在《宪法》一书中认定，为适应社会利益，财产所有者应视财产权为社会职务，而社会则应尊重这种财产权。因此，财产权在原则上不是所有者的一种绝对的不受限制的权利，只是所有者的一种有条件的可限制的权利，也可以说是所有者的一种有条件的可限制的社会职务。

进入 20 世纪以后，各资本主义国家开始以社会职务为理论基础，在宪法中对财产权既作保障性规定，又作限制性规定。这种规定为 1919 年的德国威玛宪法所首创，其后，逐渐推广到其他资本主义国家的宪法。现在，这种限制性规定概括起来共有两项：第一是财产范围与使用方式的限制。如意大利宪法规定：法律承认并保障私有财产，但法律为了保证私有财产能履行其社会职能并使其为人人均可享有，得规定获得与使用私有财产的办法以及私有财产的范围。第二是私有财产可因公共利益的需要而被征收。如联邦德国基本法规定：为公共利益起见，财产可予征收。征收应依法实行，并依法确定征收方式和赔偿金额。偿付时应当考虑公共福利和有关方面的利益。在赔偿金额上有争执时，可上诉于普通法院，通过诉讼解决。尽管西方国家的宪法规范对财产权作了上述的限制，却没有改变其私有财产神圣不可侵犯的原则。

资本主义国家宪法关于财产权的规定，对保障公民获得生活资料的权利，无疑起着一定的作用。但是，应该指出，这些国家所保护的私有财产的重点不在于生活资料，而在于生产资料。它的根本目的是维护自己赖以生存的基础，生产资料的资本主义私人占有制度。

社会主义国家宪法普遍地规定了对个人财产的保护。如匈牙利宪法就规定了匈牙利人民共和国承认和保护私人财产。其他社会主义国家宪法也有类似规定。

马克思、恩格斯在《共产党宣言》中指出："共产党人可以用一句话把自己的理论概括起来：消灭私有制。"①同时又说："共产主义并不剥夺任何人占有社会产品的权力，它只剥夺利用这种占有去奴役他人劳动的权力。"②这就是说，共产党人消灭私有制的主张，只是消灭利用私人占有去剥削他人劳动的私有制，并不禁止人们占有不用以剥削他人的生活资料。同时，在共产主义的初级阶段里，即社会主义阶段里，还实行着各尽所能、按劳分配的原则，劳动者依靠自己的劳动所获得的社会产品，如果不能得到国家的保护，按劳分配的原则就没有什么实际意义。因此，社会主义国家宪法所保护的私人财产，首先是劳动者从劳动中所获得的社会产品、生活资料的份额。正如苏联宪法所规定的：劳动收入是苏联公民个人财产的基础。

社会主义社会是一个不断发展、不断自我完善的社会。在它发展的初级阶段，为了适应发展社会生产力的需要，还必须允许个体经济存在，并且确认它在社会主义经济制度中居于社会主义公有制经济的补充地位。如捷克斯洛伐克宪法就规定了社会主义经济体系范围内允许建立在个人劳动基础上的和不剥削他人劳动的小规模私有经济，其他社会主义国家的宪法也多有类似规定。宪法既然规定允许个体经济存在，自然应该允许这种经济的经营者享有生产资料的所有权。保加利亚宪法就在规定公民对满足自身及其家庭需要的财产和物品所有权的同时，规定了私有财产还包括由法律规定种类和数量的小生产资料。

各社会主义国家在保护财产权的同时，也对财产权给予限制。这种限制主要有两个方面：一是财产的使用方面的限制，如民主德国宪法规定个人财产的使用不得违背社会利益。二是运用财产获得收入的限制，如南斯拉夫宪法规定，公民享有所有权并用于满足个人需要的

① 《马克思恩格斯选集》第 1 卷，第 265 页。

② 《马克思恩格斯选集》第 1 卷，第 267 页。

住房和其他物品，只有按照法律规定的方式和条件，才能用于获得收入。苏联宪法则规定归公民个人所有或使用的财产不得用来获得非劳动收入和损害社会利益。

社会主义国家宪法关于财产权的规定，一般都是和社会经济制度相联系，它不列入公民基本权利章节以内，但它所保障的重点却是公民生活资料的所有权。这是和前面说的资本主义国家宪法不同之处。

三、宗教信仰自由

公民的个人生活除物质生活之外，还有精神生活，而在精神生活中宗教信仰居于重要地位。它是公民个人生活方面的重要权利和自由之一。

宗教信仰自由是一种信奉神灵或不信奉神灵的自由。它原是思想意识范畴内的问题，不能用法的强制力加以解决，宪法本无规定的必要。但是，西方国家和社会主义国家的宪法一般都有宗教信仰自由的规定。这些规定不能从通常的法理考虑，应从历史的角度加以探究。

就西方国家而言，欧洲中世纪教权极盛。罗马教皇的权力甚至超过各国君主的权力。君主要保持自己的地位，必须得到教皇的支持，于是产生政教合一和国教。政教合一之下，人民受国家权力与教会权力的双重压迫；国教的产生规定宗教信仰于一尊，不信仰国教而信仰其他宗教或根本不信教的人，被看做邪说异端、洪水猛兽。在这样的历史影响下，资产阶级取得革命胜利之后，人们对宗教信仰自由的要求便十分强烈。其中表现最为突出的是从英国移居北美殖民地的人民。他们中很多人就是为争取宗教信仰自由，反抗英国的宗教压迫而背井离乡的。世界上第一部整体国家的成文宪法——美国宪法虽然因故没有规定公民的基本权利，但这个宪法的修正案却把宗教信仰自由条款列为权利法案之首，绝非偶然。

就社会主义国家而言，都以共产党、工人党为领导，以马克思主义为指导。共产党人是无神论者；马克思主义属于辩证唯物主义哲学思想体系，否认神灵的存在。这些国家的宪法也规定宗教信仰自由，则除了历史原因之外，还有现实的因素。

马克思主义的辩证唯物主义是无产阶级的世界观和方法论。从方法论的角度说，它考察每个事物都要看这一事物产生的原因，发展阶段和现实状况，由此掌握这一事物的本质及其发展规律。用辩证唯物主义观点考察宗教，我们可以知道：宗教观念的产生，最初是由于对自然现象和社会现象不可理解，对自然力量和社会力量产生一种神秘的感觉和无力抵抗的恐惧，进而发生一种虚幻的错误的反映。宗教观念最初产生的时候属于自发的宗教阶段。这个阶段和原始社会的社会生产力水平、人们的认识水平相适应。后来进入到人为宗教阶段，这是因为人类进入阶级社会以后，统治阶级利用劳动者对剥削制度的恐惧心理和绝望情绪，发展宗数思想以欺骗和统治人民。人为宗教阶段的宗教是麻醉人民的鸦片。宗教被剥削者利用成为统治人民的工具以后，进入兴盛时期。直到现在它在全世界拥有的信徒为数极多，有些国家甚至还保留着政教合一的传统，确立某一种宗教作为国教，国王即是教长。宗教有它产生、发展的过程，也会有它消亡的过程。但是它的消亡必须具备社会生产力高度发展，人们思想觉悟，科学文化技术水平空前提高，人们能够成为自然和社会的真正主人等条件，而且宗教的消灭只能是自然消亡。以上这些就是辩证唯物主义作为一种方法论对宗教的历史考察。

辩证唯物主义既能科学地认识宗教，就能正确地对待宗教。当宗教有它赖以存在的条件，不会自然消亡的时候，不顾客观现实、超越历史条件、采取行政手段、强迫命令地消灭宗教是不行的。用行政命令不但不能消灭宗教，而且会给国家带来巨大的危害。因为宗教信仰问题常和国内的民族问题有密切联系，采取强制手段消灭宗教，势必破坏民族团结；同时宗教问题和国际交往也有密切联系，采取强制手段消灭宗教，势必在国际交往中发生困难。这就决定着社会主义国家的宪法必须确认公民的宗教信仰自由。

辩证唯物主义作为世界观，它和宗教的唯心主义世界观根本对立，它的战斗任务和历史使命是要消灭宗教。辩证唯物主义作为方法论，它尊重历史，承认现实，并且根据历史发展的规律科学地改造现实。社会主义国家宪法中关于宗教信仰自由的规定，不但不和辩证唯物主义相矛盾，而且恰恰相反，它是辩证唯物主义的正确运用。

宗教信仰自由的本意是公民有信仰宗教或不信仰宗教的自由；在信仰宗教的公民中有信这一教派或那一教派的自由；公民有改变自己宗教信仰的自由，可从不信仰宗教改为信仰宗教，也可以从信仰宗教改为不信仰宗教，还可以从信仰这个教派改为信仰那个教派。但现代各国宪法在关于宗教信仰自由的规定中，除上述的纯粹属于信仰方面的规定以外，还附加着其他规定。常见的有：

第一，保障性的规定。其主要事项是待遇平等、活动自由。如联邦德国基本法规定任何人均不得因宗教而受到歧视或享有特权，正常的宗教活动受到保护。

第二，限制性的规定。其主要事项是政教分离、宗教和教育分离。如匈牙利宪法规定匈牙利人民共和国实行政教分离；日本宪法规定任何宗教团体不得从国家接受特权或行使政治上的权力；罗马尼亚宪法规定学校同教会分离，任何教派、修道院或宗教社团，除培训宗教人员的专门学校之外，不得开办或者保持其他教育机构。

此外，还有一些个别的附加规定。如瑞士宪法规定耶稣会及其分会不得在瑞士境内存在。其会员在教堂或学校进行任何活动，都被禁止。再如埃及宪法虽然规定了所有公民在宗教方面没有任何歧视，国家保证举行礼拜和宗教礼仪的自由，却又规定伊斯兰教是国教，伊斯兰教的立法原则是立法的主要依据，宗教教育是教学大纲中的基本项目。

四、环境权

环境权是公民获得合适的生活环境的权利。工业、农业、科学技术的发展，自然资源的开发利用，给人们的生活带来了好处，但也带来了麻烦。水污染、空气污染、水土流失、机器车辆噪音、离子放射线等引起的危害，以及生态平衡失去控制，名胜古迹遭受破坏等，都给人们的物质生活和精神生活带来损害和威胁。为了避免这些损害和威胁，每个人都应该有获得合适的生活环境的权利。

环境权在目前尚未成为一项普遍的公民权利，不过各国已逐步重视环境保护，并在宪法中增加了环境保护的条款。如联邦德国基本法所规定的联邦专享的立法权限中，于1959年增添了“为和平目的对核能的生产和利用以及对其设备的装置和操作，对核能散逸或电离线所引起的危害的保护和放射性物质的消除”的立法权；1972年又增添了“清除垃圾，以及为防止大气污染、噪声所进行的斗争”方面的立法权。20世纪60年代末期以后制定和修改的社会主义国家宪法多有关于环境保护的规定。如阿尔巴尼亚宪法规定：保护土地、天然资源、水流和空气不受破坏和污染，是国家、经济组织、社会组织和全体公民的义务。民主德国宪法规定：“为了公民的福利，国家和社会尽力保护自然。主管机关应保证维护水流和空气的洁净，保持本国动物植物和风景的美丽。此外，这也是每个公民的职责。”

尽管环境权还没有成为公民普遍的权利，却出现了这种前兆。如捷克斯洛伐克宪法性法令规定：国家关怀美化自然和全面保护自然，保护祖国的自然美景，以便为人民的美好生活创造日益丰富的源泉，为劳动人民的健康及其休息造成合适的环境。苏联宪法也规定：为了当代人和子孙的利益，苏联采取必要的措施保护并有科学根据地合理利用土地及其矿藏、水流资源、植物和动物，保持空气和水流的洁净，保证自然财富的再生和人类环境的改善。这些规定已经责成国家为维护环境而担负责任，环境权成为公民的普遍的权利而被载入宪法已经为期不远了。

公民基本权利的范围和内容日益扩展，而且各国宪法的规定又各不相同，很难一一加以论述。同时，人作为国家的公民，往往有各种不同的身份，其中有些具有特定身份的人如老人、儿童、残废军人、侨眷等，宪法的基本权利规范中作了许多专门规定，对于这些规定，未能在本章中加以论述。这是应该说明的。

第五节　公民的基本权利与义务的关系

一、公民的基本义务

公民的义务是指国家宪法、法律所规定的公民从事某种行为、或不从事某种行为的必要性。这里所说的必要性是指国家要求公民对某种行为的作为或不作为带有强制性，由国家运用强制力量保障其贯彻实施的。宪法所规定的公民义务是公民的基本义务。

近代国家无不要求公民担负一定的义务，但各国宪法在这方面的规定情况却不相同。少数国家的宪法只规定公民的权利，不规定公民的义务。美国宪法就是这样的宪法。多数国家、包括当代全部的社会主义国家，它们的宪法既规定公民的权利，也规定公民的义务。

宪法所规定的公民义务是和它规定的公民权利相对应的。如果说一个人作为公民，应该根据其属性享有政治生活、社会生活和个人生活三方面的权利，与此相对应的，也应该承担这三方面的义务。和公民权利的分类一样，公民的义务也因以上三方面生活互相交织和渗透而难于截然划分，只能按照宪法的实际规定和多数学者的意见加以分类。

（一）遵守宪法和法律的义务

这项义务是各国宪法几乎普遍地予以规定的公民义务。和这项义务相对应的应是公民制定宪法和法律的权利。但立法权，制定宪法、法律的权力是一种实现国家主权的权力；如果把它作为一种公民的权利看待，就只能说它属于政治生活方面的权利，由公民通过选举权选举代议机关的代表或通过创制权和复决权来实现。但近代各国的立法权并非完全由公民选出的代议机关或由公民直接行使，因而把它作为一种单纯的政治生活方面的权利似有不够妥当之处。由是可以推论，视公民遵守宪法和法律的义务为政治生活方面的义务也不够妥当。由于宪法、法律规定的内容全面地涉及人的政治生活、社会生活和个人生活，遵守宪法和法律的义务似乎应归之为人的综合性义务。

（二）保卫祖国、服兵役的义务

实行征兵制的国家都在宪法中规定了公民服兵役的义务。瑞士、意大利等西方国家以及所有社会主义国家都在宪法中规定了这项义务。公民服兵役的义务是一种保卫国家的必要的行为，它属于政治生活方面的义务是十分明显的。此外，有些国家的宪法规定了公民保守国家机密之类的义务，也属于政治生活方面的义务。

（三）维护现行社会制度的义务

社会主义国家的宪法一般规定这项义务，不过表述的形式不完全相同。罗马尼亚宪法规定：每一个公民都必须保卫社会主义财产，致力于加强和发展社会主义制度。它把财产和制度并列起来。保加利亚宪法规定：公民必须保护和增加作为社会主义制度的不可侵犯的社会主义财产。它以保护财产的形式达到维护制度的目的。民主德国宪法以维护和扩大社会主义所有制为公民的职责，朝鲜民主主义人民共和国宪法规定公民必须爱护国家的财产和公共财产。它们不明示制度，但包含着维护制度的目的。和社会主义国家不同，资本主义国家不用宪法明确规定公民维护其现行社会制度的义务，它是通过对生产资料的资本主义私有制的保护来要求公民担负这项义务的。

宪法明示或暗示的公民维护现行社会制度的义务，可归属于社会生活方面的义务。此外，有些国家的宪法规定公民有尊重社会共同生活规则，尊重社会公德等义务，这些义务，也应属于社会生活方面的义务。

（四）依法纳税的义务

日本宪法规定：国民依照法律的规定负纳税的义务；意大利宪法规定：每个人均须按其纳税能力负担公共开支。越南宪法有公民依照法律纳税的规定；保加利亚宪法规定：公民的纳税义务，根据其收入和财产状况由法律规定。两种不同历史类型国家宪法关于公民纳税义务的规定形式上基本相同，实质上却有区别。但不管国家性质如何，纳税者是否出于自愿，这一义务可被视为一种按个人能力为社会作贡献的义务。就其按个人能力纳税而言，可说是个人生活方面的义务，就其为社会作贡献而言则属于社会生活方面的义务。

二、公民权利和义务的区别

公民权利和义务的重要区别在于：权利可以放弃，义务必须履行。它们各有自己的科学规定性，不能混淆。

西方学者中有人认为，选举权是一种社会职务，是一种含有社会职务的权利，获得选举权的公民负有行使选举权的义务。持社会职务说的学者主张强制投票制，他们实际上是认定选举权既是一种权利，又是一种义务。尽管这些学者也提出了一些理由，如不强制投票，参加选举的选民有时可能太少，选出的议员就不能代表多数选民等，但是，这种主张仍然值得商榷。民主政治的主要功能和基本含义在于使人民能在最大限度内享有自由地发表自己意见的权利。如果选民或因对选举本身表示不满，或因迫于生计无暇过问民主而不愿参加投票，这就是一种沉默的意思表示。实行强制投票，即剥夺选民的这种沉默的意思表示的权利，能够承认这是一种正常的民主政治？同时，强制投票也未必能收到预期的效果，选民仍然可以投废票对选举表示沉默。可见持社会职务说的学者把选举权利和选举义务等同起来，在理论和实践两方面都有缺陷。当代世界各国一般都不采取强制投票制，不是没有道理的。

自从社会经济文化权利为宪法所确认以后，世界上少数国家的宪法规定劳动、受教育既是权利又是义务。如日本宪法规定：一切国民都有劳动的权利，并且负有劳动的义务。民主德国的宪法也规定：每一个德意志民主共和国的公民都有劳动权，从事有益于社会的工作是每一个有劳动能力公民的光荣义务；劳动权利和劳动义务是一个整体。又如中国宪法规定：中华人民共和国公民有受教育的权利和义务。

关于劳动既是权利又是义务的问题，不仅在科学概念上混淆了权利和义务的界限，而且在宪法实施中也会发生极大的困难。日本属于资本主义国家，它不能彻底解决劳动就业问题。在宪法中规定劳动权利已与现实生活不符，再规定劳动义务更使失业者陷入不履行宪法义务的困境。民主德国属于社会主义国家，它彻底解决劳动就业问题也需要有一个过程。在这一过程没有完成之前，用宪法规定公民的劳动权，尚属勉强。因为宪法条款在特定情况下允许带有纲领性，在规定劳动权的同时，另外规定若干切实可行的逐步解决劳动就业的条款，力争使公民的劳动权彻底付诸实现，所以把劳动作为一种权利加以规定虽属勉强，却也合理。但在这一过程没有完成之前，即用宪法规定劳动为公民的义务，对那些尚未就业的公民来说，就会既有家庭个人生活方面的烦恼，更添不履行宪法义务的过失，其处境就更为难堪。社会主义国家即使在彻底解决劳动就业之后，也用不着在宪法中规定公民的劳动义务，现存的各尽所能的社会主义原则可在宪法中加以宣布，何必把可以放弃和必须履行的两种行为规范拼在一起?

一个国家对已经就业的公民，可以提出一定的要求，并把这些要求规定在宪法之中。如社会主义国家的宪法有关于遵守劳动纪律、进行创造性劳动以及义务劳动等规定。但遵守劳动纪律，以主人翁态度进行创造性的劳动只是对已经就业的公民的要求，而义务劳动则是在特定条件下的对公民进行无偿劳动的要求，它们和公民的劳动义务是有区别的。

至于受教育既是公民的权利又是公民的义务，似乎有些道理。因为从现代国家实行义务教育制度的观点来说，公民应该根据义务教育的规定接受一定程度的教育，这可以说是一种义务。但是，教育有不同的层次，现代各国的义务教育多限于小学或中学教育，并没有扩展到大学教育，简单地把教育规定为公民的义务，至少在高等教育方面就不能适用。可见公民受教育作为一种义务，也不十分恰当，不如规定必须接受某种程度的义务教育。

三、公民权利和义务的联系

权利和义务既有区别，又有联系。它们的联系表现为两者的不可分割和相辅相成。

(一)权利和义务不可分割

中国宪法学者有一种较为流行的见解，即资本主义国家中公民的权利和义务是分离的，只有在社会主义国家里，公民的权利和义务才是统一的。其立论根据是在资本主义国家里，由于存在资本特权，有人只享权利，不尽义务，有人只尽义务，不享权利，只有在社会主义制度下，才会出现像马克思所说的“没有无义务的权利，也没有无权利的义务”。① 从政治生活实践来看，两种不同历史类型国家公民享

① 《马克思恩格斯选集》第2卷，第137页。

权利、尽义务的状况确有差别。但这一事实所说明的只是公民在享权利、尽义务的范围和内容因国家性质不同而有所差别，并不能因此而得出资本主义国家权利与义务分离的结论。任何一个制定宪法、实施宪政的西方国家，公民只有享权利与尽义务的多寡之分，绝对不可能有只享权利，不尽义务，或只尽义务、不享权利之分。在那里有产者享有较多的权利，但绝非不尽任何义务，如纳税就是有产者必须履行的义务；无产者担负的义务较多，也绝非不能享受任何的权利，在不构成对国家安全的威胁的前提下，劳动人民仍然可以享有某些权利和自由。因此，以享权利和尽义务的主体说明资本主义国家公民权利和义务是分离的，这个结论并不完全符合事实。

再从公民权利和义务的客体来说，任何一种权利必然产生一种要求社会、国家或者其他公民承担尊重这种权利的义务。如公民有住宅不受侵犯的权利，国家机关及其工作人员、军队、社会团体、其他公民就不得非法闯入某一公民的住宅，就应承担尊重这项权利的义务。同时，任何一种义务，也必然产生一种相应的权利。如公民有服兵役的义务，国家机关就因此而获得依法征兵的权利。因此，权利和义务的客体，也是不可能分离的。

公民权利和义务的不可分割性，并不否认权利和义务的差异性，更不否认剥削者国家公民享权利与尽义务之间的不平等性。

（二）权利和义务相辅相成

社会主义国家公民权利和义务的相辅相成关系是绝对的、无条件的；资本主义国家公民权利和义务的相辅相成关系是相对的、有条件的。

在社会主义制度下，国家和绝大多数公民的利益是一致的。这种国家利益和公民个人利益的一致性，决定着权利和义务的相辅相成的关系。一方面国家政治稳定、经济文化建设事业发展，公民享受权利的范围和内容便随着扩展充实，实现权利的保障条件也更加牢固可靠。因而可以使公民增强其荣誉感和责任心，提高其履行义务的自觉性。另一方面公民履行义务，可以促进国家的发展，进一步扩展和充实公民的权利。如此循环往复，国家日益繁荣富强，人民生活日益美满幸福。

在资本主义制度下，国家的利益和广大劳动人民的利益从根本上说是互相冲突的，因而从总体上说，不能产生公民权利和义务的相辅相成的关系。但在特定的条件下，这种相辅相成的关系确实存在。第一，在资本主义国家里，有产者阶级的利益和国家利益基本上是一致的。这种利益的一致性虽然不决定资本家享受权利越多就越能自觉地履行义务，但一旦国家发生外患，多数的有产者还是愿意承担义务以保卫国家、维护自己的权利。历史上有过许多有产者毁家抒难的动人事迹，就体现了权利与义务的相辅相成关系。同时，任何一个国家除了决定其本质的阶级因素之外，还有一种不可忽视的民族因素。由于民族感情的作用，在特定条件下，也有可能在某种程度上使劳动人民的权利义务产生相辅相成的关系。在第二次世界大战中，为了反对法西斯侵略，参与反法西斯阵营的西方盟国中，广大劳动人民为维护自己的民族国家免遭法西斯蹂躏，主动地承担了义务作出了贡献。从权利与义务的关系的角度来说也可说是在某种程度上的相辅相成关系。

第四章　国家机构

国家机构是国家为实现其职能而建立起来的国家机关的总称。它服务于掌握国家权力的统治阶级，是实现阶级统治的工具。

近代国家的国家机构非常复杂，按其行使职权的地域范围，可分为中央国家机关和地方国家机关两种；按其行使职权的性质，则因各国宪法所确立的机关和赋予的职权不同，而有不同的分类。西方国家常按立法、行政、司法三权分国家机关为立法机关、行政机关和司法机关三种。社会主义国家则按国家权力的统一原则分国家机关为权力机关、行政机关、司法机关等类别。此外，近代国家中一般都设立国家元首，而元首作为国家机关的组成部分，其职权、地位各国又不尽相同。根据以上情况，本书拟以类比方式对近代各国的国家机构进行比较研究。

第一节　国家元首

一、国家元首的概念和种类

(一)国家元首的概念

国家元首简单地说就是国家的首脑。他的最基本的特征是代表国家。近代国家与国家之间的交往十分频繁，任何一个主权国家如果没有国家的最高代表，难以想象能够进行正常的国际交往。因此，很多国家的宪法都有国家元首的规定。如罗马尼亚宪法规定：罗马尼亚社会主义共和国总统是国家元首，并且在罗马尼亚社会主义共和国国内和国际关系上代表国家权力。意大利宪法也规定：共和国总统为国家元首并代表国家之团结。即使在一些宪法没有明文规定国家元首的国家里，通常也能按其政治制度推论出谁是国家元首。如美国宪法没有国家元首问题的规定，但美国总统是美国的国家元首却毋庸置疑。

国家元首还有一些其他特征，如对内领导国家、享有特殊礼仪待遇等等。但各国的国家元首职权不尽相同，有的实际上起着领导国家的作用，有的却徒有虚名。至于国家元首所享有的特殊礼仪待遇，虽已构成国际惯例，但毕竟不属实质问题，不过是一种形式上的特征而已。

（二）国家元首的种类

现代国家的国家元首从形式上说，多种多样。

按政体形式，可分为君主制国家元首和共和制国家元首。一般地说前者世袭，终身任职，后者由选举产生，有一定任期；前者只出现在资本主义国家，如英国和欧洲的一些王国的国家元首即君主制国家元首，后者则是分别出现于资本主义国家和社会主义国家，如资本主义的法国和各社会主义国家的国家元首都是共和制国家元首。资本主义国家之所以存在君主制与共和制两种国家元首，是由资产阶级在革命过程中是否产生和封建主的妥协决定的。英国有这种妥协，因而保留君主制，出现君主制国家元首。法国没有这种妥协，废除了代表封建势力的君主制，建立了共和制，因而出现共和制国家元首。至于社会主义国家，则因在无产阶级进行革命的时期，绝无和封建势力妥协的余地，所以在取得革命胜利以后，也绝没有保存代表封建势力的君主制的可能。一切社会主义国家都是共和制国家，它们的国家元首都是共和制国家元首。

按组成人员，可分为个人元首和集体元首。前者由个人担任，后者由二人或二人以上集体担任；前者多出现在资本主义国家，后者多出现在社会主义国家。资本主义国家可因袭封建制国家机器，沿用封建制国家的个人元首制，社会主义国家重视集体领导，采取集体元首。但也不可一概而论，资本主义的瑞士采集体元首制，社会主义的南斯拉夫曾采用个人元首制，这些都是例外。“瑞士在历史上除了受拿破仑征服的一段时期外，没有经历过君主制，也没有采用过其他形式的个人元首制，而基本上一直实行集体元首制。”①南斯拉夫 1953 年宪法采个人元首制，由在革命事业中作出卓越贡献的铁托担任国家元首。铁托逝世以后，南斯拉夫于 1981 年通过宪法修正案，改为实行集体元首制。

在集体元首中，有由一个机关行使国家元首职权的，也有由两个机关结合起来行使国家元首职权的。前者如苏联，它由苏联最高苏维埃主席团行使国家元首职权。后者如中国，它的国家元首职权“由全国人民代表大会所选出的常务委员会和中华人民共和国主席结合起来行使”。②

按实际职权，可分为有实权的元首和处于虚位状态的元首。前者出现于资本主义的总统制国家和属于资本主义体系、但封建色彩比重浓厚的二元君主立宪制国家，如美国、尼泊尔王国等。后者出现于议会政府制国家和一元君主立宪制国家，如意大利、英国等。拥有实权的国家元首多具有行政控制权，如美国总统即是行政首长，他可运用手中所控制的行政权力和立法司法权力相抗衡，并利用各种机会冲破和它们之间的制衡关系，扩展自己的权力。尼泊尔国王也具有行政控制权，而且总揽国家的其他权力，大权独揽。处于虚位状态的国家元首，不论其宪法规定的形式如何，都不具备行政控制权。英国女王根据英国的宪政原则是有权控制内阁和政府的，但实际上她临朝而不执政，没有这种控制权，因而也没有立法、司法方面的控制权。意大利总统实际上也是一种共和虚君。至于社会主义国家，元首的职权也因宪法的规定而有所不同，但都根据宪法行使职权，一般说来不产生美国总统那种扩大权力和英国国王那种不依宪政原则而处于虚位状态的现象。

二、国家元首的产生和任期

(一)国家元首的产生

君主制国家元首的产生办法比较简单，采世袭制，根据血缘关系

---

① 许崇德：《国家元首》，人民出版社 1982 年版，第 23 页。

② 刘少奇：《关于中华人民共和国宪法草案的报告》。

由君主的后裔继承王位。共和制国家元首的产生办法比较复杂，总的说来有直接选举和间接选举两种办法。

国家元首的直接选举是由选民直接投票决定元首的产生。如阿尔及利亚宪法规定：共和国总统，由直接、不记名的普选选出，获得登记选民的绝对多数的候选人当选。埃及宪法规定，由人民议会提名总统人选，并提交公民投票。这种直接选举是直接民主形式。目前采用这种直接民主形式、由选民直接选举国家元首的国家多是西方的总统制国家。这种产生办法有利于强化国家元首的权力。

国家元首的间接选举是指由代议机关投票决定国家元首的产生。资本主义国家，如意大利、新加坡等实行议会政府制的国家一般采用这种办法。社会主义国家都采用这种办法。资本主义国家采用这种办法是为了加强议会的控制能力。社会主义国家采用这种办法则是因为这些国家的全国人民代表机关是国家最高权力机关，一切其他国家机关均应受它领导和监督。在代议机关选举国家元首的办法中，联邦德国独具特色。它的宪法规定：联邦总统在无需讨论的情况下，由联邦大会选举产生；联邦大会由联邦议院全体议员和同等数量的各州根据人口比例选举产生的代表所组成。它的特色在于选举中除联邦议院全体议员作为选举人以外，还适应联邦制的特点吸收了各州的代表作为选举人。

在国家元首的间接选举中，还有一种由选举团或由选民选出的选举人投票决定国家元首产生的办法。如法国现行宪法第6条规定：共和国总统由选举团选举产生，选举团包括议会议员、省议会议员、海外领地议会议员以及市镇议会所选出的代表。这种办法可说是一种比较复杂的、但又属于完全的间接选举办法。1962年，法国通过的宪法修正案，改用直接选举办法，共和国总统由普遍的直接的选举产生。这一修改使其国家元首的产生更符合现行的具有议会制特点的总统制体制。再如美国，它的宪法规定选举总统的程序为：由各州选民按州议会所定程序选出各该州选派到国会的参议员和众议员同等数量的总统选举人；再由各州的选举人在国会决定的同一日期投票选举总统。美国宪法所规定的这种国家元首产生办法，学者们通常称之为间接选举，其实应该说它是一种直接选举和间接选举相结合的选举。因为在选举选举人时，候选人必须向选民保证其政党倾向，而总统候选人是由政党提名的。选民在直接投票选出总统选举人之后，总统由哪一个政党的候选人担任即已确定。这就说明在美国总统的选举中，选民选举总统选举人的阶段是一个决定性的阶段。在这种情况下，与其说美国国家元首的产生办法是间接选举，不如说它是直接和间接相结合的选举。

国家元首的选举通常都有当选资格的限制。各国的限制条件不尽相同，但概括起来不外两种：一是公民资格的限制。其中又有除享有选举权之外，不附加任何条件者，如联邦德国基本法规定享有联邦议院选举权的德国人均可当选。也有附加其他条件者，如新加坡宪法规定非出生于马来亚的公民不得当选，美国宪法规定非出生于本土的公民，在合众国居住不满十四年者，不得当选。二是年龄的限制。此项限制是因为国家元首应具有一定的政治经验，而政治上成熟与否又和年龄有一定关系。各国宪法对国家元首当选年龄的起限，大都为三十岁至五十岁之间，如委内瑞拉为三十岁，意大利为五十岁。此外，个别国家的宪法还规定有其他的限制，如法国 1946 年的宪法规定前法国王室之后裔不得当选为总统，委内瑞拉宪法规定当选为总统的人必须是未担任教会职务的人。

(二)国家元首的任期

君主制国家元首一般地说是终身任职的。共和制国家元首通常情况下有一定任期。

关于共和制国家元首的任期，各国的宪法有不同规定。最短的每届只有半年，如圣马利诺；最长的每届长达七年，如法国；此外，其他各国大都规定为每届四年、五年或六年。

按照通常的理解，由选民选举产生的国家元首，其任期可以和议会议员的任期不同。如美国总统是由选民举出的，其任期为四年，它的国会议员中参议员任期为六年，众议员任期为两年。两者的任期不同，可以说是宪法的规定，选民的选择。但是，由议会选举产生的国家元首，其任期似应与议会的任期相同。因为议会议员系选民选出，他们在任期之内代表选民参与国家重大事务的决定，这种代表权的行使期限自应以其任期为限度；超期行使权力应该说是不符合民主制度的。可是现行的各国宪法中却有议会选举国家元首，国家元首的任期和议会任期不同的规定。如意大利宪法规定：共和国总统由议会在两院联席会议上选举产生；众议院任期五年，参议院任期六年，总统任期七年。其他西方国家的宪法也有一些类似的规定。在意大利，总统的任期和议会的任期相一致，似乎存在困难，因为参议员和众议员的任期不一致。但现代民主宪政的通例是以众议员的任期为议会任期的，而且众议员也都是以全国的民意代表的身份出现的。国家元首和议会任期的一致，可用众议院的任期为定限。

西方国家由议会选出的国家元首和议会的任期不一致的现象，和它们的分权制衡体制、政党政治的影响等有着密切联系。其产生原因非常微妙。但不管出现这种现象的原因如何，从实现民主政治的形式来说，终归是一种缺陷。在社会主义国家里，由于议行合一制的运用，全国的人民代表机关就是国家最高权力机关，国家元首由它选举产生，其任期和它一致。如捷克斯洛伐克宪法性法令规定：共和国总统由联邦议会选举产生；总统的任期，议会中人民院和民族院的任期都是五年。

在国家元首的任期中，除每届的任期以外，还有一个连选连任的问题。现代各国宪法对于由选举产生的国家元首的连选连任问题，有的明确规定可以连选连任，有的不作明确规定。不作明确规定者由于并未禁止连选连任，实际上是允许连选连任。

至于国家元首连选连任的届数是否应该受到限制，先以美国宪法和美国宪政历史为例加以说明。美国宪法本没有关于总统可否连选连任的规定。1789 年华盛顿被选为第一任总统以后，接着被选为第二任总统，两届共任美国国家元首八年。第三届总统选举期间，华盛顿又被推定为总统候选人，但他以维护民生制度为理由，拒绝参加竞选。亚当斯当选为第三任总统。自此以后，美国总统的连选连任不得超过一次，便形成宪法惯例。迄至 1933 年富兰克林 · 罗斯福就任总统之后，由于战争的原因，打破了以前的惯例，他蝉联三届总统，病逝于第四届的任期上。战后美国国会通过宪法修正案规定：任何人当选总统职位不得超过两次。任何人继任他人所当选的总统职位或代理总统职位已超过两年以上的任期，以后当选总统职位将不得超过一次。该修正案于 1951 年生效。美国的这段历史过程说明了美国宪法从不规定国家元首连选连任到明确规定其连选连任的过程。这个过程进行得十分自然，非常合乎逻辑。美国宪法关于国家元首连选连任的届数限制不论其处在不成文宪法时期或发展成为成文宪法时期，对近代和现代宪政运动的发展，乃至两种不同历史类型的民主制的发展，都有巨大的影响。

三、国家元首的职权

当代世界各国由于国家性质、政体、政权组织形式以及历史传统等各个方面的差异，国家元首的职权范围和实际行使的程度也有所不同。下面就各国元首通常享有的职权加以综合说明。

(一)国家元首在立法方面的职权

各国的立法活动一般可分为四个阶段，即提案、讨论、表决、公布等阶段。而法案在经立法机关表决通过之后，通常都由国家元首予以公布。元首的这项公布权就是他在立法方面享有的职权。

国家元首的公布法律权，在实行议行合一制的社会主义国家里，只是程序上的职权，不含有批准的性质。因为在这些国家里，立法机关是全国人民代表机关，它本身拥有国家的最高权力，它制定的法律不须其他任何机关批准。如苏联宪法规定：苏联法律经最高苏维埃主席团主席和秘书签字后，用各加盟共和国的文字公布。这种国家元首的公布法律权就不包含批准的意思。

至于在资本主义体系中国家元首的法律公布权，则可分为单纯的程序上的职权和实质上包含批准与否的职权两种。在君主立宪制国家里，二元君主立宪制国家君主的权力很大，议会实际上只是君主的咨询机构，它所制定的法律须经君主公布，而且君主有权决定是否批准公布。在议会君主立宪制国家，从形式上说，君主的法律公布权有包含批准与否两种情况。如日本宪法规定：天皇根据内阁的建议公布法律。这是一种单纯的程序上的公布权。又如英国，若法律草案不经英王批准便被否决，可以说英王的法律公布权，包括批准的意思。但自1707年女王安尼拒绝批准一项法案之后，从未发生类似情况。现在英国人心中已经形成一种概念：如果英王不批准议会通过的法案，就是一种违宪活动。所以英国国家元首的公布法律权实际上也只是一种程序上的公布权。在共和制国家里，实行议会共和制的国家，其元首的法律公布权只是程序上的职权。如联邦德国基本法规定：法律经通过后，经联邦总统签署在《联邦法律公报》上公布。这种公布权就不包含是否批准法律的含义。实行总统制的国家，其元首的法律公布权则除程序上的意义之外，还包括着是否批准法律的意义。如美国宪法规定：凡由众议院及参议院通过的法案，应于成为法律之前递交合众国总统。总统如批准该项法案，即应签署，否则退还，但退还时应附异议书，发交提出该项法案的议院。美国总统的这种公布权就包含着是否批准的内容。

（二）国家元首在司法方面的职权

元首的司法方面的职权表现为赦免权。赦免权是一种对犯罪进行赦免和对已被定罪的罪犯进行赦免或减轻其刑罚的权力。它分大赦和特赦两种。它们的区别在于：大赦系赦免某一时期内的一伙犯罪者，特赦则赦免特定的罪犯；大赦系赦免被赦者之罪，特赦则系赦免被赦者的刑罚；大赦可施行于审判机关判决之后，也可施行于判决机关判决之前，特赦则只能施行于审判机关判决之后；大赦可使被赦者的犯罪行为在法律上消灭，不存在前科，特赦则只免除赦者之刑，不能免除其罪。

赦免权在古代和中世纪本是一种专制君主的权力，以显示皇恩浩荡。近代民主宪政产生以后，显示个人恩德的赦免权似无存在的必要。但为了安定社会秩序，配合政治需要，民主宪政国家的统治阶级有时不得不运用这种旧的权力形式适合新的法律所不能调整的特殊事件的需要。如一个国家在内战时期，战败者常应受到战胜者的法律惩处，可是战胜者出于多方面的考虑，却又不得不对战败者予以赦免。美国南北战争之后对南方判乱者的赦免就是这方面的显著例证。然而这种赦免权应该归属于哪一种机关，却应慎密考虑。如果认为它属于司法方面的问题，由司法机关行使，可能导致司法官员玩弄权术，破坏法律；如果它归属于立法机关，可能在已经制定的法律之外，产生许多其他的法律；如果把它归属于一般行政机关，显然超越了行政机关原有的仅居于法律执行者的权限。在赋予以上各个机关都不太合理的情况下，美国宪法最早把赦免权授予美国总统。尽管美国总统是行政机关的首长，但他不是以行政首长的身份，而是以国家元首的身份行使赦免权的。

现代各国宪法对国家元首赦免权的规定不尽相同：有的不加限制，如意大利宪法规定：共和国总统得宣布免罪减刑和修改刑事判决；捷克斯洛伐克宪法性法令规定：共和国总统有权对刑事法庭判处的罪犯宣布大赦、特赦和减刑或者命令终止或者暂时停止刑事诉讼，或者撤销已宣布的判决。在不加限制的国家中，有的国家元首只有特赦权而没有大赦权。另一种是对国家元首的赦免权加以限制，而限制条件又多种多样。其一是受其他机关的限制。如日本宪法规定：天皇根据内阁的建议和承议，为国民进行认证大赦、特赦、减刑、免除执行刑罚和恢复权利的国事行为；1946 年法国宪法规定：总统经最高司法会议之决议行使赦免权；丹麦宪法规定：国王有特赦及大赦的大权，王国最高法院对大臣宣布的刑罚，国王在取得国会同意后，可予以赦免。这些规定说明国家元首在行使特赦权时，要经其他国家机关的同意，要受它们的限制。其二是受普通法的限制。如德国威玛宪法规定：联邦总统为了国家的利益行使赦免权，联邦的大赦依法律行之；法兰西第四共和国宪法也有“大赦，以法律行之”的规定。其三是特定的犯罪主体的限制。如以往的泰王国宪法规定：对颠覆君主制和宪法体制者不能给予赦免。美国现行宪法规定：总统有权对危害合众国的犯罪行为发布缓刑令和赦免令，但弹劾案除外。

国家元首的赦免权如何行使，是否应受限制、应受何种限制，均由各国的国情决定，很难从形式上判断其优劣。

(三)国家元首在行政方面的职权

元首在行政方面的职权可分两个种类。一类是国家元首本身又是行政首脑，他掌管全部行政大权。如美国总统就既是国家元首，又是行政首脑，美国宪法规定：行政权属于美利坚合众国总统。另一类是国家元首并非行政首脑，但他却享有某些行政方面的权力。关于前一类国家元首的行政权，将在行政机关一节加以说明。这里只说后一类国家元首的行政方面的职权。

第一，外交权。

国家元首对外代表国家，自应有外交方面的职权。这项职权的主要内容有使节权和缔约权两种。

所谓使节权，就是国家元首派遣驻外使节和接受外国使节的权力。外交使节是作为国家元首的代表从事外交活动的，由元首派遣和接纳也属理所当然。通常的派遣和接纳使节总有一套礼仪程序，但这一活动却又并非纯粹的礼仪程序，它有时包含着对政府对国家的承认与否等重要的外交态度问题。

缔约权作为国家元首的职权，和使节权的运用情况有所不同。使节权除驻外使节的任命有的国家须经议会批准之外，通常都由国家元首行使。缔约权则因其往往涉及立法问题，除少数国家元首本身即是立法机关的组成部分之外，一般均须议会批准才能行使。例如苏联以及其他若干社会主义国家，它的国家元首是最高人民代表机关的组成部分，因而苏联宪法规定苏联最高苏维埃主席团批准和废除苏联的国际条约；匈牙利宪法规定匈牙利人民共和国主席团代表匈牙利人民共和国缔结和批准国际条约。西方国家的元首制度不同于苏联、匈牙利等社会主义国家，元首缔约权都要受到各种不同程度的限制。如法国宪法一方面规定共和国总统缔结并批准条约，但同时规定：和约、贸易条约、关于国际组织的条约或协定、关于个人身份的条约或协定，以及有关领土割让、交换或归并的条约或协定，非根据法律不得批准或通过；领土割让、交换或归并，未经有关居民同意均属无效。可见法国国家元首的缔约权并非不受限制。又如荷兰宪法规定：同外国及国际上各机构的条约由国王或全权委员缔结，必要时并由国王批准。条约必须尽快提交议会，未经议会承认时，不能批准条约，也不能生效。法官对条约的合宪性有决定权。荷兰国家元首的缔约权要受议会和法院的限制。

第二，军事权。

国家元首的军事权是指他对本国武装力量的统帅权。统帅权可说是国家元首的标志，但并非一切国家的元首都有统帅权。从宪法规范考虑，世界各国的元首有统帅权者居多，只是少数实行集体元首制的国家如苏联等国的元首没有统帅权，瑞典的国王没有统帅权。在国家元首有统帅权的多数国家中，较为独特的是南斯拉夫联邦主席团作为国家的集体元首，也有统帅权。从宪政实践考察，在宪法中规定了国家元首统帅权的国家里，有些国家元首实际上并不统帅武装力量。如实行议会君主立宪制的英国、实行议会政府制的意大利等国的元首，就属于这种不掌握实际统帅权的国家元首。名实相符的拥有统帅权的国家元首多是二元君主立宪制国家的君主和总统制国家的总统，以及少数社会主义国家的元首，如约旦国王、美国总统、朝鲜民主主义共和国主席，等等。

统帅权的实质是进行战争，因而和宣战权、紧急处置权有密切联系。当代世界各国拥有宣战权的国家元首甚少，宣战权通常都属于国家的议会。但有些总统制国家的总统却常借口处置紧急状态，对外进行不宣而战的战争。

第三，任免权。

国家元首为国家选贤举能，任免政府高级官员似乎是理所当然。但各国元首拥有这项职权的实际状况却不尽相同。

在资本主义体系的国家中，实行君主立宪制的国家，元首的任免权有两种不同情况：二元君主立宪制国家的元首实际上掌握任免政府高级官员的权力，如沙特阿拉伯等国就是如此；议会君主立宪制国家的元首在法律形式上虽有任命政府高级官员的权力，实际上按照惯例他们只能任命议会中多数党领袖出任内阁首相，并由首相推荐内阁大臣和政府部长，不能根据自己的意愿任免。实行共和制国家，元首的任免权也有两种不同情况：大体说来，总统制国家元首类似于二元君主立宪制国家元首。如法国总统就有权不经议会同意而直接任命政府总理，并根据总理建议任免政府其他高级官员，美国总统在这方面的权力要小一些，他任命政府高级官员须征得参议院的同意。议会政府制的国家元首类似于议会君主立宪制国家元首。他们也只能任命议会各多数党领袖担任内阁总理，组织内阁。如印度、联邦德国就是这样。

在社会主义国家里，政府高级官员一般由最高人民代表机关选举产生。如民主德国的部长会议主席和成员根据宪法的规定就是由人民议会选举产生的。但有的社会主义国家元首仍拥有部分任免权。如苏联宪法规定苏联最高苏维埃主席团在最高苏维埃闭会期间有权根据苏联部长会议主席的提名，任免苏联部长会议的个别成员。又如匈牙利的国家元首为人民共和国主席团，依照宪法规定，部长会议、部长会议主席及其成员就是根据主席团的提议由国民议会选举产生的。再如中国宪法规定，共和国主席根据全国人民代表大会的决定和全国人大常委会的决定，任免国务院总理、国务委员、各部部长、各委员会主任、审计长、秘书长。这些都体现了国家元首的部分任免权。

在国家的职权中还有某些不属于立法、司法、行政三方面的职权。如授予荣誉称号就是各国元首普遍享有的职权，召集议会或人民代表机关的会议的职权也为一些国家的元首所享有。

第二节 代议机关

两种不同历史类型的国家都有代议机关。它们的本质不同，但在组织与活动方面却有着若干相似之处。现就其产生、组织机构、职权以及代表的特殊保障等问题说明如下：

一、代议机关的产生

(一)议会的产生

议会是资本主义国家的代表机关。它是由中世纪欧洲封建国家的等级会议发展演变而来的。等级会议演变成为议会是在英国资产阶级革命中实现的。英国的等级会议肇始于13世纪，它由僧侣、贵族、平民三个等级组成。随着资本主义关系在英国的孕育成长和发展，一部分贵族，其中多是中小封建主，把自己的领地改为牧场，并且兼营工商业，向资产阶级转化。于是等级会议内部形成两派势力：一派为大贵族、大僧侣所组成的势力，一派为市民和资产阶级化了的贵族所组成的势力。因而进一步产生了等级会议演变为两院制议会的结果。但英国两院议会当时还具有浓厚的封建色彩，由于资产阶级当时既无足够的力量夺取政权，而且本身又很软弱，因而议会不能限制国王的专横。资产阶级在议会中的斗争仅限于不出代议士不纳税，以增强自己在议会中的地位；仅限于对国王的权力稍加限制，以创造发展资本主义经济的某些条件。当时的议会还不是资产阶级的议会。

英国两院制议会形成之后，随着资本主义生产关系的进一步发展，资产阶级和国王之间的矛盾更加尖锐。他们之间的斗争不断加剧，以至在议会中形成了以资产阶级为首的反对王权的反对派。这个反对派企图推翻国王的统治。他们利用议会作为斗争阵地，并且号召工人农民进行反对封建主权的斗争，终于取得了1688年“光荣革命”的胜利。从此，资产阶级和封建贵族分享政权，国王的权力已被削弱，资产阶级掌握了议会，取得了立法权力，资本主义国家的议会制在英国首次确立。

继英国之后，世界上发生了两次最著名的资产阶级革命，即北美独立战争和法国革命。这两次革命是在高举着民主和自由的旗帜下进行的。而且在革命胜利之前，资产阶级的启蒙思想家洛克、孟德斯鸠等人对英国的议会制度已经作了广泛宣传，并已获得资产阶级政治家、理论家的普遍赞赏。因此，在革命胜利之后，美国建立了国会，法国成立了国民议会。其后各国资产阶级革命相继发生并且取得胜利，议会制度也随着推广，最终成为资本主义国家普遍采用的代议机关形式。

资本主义国家的议会制是在反封建革命斗争中建立起来的，它在历史上起过巨大的进步作用。列宁说过：“如果没有代议机构，那我们就很难想象什么民主，即使是无产阶级民主。”①在这里列宁既肯定了代议机构的历史功绩，也说明了无产阶级要实现自己的民主也必须运用代议机构。

① 《列宁选集》第3卷，第211页。

(二)人民代表机关的产生

社会主义的国家机构的建立，遵循马克思主义关于打碎旧的国家机器的原理。但是，这一原理的运用，并不排斥无产阶级建立自己的代议机构。1871年法国无产阶级取得革命胜利之后，就用工人阶级的代表机关取代了资产阶级的议会。当时的巴黎公社由工人群众选举的代表所组成，他们有权随时撤换自己选出的代表，公社既是立法机关，又是工作团体。马克思在总结巴黎公社的经验时指出："公社的真正秘密就在于：它实质上是工人阶级的政府，是生产者阶级同占有者阶级斗争的结果，是终于发现的、可以使劳动在经济上获得解放的政治形式。"①可惜由于公社存在的时间太短，马克思的关于无产阶级应以公社式的机关作为自己的代议机构的理论没有得到进一步的发展。

直到俄国1917年二月革命以后，列宁才总结了俄国无产阶级、劳动群众在1905年和1917年2月两次革命中所创造的苏维埃组织的经验，认定工人代表苏维埃是革命政府唯一可能的形式。列宁指出："不要议会制共和国(从工人代表苏维埃回到议会制共和国，是倒退了一步)，而要从下到上由全国的工人、雇农和农民代表苏维埃组成的共和国。"②在这里，列宁把资本主义国家的议会视为一种制度，并把它和苏维埃加以分析对比，实际上还是着眼于阐述社会主义代议机关的优越性。

如果说巴黎公社是无产阶级代议机关的创始，苏维埃便是巴黎公社的继续。随着俄国工人阶级取得十月革命的胜利，无产阶级世界革命的发展和其他国家无产阶级革命的胜利，各社会主义类型的国家都建立了自己的代议机关。这种代议机关虽然具有各自的民族特点，但都是作为人民代表机关而产生出来的。

二、代议机关的组织机构

(一)资本主义国家议会的组织机构

资本主义国家议会的组织机构很多，其中最为重要的是一院制或

① 《马克思恩格斯选集》第2卷，第378页。

② 《列宁选集》第3卷，第15页。

两院制组织机构和委员会。

一院制或两院制组织机构：

所谓一院制是指议会由一个议院行使其全部职权，而两院制则指议会分设两院共同行使其职权。

资本主义国家一院制的创立，理论上渊源于卢梭的人民主权学说。卢梭认定主权是公意的运用，公意一经宣布就成为主权行为，并且构成法律。西方学者根据这一观点，认为拥有立法权的代议机关实行两院制可能导致分裂国家主权，因而反对两院制，主张一院制。再从议会和行政机关的关系来说，反对两院制的学者还认为在议会中设立两院，极易使议会内部发生矛盾，导致议会失去牵制行政机关的能力，甚至被行政机关所操纵。在反对两院制、列举两院制弊端的同时，西方学者论证了一院制的优点，他们认为实行一院制行动敏捷，可避免办事拖拉，容易通过国家所需要的各种法律，同时可以加强议员的责任感，避免互相推诿，可以简化机构，避免浪费人力和财力。

资本主义国家两院制的创立，理论上可溯源于孟德斯鸠的分权学说。他认定立法机关由两部分组成，它们可以通过相互的反对权彼此箝制，并且认定这是英国基本政制的一部分，也是英国优越于古代共和国的一个重要因素。其后，西方学者常根据孟德斯鸠的理论说明两院制的优点。如蒲莱士认为两院制可以防止专制。他以美国的两院制和古罗马的两执政相比拟，认定古罗马的两执政是为了防止个人专制，而美国的两院制则是为了防止团体专制。再如美国制宪会议的参加者莫里斯也从“箝制”的观点出发说明两院制的好处。他认为众议院由人民中产生，常易流于轻率，爱走极端，而参议院由财产多的上层阶级组成，能抑制“民主的骚动”。还有一些西方学者和莫里斯一样，认为上院可以发挥“慎重”的作用，以防止下院“轻率”的立法行为。此外，主张两院制的西方学者还提出了一些其他理由：如两院制可以缓和议会和行政机关之间的矛盾冲突，当议会中的一院与行政机关不能协调时，另一院可以从中斡旋，不致使双方陷入僵局或卷入激烈斗争。又如单独一个议院不能负担起现代形势所要求的高度工业国家的全部立法任务，需要由上院分担它的工作。再如社会发展和职业团体兴盛的结果，在实行地域代表制的同时，还必须采用职业代表制，因而必须分设两院。

一院制和两院制的利弊得失，很难从抽象的理论概念中加以判断。世界各国对两者的取舍，都应从本国实际情况出发。大致说来，国家幅员较小、人口较少、国事不过于浩繁、领导集团要求权力集中或存在必须集中权力的历史因素的国家，多采用一院制。如非洲的许多新独立的民族主义国家以及北欧的瑞典、丹麦就是根据这些国情而采用一院制的。在发达的老牌资本主义国家中，多采用两院制，它们也有各自的国情。如英国最初采用两院制，是为了适应资产阶级和封建贵族分享政权的需要，由资产阶级掌握下议院，由封建贵族掌握上议院。美国独立后并没有出现阶级分权局面，也采用两院制，其重要原因之一则是为解决大州与小州之间的矛盾。众议院按人口比例选举代表组成，有利于大州，参议院由各州选出议员二人组成，借以照顾小州的利益。

委员会：西方国家的议会一般都设有若干常设委员会。这些常设委员会是议会的辅助性工作机构，它们的任务是协助议会审查议案。但其中也有少数处理其他事务，如美国国会中的小规模企业委员会即处理国民生活中的若干问题，其众议院的规程委员会专管法案的审议程序。各常设委员会的性质和任务决定着它们在议会中居于重要地位。议会的立法程序中必须经过常设委员会的审查阶段，尽管这种审议只是事务性的，却往往能够决定法案能否通过，因此，有些西方学者称这些常设委员会是小型的议会，称这些委员会的主席为议会的真正领导人物。西方国家的议会中的常设委员会数目不等，名称不一，但都能吸收各方面的专门人才参加。它们除了在法案的审议方面能够发挥作用之外，在监督政府的工作，加强议会的权能方面，也起着重要作用。这种设立委员会的制度，对实行议行合一的、以人民代表机关为国家权力机关的社会主义国家很有借鉴利用的价值。

议会中的委员会除常设委员会以外，还有临时性的委员会。它通常是为处理某种特定事务而设立的。这种临时性委员会常就其处理的特定问题进行调查，其调查报告往往在国内引起重大反响，有时甚至轰动世界。

此外，西方国家的议会还有全院委员会、议会党团等组织机构。

(二)社会主义国家人民代表机关的组织机构

社会主义国家人民代表机关的组织机构中也存在两院制和一院制的区别。如苏联的最高苏维埃和南斯拉夫的联邦议会都是由两院组成的。不过社会主义国家的政治家和理论家多对资本主义国家的两院制持否定态度。有人甚至批评资本主义国家的上议院是反动的堡垒。从历史发展情况来说，资本主义国家上院确实比理论上代表人民的下院更能维护资本家阶级的利益，它比下院更加保守。但根据当代美国宪法学家的分析，美国的参议院和众议院两相比较，近年来众议院更趋向保守，而参议院却反而趋于开放。如加州大学伯克利分校政治系教授哈里斯就持这种看法。他在《国会的两院》一文中写道："在开国的头一百年，参议院确实是一个保守的团体。由于参议院主要由富人组成，故常被一般人称为百万富翁俱乐部。但自 1913 年通过宪法第 17 条修正案、规定参议员也要经民选以后，参议院要比众议院较多自由主义色彩。"①还有学者认为近几十年来众议院议员多从比较稳定的小选区选出，议席比较稳定，受外界压力较小，议员安于现状，故趋于保守；而参议员则以全州为选区，常受劳工组织、青妇组织、少数派集团的压力，议席并不稳定，参议员为迎合压力集团，争取选票获得连任，不能不趋于自由化。但是，不论两院制的发展变化如何，也不论学者对它的评价怎样，资本主义国家的议会两院的本质总是相同的。

社会主义国家的政治家、学者对资本主义国家的两院制通常持否定态度，但苏联、南斯拉夫在自己的最高人民代表机关的组织建设中却又不得不采用两院制。当然，社会主义国家采用两院制不是为了用上院抑制下院，而是为很好地解决民族问题。1836 年苏联宪法草案全民讨论过程中，有人提出取消民族院、实行一院制的建议。这个建议为宪法起草委员会所否决，其原因就是苏联是个多民族国家，应该

① 引自《美国之音论坛》讲演稿。

有一个代表一切劳动者共同利益的联盟院，同时也应该有一个代表与民族特点相关联的各民族特殊利益的民族院。

社会主义国家多采用一院制。即使是其中的一些多民族国家，也有采用一院制的。这和各国的传统习惯有关，也和国家权力的统一、人民利益的一致的理论有密切联系。两院制和一院制都须从实际需要出发，不能抽象地认定孰优孰劣。

社会主义国家人民代表机关的组织机构的重要特色之一，是设立自己的常设机关。

西方国家的议会一般采专职代表制，而且议会的例会时间较长，日本国会每年开会时间为150日，英国约165日，美国约九个月。议会会期很长，就没有必要设置常设机构。社会主义国家的人民代表机关一般采兼职代表制，而且每年只举行一至二次会议，每次会期通常为半月左右。在这种情况下，如果不设置常设机关，国家最高权力机关在它闭会期间就无法正常运转。

从各社会主义国家的现行宪法考察，常设机关的设置可分为两种情况：一种是明确规定其常设机关的地位。如苏联宪法规定苏联最高苏维埃主席团是苏联最高苏维埃的常设机构。其他如朝鲜民主主义人民共和国、保加利亚等国宪法也有类似规定。中国宪法也规定全国人民代表大会常务委员会是全国人民代表大会的常设机关。另一种是宪法赋予它常设机关的职权，但没有明示其常设机关的地位。如匈牙利、民主德国、波兰、罗马尼亚等国宪法就是这样规定的。捷克斯洛伐克宪法性法令的规定也是如此。

在代议机关中设置常设机构具有较大的优越性。社会主义的人民代表机关和资本主义的议会在性质上有所不同，前者是国家权力机关，后者是立法机关。全国性的人民代表机关行使国家最高权力。它必须经常地、毫不间断地进行工作，行使职权，否则整个的国家机关体系就难于正常运转。在人民代表机关中设立常设机关就能适应它的性质和工作要求。同时，现代社会的经济发展非常迅猛，急需用法律调整的社会关系剧增，单就立法工作而言，代议机关的任务就十分繁重。以美国为例，其每届国会在两年的任期内通常总要处理一万多件法案和政策声明，每年约有一千件影响人民群众的议案被通过，提交总统签署成为法律。如此繁重的立法工作，参众两院的全体会议上是难于进行认真仔细的审议的。尽管国会设立了为数众多的委员会协助它审议各种法案，但各委员会毕竟只是国会的辅助性机构，它们不能行使国会的职权，只能在国会的领导下进行法案的审议工作。美国国会的会议尽管每年长达九个月，但终究有三个月左右的休会期，在此期间委员会必然失去领导和监督；而且在立法实践中委员会有时竟起着比国会更大的作用，造成国会职权旁落的现象。在人民代表机关中设立常设机构，就不致产生这些不合理的现象。

社会主义国家人民代表机关也设立各种委员会。这种委员会的数目在一些社会主义国家且有日益增多的趋势。鉴于资本主义国家议会中的委员会虽然出现若干弊端，但作为议会的辅助机构确实加强了议会进行立法活动和监督政府的能力，因此，社会主义国家亦借鉴利用西方国家议会的组织经验，并着重于消除委员会的弊端，发挥其长处。此外，社会主义国家的人民代表机关也可设立关于特别事务的调查委员会，但在实践中这种调查委员会很少设立，而且其影响也不甚显著。

三、代议机关的职权

（一）议会的职权

西方国家议会制发源于英国，议会的职权也多从英国推演而来。恩格斯在论述英国光荣革命后的两个阶级分享政权局面下的权力分配情况时说：“这样，1689 年的妥协很容易就达成了。‘俸禄和官职’这些政治上的战利品留给了大地主家庭，其条件是充分照顾金融的、工业的和商业的中等阶级的经济利益。而这些经济利益，在当时已经强大到足以决定国家的一般政策了。”①这就是说，当时由英国资产阶级掌握的下议院已经掌握决定国家一般政策的权力。然而，英国议会取得这种权力并非一蹴而就，而是长期斗争的结果。远在英国议会制没

① 《马克思恩格斯选集》第 3 卷，第 393 页。

有形成之前，其大会议就通过1215年的大宪章，取得了征税同意权，即国王须经大会议的同意才能征税，其后逐步确立了不经议会同意不得征税的原则，进而演变成下议院的财政法案先议权。及至爱德华三世英国议会开始形成的时候，由于国王要求议会增加税收以支付当时正在和法国进行的战争的费用，议会乘机要挟国王说明税收的用途，这样就确立了议会同意的税收只能用于议会同意的事项原则，进而演变成为议会对国王预算的议决权、议会的财政权。在亨利第五和亨利第六时代，议会利用税收和财政方面的权力把税收和预算法案拖延到议会后期审议，迫使国王在立法方面让步。于是亨利第五宣布从此不制定下议院所反对的法律，亨利第六进而应允议会两院有提出法案的权力。议会的立法权就是在这个基础上产生的。在议会取得财政权和立法权的同时，议会与国王之间还进行着限制与反限制的斗争，斗争的结果是，议会取得胜利，国王受到议会的监督，进而演变成议会对政府的监督。其他资本主义国家虽然没有像英国这样一个历史演变过程，但它们的议会却如同英国议会一样，行使着立法权、财政权和监督政府权。下面对这三项职权分别予以说明。

立法权：立法权即制定、修改和废除法律的权力。西方国家宪法关于议会立法权的规定不尽相同。

首先，在立法权的规范方面，有限制与否的分别。如美国宪法规定本宪法授予的一切立法权均属于由参议院和众议院所组成的合众国国会。这一规定的确切含义是国会的立法权以宪法所授予者为限，并非一切立法权均归国会所享有。日本宪法规定：国会为国家之最高权力机关，并为国家之唯一立法机关。这一规定说明日本国会的立法权不受限制。西德基本法规定立法权受宪法的限制；法国宪法规定一切法律皆由议会通过。它们在议会立法权的范围方面表现出类似于美、日两国之间的区别。产生这种立法权的范围的区别的原因是国家结构形式不同，美国、联邦德国为联邦制国家，它们存在联邦与各州之间的权限划分问题，日本、法国为单一制国家，其中央与地方的关系不同于联邦国家的联邦与成员单位的关系。

其次，在立法权的实际运用方面也有区别。美国、联邦德国等联邦国家联邦议会的立法权既有限制，便应列举其拥有立法权的范围，甚至列举其不能行使立法权的范围。而这种列举往往难于准确无误地贯彻执行，往往在立法过程中出现许多理论争议和实际困难亟待解决。以美国为例，联邦宪法规定：国会有权规定合众国与外国、各州间以及同印第安种族间的贸易。这种商业方面的立法权似乎是明确的，但在立法实践中对于州际商业的范围究应如何判断却发生了分歧。日本、法国等单一制国家的议会在立法过程虽然常常发生争议，但这种争议具有另一种性质，它不产生于立法范围的广狭，而产生于是否应该立法或如何立法。

其次，在立法程序方面也有不同。西方国家的立法程序一般可分法案的提出、法案的审议、法案的表决通过和法案的公布四个阶段。

在法案的提出阶段，因国家机关相互关系不同而有差异。实行总统制的美国采取典型的分权原则，法案的提出权属于国会两院的议员，行政机关不能向议会提出任何法案。实行议会政府制的英国采取以议会为重点的分权原则，但政府要向议会负责，政府不仅是执行法律的机关，而且也可参与立法活动。法案的提出权归议员和政府共同享有，政府向议会提出的法案与其推行的政策有关，被称为公议案，它比议员提出的私议案更为重要，更受重视。实行具有议会制特点的总统制的法国，则采用折中的办法，它的宪法规定：立法创议权同时属于总理和议会议员。一方面把政府的法律提案权限于总理一人，同时又规定议员的提案以不减少国家收入，加重国家负担为限度。

在法案的审议阶段，有三读与否、委员会审查的作用大小及政府参与审议与否等方面的差异。

就三读程序来说，西方国家有的必须经过三读程序。其一读通常只宣读法案题目，进行法案登记，不宣读法案内容，也不进行辩论；二读时，宣读法案全文，进行辩论，其中包括原则性辩论和逐条辩论；三读时，宣读法案题目或法案全文。不经三读程序的西方国家，通常须经总辩论和逐条辩论两个程序。两相比较，不论三读与否并无实际性差别，都是在法案审议阶段对法案进行原则性的和逐条的审议。

就委员会审查的作用而言，和三读程序的具体运用关系密切。美国在一读之后，即由议院议长根据法案的性质交付有关的常设委员会进行审查。委员会可就法案的有关问题进行调查研究，举行听证会，并对法案提出完全反对、全部采纳或部分修改意见，然后提交议院审议。英国则是在二读之后，在议院对法案进行审议和辩论之后提交委员会审查的。两相比较，美国的委员会在审查法案时不受议院的约束，英国的委员会在审查法案时要受议院辩论的影响的约束，美国的委员会的作用自然大于英国的委员会。

就政府参与法案的审议与否来说，西方国家的行政权日益扩大，政府对立法的影响和干预已日趋明显。但以宪法规范确认政府参与法案的审议者却并不多见。在这方面法国宪法具有特色。它在赋予总理以立法创议权后，接着规定经询行政法院意见后，法律草案在内阁会议上加以审议然后提交议院。它还规定政府有权要求将法律草案提交特设委员会进行研究，有权提出修正案，有权在辩论开始后拒绝审议任何未经委员会事先研究的修正案。可见法国宪法正式赋予了政府享有部分地参与法案审议的权力。

在法案的表决阶段，一院制国家较为简单，法案在审议之后，议院表决的结果即决定法案是否通过。两院制国家比较复杂，法案经一院审议表决通过之后，还必须提交另一院，按审议程序审议后进行表决。如两院意见一致，法案才算通过。如两院意见不同，还必须组织两院协商机构，共同协商达成妥协，如不能达成妥协方案，法案即被否决。法案的表决是审议法案以后所产生的必然结果，也可以说是一种审议形式，因而有的学者在论述立法程序时把它列入法案审议阶段，不作为一个单独的阶段。

在法案的公布阶段，西方国家一般由国家元首行使公布法律的职权，这在国家元首一节中已经作过说明。这里应该补充的是：不论元首的公布法律权是否含有批准立法机关所通过的法案的意义，法案的公布是必须经过的一项立法程序。

财政权：议会的这项职权是通过它对财政法案的审议来实现的。财政法案包括国家收入和支出的各种法案，其中以预算案和决算案最为重要。

议会的财政权具有立法性质和监督政府的性质。因其具有立法性质，财政法案也必须经过类似于其他法案的立法程序。财政法案通常由政府向议会提出，但也有少数国家议会和议员也有提案权。英国的财政法案由政府向下议院提出，并由下议院审议，在下议院审议通过之后上议院无权修改或否决。因为财政法案的内容包括国家的收入和支出，直接涉及国民利益，而英国的宪政理论认为下议院代表国民，它应有优越于上院的权力。美国的财政法案依据宪法规定由国会提出，由于国会及其议员对政府的收支难于全面了解，后改由政府提出预算案。但是，不论何种财政法案，均只能向众议院提出，众议院独占财政法案的接受权、拥有财政法案的先议权。然而美国参议院在众议院审议通过之后，仍有依照一般立法程序进行审议的权力，非经参议院通过，财政法案不能成立。两院的财政权基本上是平等的。日本的财政法案也须向众议院提出，众议院审议通过之后，参议院有权审议。如遇参议院和众议院的议决不同时，则依照法律规定召开两院协议会；倘两院意见仍不一致，即以众议院的决议为议会的决议。众议院拥有优越于参议院的权力。不过日本和英国有不同之处，日本众议院拥有优越于参议院的权力的同时，在程序上显示出对参议院的意见的一定程度的尊重。瑞士宪法规定，拟定每年国家预算、批准国家决算及发布发行公债法令属于两院管辖事项，其立法程序中没有任何一院拥有优先或优越的权力。像这种两院完全平等地行使财政权的国家为数不多。

行政监督权：它包括质询权、不信任投票、弹劾权以及议会监察行政专员的监督权等。

质询权是议会议员于议会开会时对内阁总理、阁员、部长就内阁的施政方针、行政措施和其他事项进行质疑和询问并要求答复的权力。

议员的质询有口头质询和书面质询之分，也有普通质询和正式质询之别。普通质询是议员对内阁阁员、政府部长掌管事项的质询，它只构成质询者与被质询者之间的问答；正式质询是议员对内阁施政方针、重要政策措施的质询，它构成议会的辩论，往往导致不信任案的提出，甚至产生政府危机，内阁改组。

质询权的行使通常要受一定的限制，而且各国的限制条件不尽相同。按照宪政制度的历史传统，欧洲大陆的法、德等国议员的质询权有正式质询与普通质询两种。但法国在第三、第四共和国时期，正式质询常被利用作为倒阁的手段，造成政局极不稳定的后果，因而在第五共和国时期，正式质询已被废止。联邦德国虽然还保留着正式质询与普通质询并用的传统，但根据其议会议事规程的规定，正式质询须有三十名议员签署才能提出。英国宪政制度的历史传统是只有普通质询而无正式质询，它至今仍保留着这个传统。可见各国对于正式质询的限制比较严格。此外，各国还有一些其他的关于质询的限制。其中有质询方式的限制，如日本议会法规定，提出质询的议员应就质询事项作成简明主旨书提交议长，只有在遇到紧急情况时才能提出口头质询；也有质询时间的限制，如法国宪法规定每周有一次会议专供议会议员提出质询和政府进行答辩，联邦德国议会议事规程规定联邦众议院每月至少有一次为时一小时的供议员提出口头质询的时间，但质询事项必须于三日前向有关部长提出。

对于议员的质询，政府有关人员必须作出答复。如议员对政府成员的答复不满，可补充提问由政府成员回答。在绝对废除正式质询的国家，如法国，这种质询几经回答即告结束。但在英国却可能产生质询性质的演变。英国是传统的只实行普通质询的国家，如果质询时间终了，政府大臣通常可用书面作答。但是对于重大问题的质询，议员可以提议延长会议时间，变更议会议事日程，这项提议如有四十名以上的议员表示赞同即告成立。议会在延长的会议时间内，可进行辩论，辩论之后，除质询者对政府的答复表示满意、撤销质询案之外，就要进行表决。其结果普通质询演变为正式质询。

质询权为责任内阁制国家的议员所享有，在总统制国家里，如美国，由于采用典型的三权分立原则，行政机关与立法机关各自独立行使职权，行政机关不向议会负责。政府成员无权出席议会会议，议员也因之无法在议会内行使质询权。但是，美国在立法过程中，国会的委员会在审查法案时可以举行听证会，要求政府部长到会作证。这种“作证”实际上是要求政府陈述采取某种措施的理由，答复议员的询问，可以说是一种独特的质询方式。

不信任权是议会对内阁政府施政方针或内阁政府个别阁员和部长的违法失职行为以投不信任票的方式敦促其去职的一种权力。

议会的不信任权产生于英国，其后为各责任内阁制国家所采用。它的理论依据是议会议员由选民选出，代表民意，内阁的组成基于议会的信任。但自政党政治发达之后，由于政党纷争，议会的不信任投票，未必完全符合民意。因此，各责任内阁制国家在发生议会不信任案时，往往采用英国的传统办法：或者内阁总辞职，或者内阁呈请国家元首解散议会。

责任内阁制国家如果存在两个以上的政党，存在多数拥有一定政治势力和政治影响的政党，它的内阁往往由议会中拼凑起来的政党联盟所组成。这种政党联盟虽然在议会中占据多数席位，却又常常因各政党的利害关系而互相倾轧、分崩离析，以致常常利用不信任权作为迫使内阁辞职、重新分配权力的手段，从而造成和质询权的运用相同的那种动荡的政治局面。因此当代的责任内阁制国家以及具有议会制特点的总统制国家对议会的不信任权多加限制。

不信任权的限制之一是议会对内阁的不信任案的提出必须有一定数量议员签署。如法国宪法规定至少有国民议会十分之一议员的签名才能提出不信任案。

不信任案的限制之二是不信任案提出之后，须经一定的时间始得进行表决，以便议员进行充分而又周密的考虑。如联邦德国、法国两国宪法规定两者相隔时间为四十八小时，意大利宪法规定为三天。

此外，还有一些较为独特的限制方式，如法国宪法规定，如果不信任案被否决，签名的议员不得在同一次会议上提出新的不信任案。又如联邦德国基本法规定，联邦议院必须根据多数议员的意见选出一名继任人，并请求联邦总统罢免总理时，才可对联邦总理表示不信任。

弹劾权是指议会对于总统、高级行政官员等公职人员的违法犯罪行为提出弹劾，予以罢免或惩治的权力。

议会的弹劾权为英国所首创。在14世纪时，英国尚未形成责任内阁制，当时的议会对政府大臣的违法犯罪行为尚不能通过不信任案解除其职务，而诉诸法院又因司法独立制度尚未形成，难于作出公正裁决。同时，按照英国法律对犯罪的起诉权属于陪审团，陪审团由人民组成，而英国下院被视为人民的代表机关，且上院即英国的最高法院，于是由下院提出弹劾案，由上院进行审判便顺理成章。这就是英国首创弹劾权的历史背景与理论渊源。

继英国之后，美国宪法有关于国会的弹劾权的规定，其后逐，步推广到欧洲大陆国家。现在世界各宪政国家，除少数例外，一般都有弹劾权的规定。但各国的运用情况并不完全一致。

就弹劾对象而言，英国的弹劾对象限于内阁阁员、政府大臣。这是由它的弹劾权最初起因于议会和行政机关的斗争所决定的。意大利的弹劾对象和英国基本相同，均以行政机关的高级公职人员为限，但意大利除内阁总理和各部部长之外，共和国总统也在弹劾对象之内，而英国国王则不受弹劾。美国、联邦德国的弹劾对象扩及联邦法官。但美国宪法规定受弹劾的对象为总统、副总统及合众国政府的文官，而联邦德国基本法规定受弹劾的对象限于联邦总统和联邦法官。日本宪法则仅有对法官的弹劾的规定。

就弹劾事项而言，意大利总统受弹劾事项以其叛国或违宪行为为限；内阁总理和各部部长受弹劾的事项限于执行职务时的犯罪行为。美国受弹劾的事项较为广泛，叛国罪、贿赂罪、或其他重罪轻罪都在受弹劾之列。但根据弹劾案例，凡罪行足以损害国家利益或足以证明其不适于执行公务者均可被国会弹劾，可见并非对于一切罪行漫无限制地属于受弹劾事项。联邦德国受弹劾的事项为故意违反基本法或联邦法律。

就弹劾的程序而言，弹劾案的提出，按照英国宪政理论应由代表人民的下议院议决，美国和英国基本相同，但在众议院提出弹劾案时，应交由特别委员会或常设委员会进行调查，然后决定是否予以追诉。意大利弹劾案的提出须经议会两院联席会议议决。联邦德国的弹劾案由联邦议院或联邦参议院四分之一以上赞成票通过始得提出，须经联邦议院或联邦参议院三分之二赞成，始得进行追诉。弹劾案经议会提出并获通过后，即进入审判阶段。英美两国的弹劾案审判权属于上院，即英国的贵族院和美国的参议院，其历史渊源是英国的贵族院原系英国最高司法机关。欧陆国家如西德和意大利则由宪法法院行使弹劾案的审判权。

就弹劾的后果而言，弹劾案经审判之后，其结果或者认定无须给予被弹劾人以处分，或者认定被弹劾人必须受到处分。对被弹劾人的处分大体有免职和刑罚两种。美国宪法规定弹劾案之判决以免职、剥夺享受合众国尊荣及担任有责任或有酬金职位的资格为限。但被定罪者应依法律受公诉、审讯、判决及惩罚的处分。这一规定说明免职处分由审讯弹劾案的参议院判定，而其他的刑罚则须经过法院判决。由宪法法院审判的欧陆国家则两种处分均由宪法法院判决。

议会监察行政专员的监督是议会设置专职官员作为它的代理人对行政机关进行监督。它是由瑞典首创的。但除第一次世界大战后的芬兰采用过瑞典的这种办法之外，其他各国均未采用。迄至第二次世界大战以后，由于行政权力逐步扩大，议会的各种监督职权受到的限制日益增多，同时也由于西方出现了一些“福利国家”，为防止行政机关滥用权力或者误用权力致使国民的权益受到损害，北欧国家于本世纪50年代末至60年代初相继采用瑞典的办法。1967年英国根据议会通过的《议会监察行政专员法》设置议会监察行政专员，并确定了行政专员的地位和职权。根据该项法律的规定：议会监察行政专员是从属于议会的官员，他只对议会负责，非经议会两院通过，不能免去其职务。议会监察行政专员的职权是调查议员转交的“不适当的行政处分”控诉案件，提请议会处理。为了有效地行使职权，议会监察行政专员有权向行政机关调阅文件，传唤证人，并转送议员提出的控诉案件；有权在认定行政机关的处分确有不当而又未加补救时，提请议会处理。英国的议会监察行政专员在行使职权的过程中，虽曾遇到阁员的反对，如外交大臣布朗就因第二次世界大战期间受德国法西斯迫害的幸存者的索赔案，反对行政专员的调查与判断。但由于监察行政专员的工作成绩受到赞扬，议会监察行政专员对行政机关的监督制度，政府大臣已无法反对。目前各民主宪政国家中的议会监察行政专员对行政机关的监督制度，大有日益发展的趋势。

（二）人民代表机关的职权

社会主义国家的最高人民代表机关是国家最高权力机关。它代表全体人民，全面地、全权地行使国家权力。它的职权比西方国家的议会更为广泛。综合考察各社会主义国家宪法的规定，这种职权可概括为立法权，决定国家大事权和对其他中央机关的组织监督权三种。

立法权：宪法是法律的一种，立法权本应包括制定和修改宪法的权力。但宪法是一种特殊的法律，各国的代议机关对它是否拥有制定和修改的权力，却是一个非常复杂、值得研究的问题。西方国家的制宪史和宪政史说明它们的代议机关没有制宪权，即使是修宪权也只能部分的享有。以美国为例，联邦国会是根据联邦宪法建立起来的，在宪法产生之前根本不存在国会，国会的制宪权自然无从谈起；根据宪法规定的修改宪法程序，国会两院遇有议员三分之二人数认为必要时可提出宪法修正案，但须经各州四分之三的州议会或经各州四分之三制宪会议批准才能成为宪法的一部分而发生效力，可见美国国会的修宪权也极有限度。除英国因系不成文宪法国家，其议会可以制定补充宪法性法律规范之外，其他资本主义国家大致和美国差不多。他们的代议机关都没有制宪权，只有部分的修宪权。如日本宪法的修改经两院全体议员三分之二以上赞成之后，还须经国民投票获半数以上的赞成，法国宪法的修改原则上须经公民投票，意大利宪法的修改在法定的特殊条件下须提交全民公决。社会主义国家的制宪史和宪政史说明，它们的代议机关既有制宪权也有修宪权。以苏联为例，十月革命胜利后，由全俄中央执行委员会制宪委员会进行起草宪法的工作，由全俄苏维埃第五次代表大会通过制宪委员会提出的宪法草案，这就是第一部社会主义宪法产生的历史过程。其他社会主义国家第一部宪法也都有着类似的历史过程。由于当代的社会主义国家已经有了自己的宪法，在宪法的制定和修改中，自然应以修改宪法的职权为重点。但有些社会主义国家的宪法仍然反映其制宪方面的历史特点。如匈牙利宪法就规定国民议会有权制定宪法；罗马尼亚、保加利亚等国宪法就规定其最高人民代表机关有权通过和修改宪法。在修改宪法的职权方面，苏联宪法规定：苏联宪法只有根据苏联最高苏维埃每院全体代表至少三分之二的多数通过的决议，方可修改宪法。可见苏联最高苏维埃是唯一的拥有修宪权的机关。其他社会主义国家的宪法也都把修改宪法的权力赋予了国家的最高人民代表机关。

至于普通法律的制定和修改，在社会主义国家里，其最高人民代表机关一般都享有全部的权力。但应该加以说明的是：在采取联邦制的社会主义国家中，因与联邦宪法和中央国家机关体系同时存在的还有成员国的宪法和成员国国家机关体系，它们的普通法律的制定和修改情况有些特殊。如苏联宪法规定：苏联法律由苏联最高苏维埃或根据苏联最高苏维埃的决议举行的全民投票（全民公决）通过；这个宪法又规定加盟共和国法律只由加盟共和国最高苏维埃或由根据加盟共和国最高苏维埃的决议举行的人民投票（全民公决）通过。可见苏联最高苏维埃和加盟共和国最高苏维埃都有立法权。但苏联宪法还规定苏联最高苏维埃主席团监督苏联宪法的执行，并保证加盟共和国宪法和法律同苏联宪法相适应。这个规定是为了保持苏联法制的统一。再如南斯拉夫，它的议会由联邦院、共和国和省院两院组成。在立法权限方面，联邦院制定联邦法律，共和国和省院制定有关临时措施的法律。不论其分工情况如何，南斯拉夫联邦的立法权都由南斯拉夫的议会行使。作为一个联邦国家，南斯拉夫的共和国议会和省议会也有权制定宪法和法律，但不得违反南斯拉夫联邦的宪法。

和立法权相联系的是监督法律的执行的权力。在各社会主义国家中，这项权力一般由其最高人民代表机关行使。但南斯拉夫、捷克斯洛伐克例外，它们的监督法律执行权属于联邦宪法法院。

上述宪法、普通法的制定和修改，以及宪法、普通法的监督执行，也可归结为关于法律方面的职权。

决定国家重大事务权：各社会主义国家的最高人民代表机关，都有议决国家重大事务的权力。其中包括：审查批准国家经济发展计划和社会发展规划及其执行情况的报告，审查批准国家预算及其执行情况的报告；制定对外政策总路线，批准同外国缔结的条约；决定战争与和平、宣布动员令；规定行政区域组织等等。各国宪法的规定虽然不完全相同，但总的精神却是一致的。即在人民当家作主的社会主义国家里，代表全国人民的最高人民代表机关有权决定国家的内政、外交、军事等一切国家大事。

在行使这项职权时，各个采取一院制的国家均由一院完全行使，这是理所当然的。但采取两院制的国家则有不同的行使职权的方式。苏联最高苏维埃的联盟院和民族院完全平等地共同行使各项职权。南斯拉夫联邦院、共和国和省院却在决定国家重大事务的职权上存在分工，共和国和省院主要的职权是处理经济事务，其他的重大事务由联邦院处理。

组织和监督其他中央机关权：各社会主义国家都有自己的中央国家机关体系。除最高人民代表机关之外，有的设有最高人民代表机关的常设机关，有的设有国家主席、总统，有的设有宪法法院，一般都设有最高行政机关、最高司法机关和检察机关。在整套的中央国家机关体系中，最高人民代表机关高高在上，它和其他机关不存在资本主义国家那种分权与制衡关系。其他机关的负责人员不是由它选举产生就是由它决定任命。其他中央机关都要对它负责，都要接受它的监督。这种监督权在形式上不如资本主义国家那么繁杂，但它具有简单而又全面的特点，其他国家机关没有对抗监督的手段。

关于代议机关的职权，两种不同历史类型国家的政治家和学者曾发生一些争议甚至互相攻击。社会主义国家的政治家和学者批评西方国家的议会为清谈馆，西方国家的政治家和学者反唇相讥，称社会主义国家的人民代表机关为橡皮图章。从目前实际情况来看，双方的批评似有言过其实之处。各国代议机关在实际运用过程中确实存在若干缺点。西方国家行政权力的扩大影响了议会作用的发挥；社会主义国家的党政关系没有很好理顺，也对人民代表机关行使国家权力产生一些不良影响。但各国的代议机关并非毫无作用。它作为实现民主宪政的主要形式，理应在组织与活动中加以改进，使之更加完善。

四、代表的产生方式及其特殊保障

(一)代表的产生方式

按照民主宪政的理论，代议机关是代表民众议决国家大事的机关，它的组成人员自然应由民众选举产生。各社会主义国家人民代表机关代表的方式严格遵循这一理论，所有的人民代表都是通过民主的选举方式选举产生的。西方国家的议会由于存在一些历史上的原因和现实的需要，其议员的产生方式大体有三种，即选举产生、任命产生和因贵族身份而获得议员资格。总的说来，西方国家的议员多由选举产生。如美、法等国，不论上院或下院的议员都是选举产生的，所不同的只是有直接选举与间接选举的差别。任命和因特殊身份而获得议员资格的在当代国家中只是少数例外。如英国因为历史上的原因，它的上议院议员的资格除为英国王室成年男子所获得之外，其余议员均由国王任命。又如西德因为现实的原因，其基本法规定：联邦参议院由各州政府的成员组成。各州政府负责推选和罢免这些成员，他们可以为自己政府中的成员所替换。它的联邦参议员是由各邦政府任命的。再如意大利的参议员中绝大部分是由选民选举产生的，但该国宪法规定：曾任共和国总统者，如自己不愿放弃担任参议员的权力，根据法律得为终身议员；共和国总统得指定在社会活动、科学和艺术方面以高度成就为祖国争光的公民五人终身为参议员。此外，在一些二元君主立宪制国家里，其议会的议员有一部分是由君主任命的。

和代表的产生方式相联系的，是代表的责任问题，即由选举产生的议员、人民代表是否向选民负责的问题。各社会主义国家根据国家权力属于人民的理论和巴黎公社创立的代表可以随时为选民所撤换的历史传统，都在自己的宪法或宪法性文件中确认人民代表向其选民或选举单位负责的制度。人民代表要接受其选民的监督，选民可根据法律的规定撤换自己所选出的人民代表。如苏联宪法就规定了：代表在自己的活动中遵照整个国家的利益，照顾本选区居民的要求，力求实现选民的委托；代表必须对选民报告自己的工作和苏维埃的工作；辜负选民信任的代表，根据多数选民的决定，依照法律规定的程序可以随时召回。其他社会主义国家的宪法也都有类似的规定。

西方国家在议会制度初建的时期，对于议员和其选民之间的关系，曾有学者主张为委托关系。持这种主张的学者从卢梭的人民主权学说出发，认定人民中的各分子都享有一部分主权，他们选举议员的活动即是行使主权的表示，因而每一个议员和他所由选出的选区选民的关系理应存在一种委托关系。同时持这种主张的学者也信奉卢梭的主权不可转让的理论，认定选民选举议员的活动不是转让主权的活动，而只是一种委托活动，因而每一个议员和他所由选出的选民的关系也只能是委托关系。至于这种委托关系的性质，持这种主张的学者认为和私法上的委托关系相同。因而他们认定议员作为选区选民的受委托人，他在议会中的活动应以委托人的意志为根据，应遵循选区选民的训示，接受选区选民的监督。否则选区选民对其所选出的议员可以撤销委托，进行罢免。

当代各西方国家多舍弃委托说，转而崇尚代表说或国家机关说。主张代表说的学者认定议会的全体议员代表全体人民，他们不承认每一个议员是他所由选出的选区选民的受委托人。他们的立论根据也是卢梭的人民主权学说，但他们认定主权属于全体人民，而不分属于人民中的各分子。任何选区的选民都不能构成行使主权的主体，他们的选举活动不能成为主权者的活动，因而议员和本选区选民不可能存在委托关系。主张代表说的学者虽然否认每个议员和他所选出的选区选民存在委托关系，却承认全体议员和全体人民之间的关系含有委托关系的性质。主张国家机关说的学者从根本上否定委托说。他们认为选举团体和议会都是国家机关，选举团体的职务是选举，议会的职务是行使法定的议决权。两者的职权都来自宪法，其间不存在委托关系，也不存在代表关系。代表说和国家机关说虽然各有不同的论点，但在否定议员应该遵循其选区选民的意志进行议会活动、否定议员应该接受其选区选民的监督、否定选区选民有权撤换他们所选出的议员方面却是相同的。

各资本主义国家的现行宪法中，联邦德国基本法规定：德意志联邦议院的议员是全体人民的代表，不受选民的委托和指示的约束，只凭他们自己的良心行事。它奉行的是代表说。意大利现行宪法规定：议会的每个议员均代表国家，并在履行其职务时不受强制性命令的拘束。它所奉行的近似于国家机关说。法国宪法规定：选民对议员的任何强制委托均无效。它没有显露出代表说或国家机关说的痕迹，但否定委托说的观点是十分明显的。

就代议机关的属性而言，顾名思义，它是代表人民议事的机关。代表人民议事，而又不向人民负责，不接受人民监督，似乎不太合乎情理。

(二)代表的特殊保障

代议机关议员、人民代表的特殊保障，包括特殊的言论保障和人身保障两项内容。这种特殊保障最初是在英国议会制度形成过程中产生出来。英国议会制度的形成可以说是资产阶级和封建贵族斗争的结果。从14世纪出现两院制议会以后，资产阶级逐步掌握了下议院，他们利用议会讲坛发表言论、进行活动，攻击代表封建贵族的总头目——英国国王，因而经常受到掌握行政权力的国王的指控和迫害。迄至1688年“光荣革命”胜利，英国的权利法案中便规定了：关于议会内演说及辩论的自由或议会内各项议程，在议院以外，不受任何法院或其他机关之弹劾或质问。这样就产生了第一个规定议员的特殊保障的宪法性法令。继英国之后，各制宪国家相继在宪法中作出了关于代表的特殊保障的规定，而且把这种保障由言论扩及人身。

代表的特殊言论保障：各资本主义国家现行宪法关于议员的特殊言论的保障的规定，有的不加任何限制。如美国宪法规定：两院议员不得因其在议院内所发表的言论，于议院外受到质问。日本宪法规定：两院之议员在议院内所有演说、讨论或表决，对院外不负责任。另外有的宪法对议员的特殊言论保障的规定是有限制的。较为常见的限制是受保障的言论以执行职务者为限。如意大利宪法规定：议会议员不得因执行其职务时所发表之意见与所投的票而遭到追究。法国宪法规定：不得根据议员在行使职务时所发表的意见或所投的票而对议员起诉、搜查、逮捕、拘禁或审判。较为特殊的限制性规定要数联邦德国基本法。它规定：任何时候都不允许对议员因其在联邦议院或某一委员会中参加投票或发表言论而在法律上和公务上进行迫害，也不允许在联邦议院以外要其负责，但这不适用于诽谤性的侮辱。

代议机关代表的特殊言论保障是为了使代表便于执行职务，使之能够排除干扰、消除顾虑而设置的。追本溯源，理应以执行职务的言论或表决为限。不加限制似乎失之太宽，加以其他限制也似无必要。

各社会主义国家宪法普遍规定了人民代表特殊的人身保障，专门规定特殊的言论保障者甚少。其中南斯拉夫宪法规定：代表不得因在所在的院和南斯拉夫社会主义联邦共和国议会发表意见或投票而被追究刑事责任、被拘留或受惩处。中国宪法规定：全国人民代表大会代表在全国人民代表大会各种会议上的发言和表决，不受法律追究。

代表的特殊人身保障：各国现行宪法关于议员、人民代表的特殊人身保障的规定，一般地说颇多共同之处。即议员、人民代表在代议机关会议期间非经代议机关的同意不受逮捕，代议机关闭会期间非经其常设性机构的许可不受逮捕。如法国宪法规定：议员在会议期间，非经其所属议院的同意，不得因其犯有刑事罪或轻罪而被起诉或逮捕；议员在议会闭会期间，非经其所属议院办公厅的同意不得逮捕。苏联宪法规定：对苏联最高苏维埃代表，非经苏联最高苏维埃同意，在苏联最高苏维埃闭会期间非经苏联最高苏维埃主席团同意，不得逮捕。另一个相同之点是上述限制逮捕的规定不适用于现行犯。如匈牙利宪法规定：国民议会议员非经国民议会同意不受逮捕或审判，但现行犯除外。意大利宪法规定：任何一个议会议员，不经其所属议院之批准，不得受刑事审判，不得逮捕或以其他方法剥夺其个人自由，不得对其个人或家庭进行搜查。但在犯罪时予以拘禁者(必须有已签发的逮捕令)不在此限。各国宪法中这种较为普遍的限制和例外的规定是合理的。非经特许不能逮捕议员，可防止司法权的滥用，保障议员为执行职务而应该获得的人身自由，维护议会的权威。至于议员沦为现行犯可不经特许予以逮捕，则可防止其犯罪行为的发展，犯罪证据的湮没以及犯罪分子的逃亡，同时也可消除议会中的腐败分子，进而维护议会的威信。

除了上述较为普遍的规定外，各国宪法中关于议员的特殊人身保障还有一些独特的规定。如美国宪法规定：两院议员除犯有叛国罪、重罪及妨害治安罪外，在各该院开会期间及返于各该院的途中，不受逮捕。日本宪法规定：会期前曾被逮捕之议员，如经所属议院之要求时，应于会期中予以释放。联邦德国基本法规定：对议员的个人自由加以任何其他限制以及根据第 18 条的规定对议员进行处分时，都必须经联邦议院批准。上述规定颇有值得商榷之处。美国议员的特殊人身保障排除了叛国罪、重罪、妨害治安罪，而这些罪可说是基本上概括了各种刑事犯罪，据此可以推论，美国国会议员在刑事问题上几乎没有特殊的人身保障。日本议员的特殊人身保障扩及议会会期前的逮捕，它引起刑事诉讼的中断，而刑事诉讼的中断是必须以刑事法规为依据的，国会纵有立法权，也不能以命令式的方式要求释放会前被逮捕的议员，中断对他的刑事追诉。联邦德国议员的特殊人身保障扩及对议员的刑事处分。它的基本法已规定，对议员的逮捕，除现行犯外，必须经联邦议院的批准。在这个前提条件下，基本法又作出了上面引述的对议员的处分的规定。按照通常的刑事诉讼原理，只有立案、拘捕、审讯之后，才能进行判决处分。把这个原理和西德基本法的规定结合起来加以考虑，可能出现两种情况：其一是对非现行犯未经联邦议院的许可即逮捕了议员，并且立即作出了刑事处分的决定，这当然是违背基本法的，因为它的立案逮捕就不符合基本法的规定。其二是对非现行犯在已取得联邦议院的同意后进行逮捕，并经过正常的审讯，确定处分。在这种情况下，司法权的行使应该说是合乎基本法的，是可以不经联邦议院批准的，即使是宪法法院作出的关于基本法第 18 条规定的剥夺基本权利的处分，也毋须联邦议院批准。因此，对议员的各种处分，一律须经联邦议院批准，未必妥当。

第三节　行政机关

国家最高行政机关的产生、职权、责任等问题，都和它的体制有密切关系。当代两种不同历史类型的国家最高行政机关的体制各不相同。就资本主义国家而言，有总统制、责任内阁制、委员会制和具有议会制特点的总统制等体制。这四种体制的特点，在本书的政体与政权组织形式一节中已经论及，这里不加赘述。就社会主义国家而言，总的说来都是议行合一制。它的基本特点是议事机关和执行机关紧密结合，共同完成国家的职能。以下就根据两种不同历史类型国家行政机关的特点，论述行政机关各方面的问题。

一、行政机关的产生

(一)资本主义国家行政机关的产生

西方国家行政机关组成人员的产生，和它所采用的体制有密切关系，因而应该把体制的产生和人员的产生结合起来加以说明。

总统制和总统制下行政机关人员的产生：总统制是美国首先创立的。美国在创立这一体制过程中制宪代表曾发生争论，有两派意见：

一派主张建立微弱的行政部门，这个部门由国会选举产生。它执行国会的决定并对国会负责；它实行多人组成的委员会制，即使实行首长制也应另设行政会议分散首长的权力，对首长加以牵制。这派主张受议会至上、法律至上思潮的影响很深，也和人民对殖民总督的专横心有余悸、对强力的行政部门心存疑惧有密切关系。但是，这派主张建立的行政机关接近于邦联条例把行政机关附属于邦联议会的形式，人们对其失败的教训记忆犹新，同时也遭到麦迪逊、威尔逊等人的强烈反对。他们认定：倘若由国会选举行政首长，结果必定产生一个腐败无能的行政机关。几经周折这派意见才被否决。

另一派主张建立一个强有力的行政部门。这一派的重要人物有威尔逊、麦迪逊、莫里斯等人。他们认为宪法已经赋予国会很大的权力，应该予以牵制；他们还认为立法机关倾向激烈，非常危险，须有强有力的行政机关予以牵制，自由才不至受侵犯，私有财产和营业才有保障。威尔逊首先提出行政首长由选民直接选举。由于缺乏民选行政首长的政治经验，而且制宪代表的民主观念也不够牢固，因而未获通过。随后他便提出一个折中方案：由选民选举选举团、再由选举团选举行政首长。威尔逊的折中方案也是几经周折，并经过修改，才为制宪会议所接受。总统不由国会选举，摆脱了国会的完全控制，为确立总统制奠定了基础。但制宪代表又担心总统权力太大，导致专制主义的出现，因而又对总统的权力作出一些限制性的规定。最后便形成现在所实行的总统制。从上述总统制确立过程，我们可以看出分权制衡思想在制宪代表中起着主导作用。

在总统制下，总统是行政机关的首脑。他本人由选举产生。不过选举的方式在各总统制国家中并不完全相同。美国由选民选举总统选举人，由总统选举人选举总统，采间接选举制，或者说是一种直接选举和间接选举相结合的选举制；埃及由人民议会提名初选，获议会三分之二票数的候选人被提交公民投票，获公民投票绝对多数票者当选为总统；委内瑞拉总统依法由选民用普遍直接投票选举产生。

至于内阁、政府的部长则都由总统任命，但有的须经有关议院的同意，有的则可直接任命。美国总统任命阁员，部长，须经参议院的同意，而埃及、委内瑞拉则无须议院同意，由总统直接任命。

责任内阁制和责任内阁制下行政机关人员的产生：责任内阁制是英国首创的。它的历史过程如下：

威廉一世统治英国时，曾改组贤人会议为大会议，并在大会议中设立小会议。在大会议发展成为议会过程中，小会议发展成为内阁。

亨利第三改大会议为议会时，改小会议为常务会议。常务会议成为供国王咨询和管理司法和行政事务的独立机关；亨利第六时代由于政务繁杂，常务会议开始分为管理司法事务和管理行政事务的两个部分。前者分设大法庭、衡平法庭和普通法庭。后者专供国王咨询，称为枢密院。查理二世时代更由于枢密院人数日益增多，不易处理政务，也难于保守机密，便在枢密院中设立由少数人参加的行政委员会，由行政委员会和国王商议政务，作出决议交枢密院讨论实施。行政委员会的成员都是国王的亲信，同时也是议会中的权势人物，国王可以通过他们疏通和议会的关系，制定自己所满意的法律。因为行政委员会常在皇宫内室秘密召开，便被称为内阁会议，内阁就是这样产生出来的。

英国内阁产生以后，随着资本主义的发展和光荣革命的胜利，建立了民主宪政制度。新的民主宪政以人民主权理论和议会制度作基础，行政机关要受代表人民的议会的监督，这就形成了英国的责任内阁制。1742 年罗伯特·渥尔波任内阁首相时，议会通过了对内阁的不信任案，首相率内阁总辞职；1784 年小彼特任内阁首相，议会也通过了对内阁的不信任案，首相没有率领内阁辞职，而是呈请英王解散议会。这两种不同的作法开创了两个不同的先例。自此以后，如果发生议会对内阁不信任的情况，其结果不是内阁总辞职，就是议会被解散，最后形成英国责任内阁制中解决议会和内阁的激烈冲突的宪法惯例。

在责任内阁制下，内阁、政府组成人员的产生有几种不同方式。英国内阁首相由英王任命，但英王任命的内阁首相必须是在下院占多数议席的政党党魁；日本由天皇依据国会的提名任命内阁总理大臣，由总理大臣任命国务大臣；意大利由共和国总统任命内阁总理，并根据内阁总理的提议任命内阁部长；联邦德国政府总理由联邦总统提名，由联邦议院不经过讨论而进行选举，各部部长由联邦总统根据总理的提名任命。不论何种产生方式，都和英国相类似，都和政党在议会中的席位有密切联系。

委员会制和委员会制下行政机关组成人员的产生：近代行政机关的委员会制由法国首创。法国在第一共和国时期，为清除君主政体的遗毒，防止行政机关的专制，设立了导政委员会。该委员会由五个委员轮流担任主席，其行政权极大，但限于决议。决议的执行由它所任命的国务员担任。其后，法国废弃此制，而为瑞士所采用。瑞士的委员会制与法国的委员会不完全相同，法国的委员会制把决议权和执行权完全分开，瑞士的委员会制则把二者结合在一起。瑞士的联邦委员会由七个委员组成，其中一个委员担任一年联邦总统，不得连选连任。总统代表国家，具有元首性质，但他和其余的六个委员在委员会中处于平等地位。委员会的七个委员各分管一部，担任部长，负责向委员会提交与其掌管的部务有关的议案，并执行委员会作出的与其掌管的部务有关的决议。按照常理，行政机关以实行首长负责制较为合适，因为它是执行机关，采用合议制常因众说纷纭而影响行政效率。但瑞士是个小国，而且又是永久中立国，国情比较简单，政务也不甚复杂，所以实行委员会制尚能运用自如。

在委员会制下，国家行政机关的成员是委员会的委员。他们由两院联席会议选出。

具有议会制特点的总统制及其行政机关组成人员的产生：具有议会制特点的总统制是从责任内阁制演变而来的。从历史渊源来说，这种演变开始于德国，完成于法国。由于政党的发展，责任内阁制国家的内阁难于在多数政党并存的情况下获得议会的稳定多数的支持，容易发生倒阁现象。德国于 1919 年制定的威玛宪法对责任内阁制作了若干改变。它保留了内阁应获得议会信任的责任内阁制的特点，同时规定联邦总理由大总统任命、各部部长由总理提请大总统任命；议会通过的法律，大总统在公布前得交付国民投票；大总统有权解散议会。这些规定削弱了议会的权力，也削弱了它对内阁的控制能力。法国于 1958 年制定的第五共和国宪法对责任内阁制作了进一步改变，它规定当国民会议通过不信任案或当它不同意政府的施政纲领或总政策说明时，总理必须向共和国总统提出政府辞职。这一规定保持了责任内阁制的传统特征。这个宪法还规定：政府总理由总统任命，政府其他成员由总统根据总理的建议任命；总统主持内阁会议；总统有权要求议会对其所通过的法案重新进行审议，议会不得拒绝，并有权要求议会对其所通过的影响政府机构职权行使的条约的一切涉及公共权力组织的法案提交公民复决；总统在与总理及两院议长磋商后得宣布解散国民议会。这些规定显示出总统在议会与政府之间的关系上处于仲裁者的地位。

在具有议会制特点的总统制之下，行政机关的成员的产生已如上述，由总统任命总理，由总理建议总统任命其他成员。

(二)社会主义国家行政机关的产生

社会主义国家议行合一制的行政机关为巴黎公社所首创。当时的公社委员会由普选的代表所组成，委员会议决的各种事项，由它的委员们分管执行。公社既是议事机关，又是工作团体，兼具权力机关与行政机关的性质。这种形式的议行合一制的行政机关，对于夺取全国政权的工人阶级，提供了行政机关建设的具有指导性的经验。但公社这种模式不能适应全国性的行政机关建设的需要。十月革命胜利之后，俄国的工人阶级在巴黎公社的经验的基础上，运用议行合一原则建立了苏维埃国家的行政机关。这时的行政机关是根据 1918 年的苏俄宪法建立起来的。它和巴黎公社在形式上不同之处在于：除全俄工农兵苏维埃代表大会以外，专门设了人民委员会；前者是国家最高权力机关，后者是国家最高行政机关。议行合一的原则被保存下来，议事机关和执行机关却是分开的。到 1936 年苏联宪法颁布时，苏联根据这个新的宪法，设立了苏联最高苏维埃，作为苏维埃国家的最高权力机关，同时设立了苏联部长会议，作为国家最高行政机关。最终确立了社会主义国家行政机关的比较典型的模式。这个模式曾为多数的社会主义国家所仿效、所采用。

但是，各社会主义国家的国情毕竟不完全相同，它们在行政机关的建立方面虽然表现出模仿苏联的痕迹，却也反映了一些各自的特色。例如 50 年代亚洲的中国和越南，除设立国家最高权力机关和执行机关之外，分别设立了国家主席和国务委员会主席，那时欧洲的捷克斯洛伐克、南斯拉夫、匈牙利也在国家最高权力机关和行政机关之外设立了共和国总统。到了 70 年代，罗马尼亚也设立了共和国总统。这些事例都给议行合一制的行政机关体制的运用增添了丰富多彩的内容。

二、行政机关的职权

行政权就其本来的含义而言，应该是根据代议机关制定的法律和作出的决议而进行国家管理工作的权力。它的特征是执行与管理，尽管行政机关可根据代议机关的法律、决议的精神制定行政法规，其目的仍然是为了执行与管理。现代世界各国因历史类型不同、政府体制不同，行政权的范围和运用方式呈现非常复杂的情况，而行政机关的职权也就跟着复杂起来了。

(一)资本主义国家行政机关的职权

行政机关如果按照行政权的本意行使职权，它的职权范围就应该是管理内政、外交、军事三个方面的工作。其中内政包括国内的政治、经济、文化、社会等各个方面的管理工作；外交包括和外国进行谈判，签署行政协定和条约等方面的管理工作；军事包括军事编制、军事装备、军事训练等方面的管理工作。它行使职权的方式，首先应该遵循国家的宪法原则、符合代议机关制定的法律和作出的决议的精神；同时在行使职权过程中要向代议机关通报情况，受代议机关的监督，向代议机关负责。现代资本主义国家中，采用责任内阁制的国家根据其宪法的规定应该按照这个范围和方式行使职权。

至于资本主义的总统制国家，则因其结合国家元首和行政机关于同一部门，许多学者经常把这些国家的元首职权归入行政机关职权之中，其实以分开为好。以美国为例，其宪法规定：行政权属于美利坚合众国总统，同时规定总统拥有的各种职权。这些职权已在国家元首一节中作了说明，不必赘述。这里应该指出的是：美国总统的职权中包含他作为行政机关首脑的职权和作为国家元首的职权；宪法规定了行政权属于总统，但宪法并没有规定总统的职权以行政权为限。如宪法规定的立法程序中，总统签署公布国会通过的法案是必要的程序，否则法案不能成为法律；总统有权对于合众国的犯罪颁赐缓刑与赦免（弹劾案不在此限）、接纳外国使节、荣典权等，就是国家元首的职权。如果认定这些职权是行政机关的职权，那么英国内阁的职权便应该被认定是残缺不全的，它的内阁就应该被认定为不能完全行使职权的行政机关，因为这些职权在英国是由英王享有的。

在具有议会制特点的总统制的法国，总统和政府的职权虽有若干联系，但法国宪法对两者是分开加以规定的。根据宪法的规定：共和国总统进行仲裁以保证国家权力的正常行使和国家的持续性，总统负责保证民族独立、领土完整，以及条约和共同体协定的遵守。这里规定了总统的国家元首地位，国家权力的仲裁者、保证者身份。同时，法国宪法还规定：政府掌握行政机构和武装力量。它确认了政府的行政机关地位。在总统的职权方面，这个宪法规定了法律的公布权、军队的最高统率权、赦免权、荣典权、接纳与派遣使节权等。这些职权不能归属于行政机关的职权是十分明显的。根据宪法的规定，法国行政机关的职权主要是确保法律的执行。宪法所规定的政府决定并执行国家政策，在执行政策方面的职权较为实在，而决定政策方面的职权则要受总统和国民议会的牵制。因为根据宪法的规定，内阁会议由总统主持，总理得就内阁会议讨论通过的政府施政纲领或者总政策对国民议会提出由政府承担责任的说明，政府在决定政策过程中，总统可以施加影响和压力，国民议会不同意政府的施政纲领或总政策的说明时，总理必须向总统提出政府辞职。

在委员会制的瑞士，国家元首和行政机关是结合的。根据宪法的规定：联邦委员会是联邦的最高执行与管理机关；联邦总统由联邦议会从联邦委员会委员中选出，联邦总统任联邦委员会主席。瑞士的总统只是对外代表国家，履行一些礼仪上的国事行为，没有任何其他的重要职权，可以说是一种处于虚位状态的国家元首。通常所说的国家元首的各种实权，由联邦议会掌握，因而宪法所规定的联邦委员会的职权都是行政机关的职权。这些职权有：执行联邦议会制定的法律、法令；向联邦议会提出法令草案；管理联邦财政、编制并提出预算案和决算案；监督联邦行政官员及公务员的职务活动，监督各州的行政机关；主管联邦军事事务；管理一般外交事务；保证国家安全、维护国家的独立与中立等。

(二)社会主义国家行政机关的职权

社会主义国家行政机关的体制已如前面所说过的都是议行合一制。它们的执行、管理工作范围也基本相同，这就决定着它们的职权大同小异。现分类加以说明：

第一，为执行法律而行使的法律方面的职权。首先是各社会主义国家的行政机关有权制定行政法规，不过各宪法对这项职权的表述方式有所不同。如匈牙利宪法规定为，部长会议得在其职权范围内发布政令，通过决议；民主德国宪法规定为，部长会议在人民议院的法律和决议的范围内颁布法令和作出决议。这里所说的政令、法令就是行政法规。其次是各社会主义的行政机关有权向代议机关提出法案。保加利亚宪法规定部长会议的这项职权为立法动议权；捷克斯洛伐克宪法性法令规定为共和国政府得向联邦议会提出法案。

第二，管理社会经济和文化。在这项职权中，各社会主义国家对国家预算、国民经济计划十分重视，都在自己的宪法中规定了行政机关编制与执行国家预算，国民经济计划方面的职权。此外，有的国家还在宪法中规定了行政机关管理工业、农业、对外贸易和国内商业、货币和信贷制度、价格政策、自然资源的保护以及科学、文化、教育和保健事业等方面的职权。有的国家在宪法中没有关于管理经济、文化事业的具体项目的规定，但有关于组织完成经济、文化任务或组织实施国家对内政策的总的原则性规定。

第三，领导其所属部委和地方各级行政机关的工作。这项职权在宪法规范中的表述形式不尽相同。有如罗马尼亚宪法所规定的部长会议对全国领域的行政活动实行总的领导；北朝鲜宪法所规定的政务院领导各部、政务院直属机关和地方行政委员会的工作；有如保加利亚宪法所规定的部长会议有权撤销部长和其他部门领导人的以及人民委员、执行委员会的违法或不正确的指令和命令，有如捷克斯洛伐克宪法性法令所规定的共和国政府根据联邦议会的规定任命政府官员；有如中国宪法所规定的国务院有权规定中央和省、自治区、直辖市的国家行政机关的职权的具体划分，有如南斯拉夫宪法所规定的联邦执行委员会行使确定联邦管理机关内部组织的总原则的职权和通过自己的工作规程等。

第四，管理外交事务。各社会主义国家宪法除概括性地规定这项职权之外，通常列举同外国签订条约的职权。在规定行政机关同外国签订条约的同时，各社会主义国家都另有关于国家最高权力机关行使批准国际条约的职权的规定。但签订条约和批准条约的职权的行使，在个别的社会主义国家宪法中有例外的规定。捷克斯洛伐克宪法性法令规定：捷克斯洛伐克社会主义共和国政府在谈判应由共和国执行的国际条约的时候，应当与两个共和国的政府进行合作。这一规定说明捷克斯洛伐克的最高行政机关在同外国签订应由捷克和斯洛伐克两个共和国执行的国际条约时，应征求这两个共和国的意见。南斯拉夫宪法规定：联邦执行委员会有权批准不由联邦议会批准的国际条约；联邦院有权批准关于政治合作和军事合作的国际条约和批准需要通过新法律和修改现行法律的国际条约；共和国和省院根据共和国议会和省议会的一致同意，批准需要通过新法律或者修改它所通过的现行法律的国际条约。这些规定说明联邦执行委员会不仅有权签订国际条约，而且有权批准不属于政治合作和经济合作、不须通过新法律和修改现行法律的国际条约。

第五，管理军事国防建设事务。各社会主义国家宪法对这项职权的规定在文字表述方面可分三种类型：一类如朝鲜民主主义人民共和国宪法所规定的政务院进行人民武装力量的建设工作；一类如保加利亚宪法所规定的部长会议对武装力量进行总的领导；一类如苏联宪法所规定的苏联部长会议对苏联武装力量的建设实行总的领导。比较起来，苏联宪法的规定较为合理。朝鲜民主主义人民共和国宪法虽然确认了政务院进行武装力量建设的职权，却未能显示政务院在武装力量建设中的应有地位；保加利亚宪法虽然显示了部长会议的领导地位，却没有把这种领导限制在军事建设的范围之内。苏联宪法则兼有朝、保两国宪法的优点，而避免了它们的缺点，既确认了苏联部长会议在军事建设方面的职权，又确认了它在行使这项职权中的领导地位。

此外，社会主义国家的行政机关还有维持社会秩序、维护公民权利以及管理其他的行政事务的职权。

三、行政机关的责任

行政机关的责任是指行政机关及其组成人员就其行使职权的活动对选举或任命他们的选民和机关所承担的一种特殊义务。它也和国家的历史类型、政府机关的体制有着密切联系。

(一)资本主义国家行政机关的责任

在总统制国家里，总统是行政机关的首脑。按照一般原理，他应该就自己行使职权的活动对选出他的选民负责。但各总统制国家的宪法都没有关于总统向其选民负责的任何具体规定，选民没有罢免总统的权力。在有总统的责任的规定的宪法中，委内瑞拉宪法所规定的是共和国总统有责任使他的活动符合本宪法和法律。另外，美国宪法、埃及宪法均规定总统在就职前必须宣誓，美国宪法规定的誓词是总统“誓以忠诚执行合众国总统职务，竭力维护、遵守、保卫合众国宪法”。埃及宪法规定的誓词中亦有总统尊重宪法的语句。据此可以认定，总统制国家的总统应向宪法负责。

至于总统制国家行政机关的其他组成人员，都是总统的部属。他们都由总统提名、任命；都在总统的直接领导下行使职权，进行工作；总统有权命令他们陈述与其职务有关的各种事项的意见，指导他们执行自己的决定；对于不称职的纯属行政性的官员，总统可单独决定免去其职务。可见他们都应向总统负责。

在责任内阁制国家里，行政机关必须就其行使职权的活动向议会负责。实行君主立宪制的英国和日本，实行议会共和制的意大利和联邦德国都是如此。这些国家的行政机关向议会负责的方式主要表现为，行政机关如果得不到议会的信任，便须辞职，或者解散议会，重新选举，求得新议会的信任。在责任内阁制国家中，行政机关的责任还有两个特点，即除了向议会负责之外，还有两种责任：一是要向国家元首负责。在英国，国王发布的命令要由内阁首相和有关大臣副署，根据英王不能为非的原则，如果发布的命令发生差错，内阁要代英王负责。在日本，宪法已有明确规定，天皇有关国事之一切行为，应经内阁建议与承认，由内阁负其责任。在意大利，宪法规定：共和国总统对其在执行职务时所作出之行为不负责任，总统的任何法令如未经提出此项法令并对其负责的各部部长的签署，均属无效，具有法律效力的法令以及其他依法颁布的指令，亦须经内阁总理签署。各部部长向总统负责，内阁总理代总统负责，已在宪法中有明显的表现。二是行政机关组成人员之间彼此负责。在英国，议会对一个内阁大臣不信任，即是对整个内阁不信任，全体阁员必须负连带责任。日本宪法规定内阁行使行政权，对国会负连带责任。意大利宪法规定。各部部长应对内阁的活动负集体责任。

在采用具有议会制特点的总统制的法国，行政机关的责任和责任内阁制国家行政机关的责任相类似。根据法国宪法的规定：总理得就内阁会议讨论通过的施政纲领或者总政策向国民会议提出由政府承担责任的说明；国民会议得根据其所通过的不信任案追究政府的责任。但法国的行政机关及其组成人员对其行使职权的活动，不向国家元首负责，这是它和责任内阁制国家、总统制国家不同之处。称法国的政府体制具有议会制特点，就是因为它的行政机关的责任具有议会制(或称责任内阁制、议会政府制)的基本特征。

在采用委员会制的瑞士，行政机关的责任独具特色。根据瑞士宪法的规定：瑞士的最高执行与管理机关是联邦委员会，它由七名委员组成；联邦委员会的委员由联邦议会选举产生；联邦委员会在每届联邦议会召集常务会议时，应向联邦议会报告其工作；如联邦议会或其两院中的一院提出要求时，联邦委员会也应提出关于特别问题的报告；对联邦行政的最高监督属于联邦议会两院管辖的事项。这些规定说明瑞士行政机关的组织与活动是和它的权力紧密地联系着的，也说明瑞士行政机关必须向联邦议会负责，接受联邦议会的监督。另外，根据瑞士宪法的规定：联邦委员会须向联邦议会提出法律与命令草案，这种草案提出之后，联邦议会可全部采纳，议决通过，可以部分采纳修改通过，也可完全否决。但联邦议会对联邦委员会提出的法律与命令草案加以否决时，不视为对联邦委员会的不信任，而且瑞士宪法没有关于联邦议会对联邦委员会的不信任的规定，联邦议会既不能通过不信任案迫使联邦委员会辞职，宪法也没有授予联邦议会以罢免联邦委员会委员的权力。这就说明瑞士行政机关向议会所负责的责任有一定限度，不像责任内阁制和具有议会制特点的总统制国家的行政机关向议会所负的责任那么严重，也不像总统制国家行政机关组成人员向总统负责那样构成上下级关系。

(二)社会主义国家行政机关的责任

在议行合一制原则的指导下，行政机关的典型的责任形式是行政机关向权力机关负责。以苏联为例，根据宪法的规定：苏联部长会议由苏联最高苏维埃在联盟苏维埃和民族苏维埃联席会议上组成；苏联部长会议有权解决属于苏维埃社会主义共和国联盟权限内的、按照宪法不包括在苏联最高苏维埃和苏联最高苏维埃主席团职权范围内的一切国家管理问题；苏联部长会议对苏联最高苏维埃负责并报告工作，在苏联最高苏维埃闭会期间，对苏联最高苏维埃主席团负责并报告工作；苏联最高苏维埃对向它报告工作的所有国家机关的活动实行监督。从这些规定中可以得出如下概括性的结论：苏联的行政机关由权力机关组成，它依照宪法行使职权，执行权力机关的决定，它受权力机关的监督，向权力机关负责。其他社会主义国家的行政机关和权力机关的关系都是这样，行政机关的责任也不例外。行政机关向权力机关负责是社会主义国家行政机关的责任的一种共同的普遍的形式。但是除了这种共同的普遍形式之外，有些社会主义国家还有一些特殊的补充形式。如南斯拉夫的最高行政机关为联邦执行委员会，它还要受不从属于联邦议会的联邦共和国主席团的监督和制约；北朝鲜的最高行政机关是政务院，它还要在共和国主席和中央人民委员会的领导下进行工作，还要向共和国主席和中央人民委员会负责；罗马尼亚的最高行政机关是部长会议，它行使职权的活动受大国民会议的监督，受大国民会议的常设机关国务委员会的监督，而共和国总统是国务委员会主席，而且必要时有权主持部长会议的会议，这就使部长会议在事实上还要向共和国总统负责。此外，罗马尼亚行政机关的责任还具有另一特点，它的宪法规定：部长会议整体和它的每一个成员对大国民议会负责，在闭会期间对国务委员会负责；部长会议的每一个成员同时就自己的活动和部长会议的全部活动负责，这种近似于连带责任的规定在社会主义国家里是罕见的。

四、行政机关的权力的发展趋势

(一)资本主义国家行政机关权力的集中与扩大

近代资产阶级民主宪政在形式上确认了人民主权，扩展了个人自由。它适合资本主义自由竞争的需要，因而促进了资本主义的快速发展。资本主义发展的结果产生了垄断资本主义。这种经济上的发展变化反映在政治制度上，就是国家与垄断资本的融合，资本的垄断和集中要求国家权力的集中，于是原来的以议会为中心的，或者由议会的立法权与行政权相互牵制的民主宪政体制就显得行动缓慢，不如以总统、内阁为中心的，加强行政权对立法权的牵制的政治体制那样反映灵敏，更加适合权力集中的需要。这就是现代各资本主义国家行政权力集中与扩大的根本原因。与此同时，随着经济的发展，要求有各种新的法律与之相适应，立法工作便日趋繁杂，而议会往往不能适应这种要求快速地制定各种新的法律，于是委任立法，以行政命令代替法律的作法日益增多，更加促进了行政机关权力的集中与扩大。

现代资本主义国家行政机关的权力集中和扩大，除了上述根本的经济原因之外，各个国家还有一些各自独特的原因。但不管原因如何，其表现都是行政权集中于行政首长之手，行政权日益摆脱立法权的牵制，加强了它对立法权的牵制。而这种表现又因行政机关的体制而有所差异。

在责任内阁制国家里，从内阁的发展，可以看出行政权发展的轨迹。英国是最早建立起责任内阁制的国家，它的内阁的发展大致经历了三个阶段。第一个阶段是资产阶级刚刚夺取政权，政党制度尚未形成的阶段。当时选民选举议员还只是单纯对候选人的选择，而不是对政党的选择，因此，议会内部还能够保持一致，有效地实行对政府的监督。第二个阶段是政党制度已经形成的阶段。这时候内阁由在议会中占有多数议席的政党所组织，内阁首相就是议会中的多数党的领袖，他能通过政党对议会进行控制，因此，议会对政府的监督作用已大大削弱，政府的权力大大加强。第三个阶段是政党对国家的控制进一步加强的阶段。这时候垄断资本主义已经形成，权力集中的要求已经出现，内阁在事实上已演变成为首长制，内阁首相大权独揽。

从宪政体制来说，英国的责任内阁制始终没有改变，但在实质上却已今非昔比。在内阁与议会的关系中，内阁的权力日益扩大，在内阁内部的关系中权力日益集中于首相。

英国行政权力的扩大与集中，除经济根源之外，各种政治因素也起着重要作用。首先是大选的变化。在议员的选举中，候选人和政党、政党领袖密切联系着，每一选区的选举与其说是选民选择议员，不如说是选民选择政党及其领袖，同时在选举之后，被选议员必须忠于自己的政党和领袖，否则在下次大选中可能为政党所抛弃，失去再度当选的机会。这就加强了内阁首相对议员和议会的控制。其次是任免权的运用，首相的用人权在内阁内部不受干涉，同时按照英国的宪法惯例，内阁首相在执政期间不受议会外的政党的控制。工党的议会以外的组织是全国执行委员会，议员在其中占据多数。保守党的议会以外的组织主持人由首相任命。这就使内阁首相不但能够团结内阁成员在自己的周围，控制着内阁，而且能够摆脱议会外政党的控制，使全党团结在自己的周围，并把它置于自己的控制之下。最后是机构的扩充，内阁首相个人的才能和精力都有限度，要做到完全大权独揽确有困难，但是幕僚机构的扩充却能帮助他克服事实上存在的困难。现在英国内阁设立了内政、国防、立法等各种委员会，还设立了包括秘书处、战史编纂组、中央统计处等机构的内阁办公室。这些机构都是协助首相的工作机构。它们节省了首相办理具体公务的时间，从而保证了首相有足够的精力决定国策，独揽大权。

在总统制国家里，从总统职权的实际运用中可以考察到行政权发展的趋势。美国是最先建立总统制的国家。总统既行使国家元首的职权，又行使行政机关首长的职权。总统所行使的国家元首职权，对行政机关权力的集中和扩大产生巨大的影响。就对外关系而言，总统作为国家元首对外代表国家，同时根据宪法的规定，经参议院的协议及同意，并得该院出席议员三分之二赞成时，总统有权缔结条约。总统在对外事务方面的谈判权就是由此产生的。谈判权本是行政性的职权，但它和元首的代表国家的职权结合起来，就产生了 1789 年国会所通过的洛根法案中关于除总统及其代表以外，禁止任何对外关系的行动的规定。这个法案虽然没有硬性禁止议员个人和外国官员交往，但限定这种交往不能侵犯行政职能。从本质上说，美国国内外政策的决定权应归于国会，但因总统独享对外谈判权，以致产生对外事务方面的权力分裂，导致国会和总统之间的权限纷争，形成国会有形式上的权威、总统有实际控制能力的局面。即使总统和外国谈判之后，其所缔结的条约须经国会的同意批准，但总统仍然可以和外国以签订行政协定的形式避开国会的牵制。就这样，总统的谈判权从实际上予以扩大了。再就总统作为行政首长的职权而言，在两百年的实际运用过程中，美国既经历了和平繁荣，也出现过战争动乱；既获得了科技进步，也遭遇过没有萧条；既面临过民权运动，又困扰于党派纷争。这种变化多端的国情，给总统提供了集中与扩大其行政首长职权的机会。以任命权为例，根据宪法的规定，总统对合众国政府官员的任命须征得参议院的同意，照此推论，总统免去其所任命的官员的职务也应征得参议院的同意。但总统可用他对行政官员的工作最理解为理由不经参议院的同意免去其职务，而联邦最高法院的判决却又同意总统提出的理由，形成具有法律效力的判决。同时，在宪法没有明确授权的情况下，总统还可以获得其他职权。1936 年富兰克林·罗斯福任总统时，就以行政部门多，各部门之间没有密切联系，总统的任务重，许多行政事务不能直接管理为理由，认为要整顿组织，以便加强各部门之间的联系，执行统一的国家政策。于是由他创议建立了行政管理委员会。从此，总统就获得了一项整顿行政组织的职权。至于在战争时期，美国总统运用其军队总司令的身份所获得的扩大了的军事行政方面的职权，那就更加不胜枚举了。

(二)社会主义国家行政机关职权的繁重性的增加

如果说资本主义国家行政权力的集中与扩大是不以人们意志为转移、是任何人所不能逆转的趋势的话，那么，社会主义国家的行政权力就不存在集中与扩大的问题。因为在社会主义制度下不可能出现资本的垄断集团要求国家权力集中的现象。尽管社会主义国家也实行集中制，但这是一种民主基础上的集中制。它表现在政府体制方面为议行合一制。在议行合一的体制下，国家权力集中于代议机关。全国的人民代表机关统一集中地行使国家权力，它高高在上，不和任何其他国家机关分权，也不和它们保持什么牵制与平衡关系。其他国家机关包括行政机关都要由它组织、产生，都要执行它制定的法律和作出的决议，都要接受它的监督。在这种体制下，行政机关只是代议机关的执行机关，国家的任何的权力集中的要求，都不会产生行政机关权力集中与扩大的后果。

社会主义国家不存在行政权力的集中与扩大问题，并不意味着这些国家行政机关的职权不发生任何变化。随着科学技术、社会生产的发展，任何一个国家的工业、农业、能源、交通的行政管理必然要增添新的内容，同时，也必然会出现一些以往从未有过的新的管理工作。几十年以前的工、农业生产的管理工作和现在相比自然较为简单，那时候社会生产的发展给生态环境的影响也不如现在这么巨大。这就说明行政机关职权的复杂化是一切国家、包括社会主义国家的必然的发展趋势。这种发展趋势在资本主义国家里，因其与行政权力的集中与扩大相伴随并被它所掩盖，所以相对地说，不如社会主义国家显得这么明显、突出。

在社会主义国家行政机关职权复杂化的同时，行政管理的规范化程度也日益加强。在各个社会主义国家中，行政机关为适应管理工作韵需要，都制定了许多行政法规。但这种行政法规都是以国家的宪法、国家权力机关制定的法律、作出的决议为依据的，都是为执行宪法、法律、决议而制定的。它和资本主义国家行政权力的集中与扩大有所不同。在资本主义国家里，行政机关往往攫取立法机关的部分权力，而社会主义国家则不至产生行政机关侵犯权力机关的权力的现象。

此外，社会主义国家行政机关总结了多年的行政管理经验，有的国家在领导体制上已开始采用首长负责制。这种首长负责制在形式上似乎与资本主义国家行政首长的集权化相同，实质上却完全异样。社会主义国家行政机关的首长负责制是和集体领导原则相结合的，同时也是以服从权力机关的决定为基础的。而资本主义行政首长的集权化则是一种单纯的个人集权，尽管其行政首长也要向代议机关负责，或者受代议机关的牵制，但他常采取对抗手段对待其应负的责任、应受的牵制。

第四节　司法机关

司法机关即行使司法权的机关。司法权有狭义和广义两种解释。狭义的司法权指的是审判权，即司法机关通过诉讼案件的审讯、判决以执行法律之权；广义的司法权则除审判权之外，还包括仲裁、调解、公证、对公务员的惩戒以及对法官和律师的培训与任用等方面的权力，有的国家还把法律的违宪审查权置于司法权之内，称为司法审查。

一、司法机关的组织结构

世界各国司法机关的建制不尽相同，但归结起来不外普通法院、特别法院和特种中央司法机关三种。

（一）普通法院

普通法院通常是行使民、刑事案件或其他案件的审判权的司法机关。它包括最高法院和地方法院两种。它是世界各国普遍设置的司法机关。如日本宪法规定：司法权属于最高法院和依法设置的下级法院。其他各国宪法多有类似规定。

最高法院为国家最高审判机关。它握有对诉讼案件的终审权、决断诉讼案件的是非曲直的最后决定权。在最高法院的设置中，英国独具特色。它的贵族院作为上诉终审法院执行司法任务，成为英国的最高法院。从 1948 年起，英国的一切上诉案件均由贵族院授权上诉委员会审理，从而使该委员会具有最高法的性质。

地方法院为最高法院的下级审判机关。它的设置因各国国情不同而有不同的等级。各级地方法院均有其所应管辖的诉讼案件的范围；而且除基层地方法院之后，都有对于上诉案件的审判权。在地方法院的设置中，英国也有独特之处。一般国家的地方法院均总管民事和刑事案件的审判，惟独英国的苏格兰和威尔斯的地方法院分为两个体系分管上述两种案件。

普通法院中的上下级关系不是领导与被领导的关系。根据审判独立原则，任何法院在进行审判时，不受其他国家机关的干涉，也不受其上级司法机关的干涉。上级法院对下级法院、最高法院对地方法院只能依据法定的上诉程序改变其判决。它们之间的关系表现在审判权方面的是一种监督与被监督的关系。

（二）特别法院

特别法院是因诉讼案件当事人之一方的特殊地位和诉讼案件的特殊性质而设立的。现代各国设置的特别法院，概括起来主要有以下几种：

行政法院：行政法院是专管行政诉讼的审判机关。所谓行政诉讼，是指因国家机关工作人员在公务活动中的违法行为而提起的诉讼。行政法院最初创建于法国，其目的是为了抵制革命胜利初期保守势力对行政改革的阻挠，其措施是把行政诉讼划归行政机关审判，后来由于民主宪政运动的发展、分权原则的盛行而逐步演变成为现代的行政法院。它的性质是国家审判机关，它的任务是保护公民权益，使之不受国家机关及其工作人员在公务活动中的违法处分的损害。现在西方国家中关于行政法院的设置，在理论和实践两方面都有分歧。欧洲大陆国家认定设置行政法院可以弥补普通法院法官行政专业知识之不足，适应行政权的扩大与行政诉讼日趋繁杂的要求，有利于保护公民权益，所以德、奥、意等国相继仿效法国设置行政法院。英美法系的国家则依据法律面前人人平等的原则，强调所有公民应受同一法院体系管辖，不设行政法院。

社会主义国家都没有设置行政法院，大概是受了平等原则的影响。若从吏治情况考虑，社会主义国家似乎也可以设置行政法院。

自治法院：自治法院是南斯拉夫独创的审判机关。它依照南斯拉夫宪法、法律，由自治文件或当事者的协议建立。它有联合劳动法院、仲裁处、调解委员会、公裁会等形式，其中最重要的是联合劳动法院。联合劳动法院分共和国(自治省)和地区两级，其法官由本级议会选举产生。法官中兼职法官居多数，只有少数专职法官。联合劳动法院的职权主要是仲裁和审理有关联合劳动基层组织和劳动共同体的建立条件和合并、分离纠纷，审理劳动者和联合劳动组织之间关于工作安排、调动、劳动条件、劳动收入以及纪律处分等方面的纠纷，审理联合劳动组织之间因不履行自治协议而又调解无效的争议等。

此外，许多国家设置了军事法院，英国设有劳资关系法院，联邦德国设有惩戒法院，法国设有特别高等法院，南斯拉夫在其国内一些地区设有经济法院。这些都是审理特定范围的诉讼案件的特别法院。

(三)特种中央司法机关

最高司法会议：最高司法会议是法国、意大利两国在第二次世界大战以后成立的一种独特的中央司法机关。两国的最高司法会议都以共和国总统为主席。其余成员法国由司法部长任当然副主席，由总统任命九名委员；意大利上诉法院首席法官和总检察长为当然成员，除此以外，三分之二的成员由普通法院从各级法官中选举产生，三分之一的成员由议会从各大学的法学教授和具有十五年服务经验的律师中选出。意大利的组成人员和法国的相比，更注重法律专业知识，而且人选的范围也较为广阔。两国的最高司法会议的职权有类似之处，意大利为研究有关法官的提升、任命和调动、晋级和处分等事宜；法国为对高等法院法官和上诉法院首席法官的任命提出建议、对司法部长建议任命的法官提出意见，对法官进行纪律检查。但法国的最高司法会议有权对特赦提出意见。两国的最高司法会议均以保障司法独立为目的。

枢密院司法委员会：枢密院司法委员会是英国中央司法机关中的一个独特的组织机构。它由贵族院议长、常任上诉法官议员、枢密院中现任或曾任高级法官的成员、英联邦最高法院的特定范围的法官以及枢密院委派的成员组成。它管辖英属殖民地的上诉案件。随着殖民地纷纷独立，它逐步沦为英联邦的上诉法院。1963 年英国成立教会上诉法院以后，它又丧失了有关教会事务的上诉案件的管辖权。它的地位日趋下降，作用日益削弱。

二、司法审查

(一)司法审查的产生

司法审查是指司法机关对法律的合宪性的审查。

司法机关的职权中最主要的是审判权。它的其他职权在很大程度上可以说是围绕审判权而产生出来的。司法审查作为司法机关的一项职权也是如此。因为司法机关行使审判权时，必须运用法律对它所接受的案件进行判决，如果它所运用的法律违反宪法，并让这种违宪的法律发生效力，即产生破坏宪法的后果，所以它在审理案件时，首先要考虑对该案所适用的法律是否合乎宪法。这便是司法审查产生的直接原因。

美国是最早实行司法审查的国家。它的特点是宪法没有明文规定，是由联邦最高法院通过具体案件的审理实现的，即通过判例确立起来。最早确立司法审查权的判例是 1803 年的马伯里诉麦迪逊案。案情是：联邦党人亚当斯在他任总统的最后一天，任命其同党马伯里为哥伦比亚特区治安法官，没有来得及发给委任状，共和党人杰弗逊即接任总统。杰氏上任后，命令国务卿麦迪逊不发给马伯里委任状。马伯里根据司法法第 13 条的规定，诉请联邦最高法院命令国务卿发给委任状。首席法官马歇尔是联邦党人，欲命令国务卿发给委任状肯定会遭到拒绝，如驳回马伯里的请求又会招致同党的耻笑。他在进退两难的情况下，作出如下判决：马伯里有权获得委任状；司法法第 13 条的规定超越了宪法所规定的联邦最高法院的管辖权，违宪无效。同时还宣布：违宪的法律不是法律；解释法律是法官的职责。首先确立联邦法律违宪无效的先例。其后，联邦最高法院又先后通过 1810 年的弗莱彻尔诉佩克，1819 年的麦克楼诉马利兰州等案的审理，确立了联邦最高法院宣布州的法律违宪无效的先例。

继美国之后，一些资本主义国家也建立了司法审查制度，而且在宪法中作了明文规定。

(二)司法审查的理论争议

由于司法审查最初产生于判例，宪法无明文规定，它的存在是否合理，颇多争议。即使在一些西方国家的宪法明确授予司法机关以司法审查权以后，学理上的争论也并未因此休止。

赞同者认为，美国宪法之所以未明文规定司法审查，是因为制宪代表把这一权力置于普遍原则的地位，因而没有特别规定的必要。反对者则认为，司法机关的这种权力应该得之于宪法，而不应产生于任何权威的个人解释和学术论著。这是论战双方在关于美国司法审查的产生的主要争议的论点之一。

此外，论战双方还有一些其他的论点，既适用于美国，也适用于宪法已作明文规定的其他西方国家。现择要对述如下：

赞同者认为，从三权分立的理论原则出发，应该加强司法权。因为它是三权中最弱的一个，它既无强制，又无意志，只有判断，而且为实施其判断，还需借助于行政部门的力量；同时立法权应该受到限制。因为三权分立的目的在于保障人民的权利和自由，如果立法机关制定的法律对人民的权利和自由进行不必要的限制，自应受到审查使之归于无效。从人民主权原则出发，宪法体现主权者、人民的最高意志，因而它在法理上居于根本法地位；人民的最高意志自应高于由其代表所组成的议会的意志，宪法自应高于普通法；如果让违宪的法律发生效力，其结果便是代表的地位高于其所代表的主体的地位，奴仆高于主人，普通法高于宪法；因此，立法机关的法律必须受到合宪性的审查。

反对者针锋相对，在三权分立原则上指出，孟德斯鸠谈过司法权是三权中最弱的一个，但没有主张通过司法审查加强司法权；洛克认为立法权最高，但有限制，即不能转让，不能废除财产权，并没有论及应受司法权的限制。而且，分权的要点之一是三权之间的平衡，三权的地位应是平等的，司法审查的结果是司法否定立法，司法权高于立法权，构成对三权分立原则的明显侵犯。在人民主权原则上，反对者以卢梭的学说为依据，认为立法权的表现，解释宪法，确认法律是否违宪，涉及对主权者的意志的辨析，也关系到主权者的利益；由少数的、有的甚至不是民选的法官进行司法审查，有时在这些法官中以微弱多数通过法律违宪的决定，对于人民主权原则不能说不是一种侵犯，对于宪法的根本法地位不能说不是一种震撼；其结果必然引起更多的违宪事件。

(三)司法审查的实际运用

美国的司法审查并不因宪法没有明文规定，理论争议不断发生而中止实行。至于在宪法中已经作出规定的西方国家中，其司法机关行使司法审查权则更是理直气壮。总结西方国家司法审查的实践情况，可以概括出两个特点。现以美国为例，说明如下：

第一，在激烈的冲突中求改进。1933 年富兰克林·罗斯福就任总统时，为解脱当时美国的困难处境推行新政，通过国会制定了一系列的法律，但是遇到了联邦最高法院的阻挠。1935 年通过病鸡案的审理，联邦最高法院宣布工业复兴法无效；1936 年，联邦最高法院又通过美国诉布特勒一案的审理宣布农业调整法违宪无效。由是引起罗斯福的极度愤慨，行政与司法之间的关系非常紧张。总统扬言要改组联邦最高法院。司法部门于1937年开始让步，并于1938年由联邦最高法院斯通法官提出了司法审查的自我约束原则。他在一个裁决中宣布联邦最高法院不应干涉经济政策的立法，但涉及民权范围的立法，它的权力和职责不受限制。这一原则为联邦最高法院所接受。其后在多年的实践中自我约束原则扩及政治领域，发展为不涉及政治问题的原则，即司法审查权的行使仅限于司法问题，政治问题不在审查之内。联邦最高法院曾经认定：涉及外国政府的承认、宪法规定的共和政体形式、批准宪法修正案的时间等，对属于政治问题，应由总统或国会决定。美国联邦最高法院在行使司法审查权的历史过程中所提出的自我约束原则，非常明显地表现出它在激烈冲突中求改进的意图。尽管它的自我约束的范围并不十分明确，却对其他西方国家的司法审查发生重大影响。目前有些西方国家的司法机关除了政治问题不予审查的原则之外，还确立了立法机关的自律权不加干涉的原则、推定合宪原则、回避原则等以进行自我约束。有些西方国家的宪法还规定了司法审查的限制条件，如巴拿马宪法曾规定最高法院须征询国家检察长意见之后才能确定法律是否违宪；菲律宾宪法曾经规定司法审查的宣告须经最高法院全体法官三分之二的同意。

第二，在变化的形势中求适应。司法审查权的理论争议似乎表现出一些原则性，但在实践中却显得很没有原则。同一类的诉讼案件中联邦最高法院所作的判决往往发生矛盾。例如同是关于黑人选举权的问题，在1935年的格罗维案中，联邦最高法院认定：政党属于民间社团组织，有权决定其本身政策与会员资格等事项，不受政府干涉，不受宪法限制；黑人格罗维提出的要求参加民主党初选的诉讼没有理由。格罗维败诉。而在1944年的史密斯案中，联邦最高法院却认定：政党初选是正式选举的一部分，不得对黑人的选举权予以剥夺，以致违反美国民主宪政制度。黑人史密斯胜诉。产生这种现象的主要原因，是为了适应变化了的形势。此外，为适应形势的需要，联邦最高法院在它的判决中表现各种不同的倾向。例如：1857年在斯各特诉桑福德案中宣布密苏里妥协案违宪无效，斯各特仍为奴隶，没有诉讼权利，以此维护奴隶制度；在1950年的美国产联交通协会诉杜茨案中宣布塔夫脱——哈特莱法案合宪，以此反对劳工运动。而在 1967 年的合众国诉罗贝尔案中却宣布 1950 年的颠覆活动管制法所规定的共产主义阵线组织成员在国防工厂中工作为非法的条款违宪无效，保护了共产主义信仰者的权利；在 1982 年的铁路劳工行政组织诉基朋案中宣布 1980 年国会制定的一项保障铁路雇员利益的破产法规合乎宪法，保护了铁路职工的权利。

（四）司法审查的发展与变迁

司法审查制度是一种有争议的制度。有些资本主义国家，全部社会主义国家，从根本上否定这种制度。但是，对法律的合宪性审查不能因此停止，因此，出现了由立法机关或特设的专门机关进行审查的制度。由立法机关自身审查其立法的合宪性，在性质上不属司法审查范围；由专门机关审查法律的合宪性，与司法审查有不同程度的联系。

现代两种不同历史类型的国家，都有设置专管机关进行法律的合宪性审查的。根据这些国家的宪法规定，又可分为以下两类：

一类是联邦德国式的。它由宪法法院主管对法律的合宪性的审查。根据联邦德国基本法的规定：司法权由联邦宪法法院、联邦最高法院，以及基本法所规定的各联邦法院和各州法院行使。联邦宪法法院属于司法机关是十分明显的。同时该基本法还规定了宪法法院裁决争讼案件的范围，其中包括裁决法律是否与基本法发生抵触的问题。联邦法院行使特定范围的审判权也是十分明显的。由此可见，联邦德国虽由宪法法院主管法律的合宪性的工作，却没有超出司法审查制度的范围，它只是司法审查制度的发展。

另一类是法国式的。它由宪法委员会主管对法律的合宪性的审查。法国现行宪法专章规定宪法委员会的组成和职权。在组织上它是和司法机关分开的，它不是司法机关；在职权上它对法律的合宪性审查不是通过具体案件的审理，而是经有关国家机关提交裁定的；同时，在它的职权中还有监督共和国总统选举的合法性，为司法权所没有的职权。可见法国宪法委员会所主管的违宪立法审查，已经超出了司法审查的范围，对于司法审查来说，它是一种变异。

三、司法独立

司法独立具有两种含义。一是司法权的独立，即司法权对于立法权和行政权来说，它是独立的。这种含义的司法独立为采用三权分立制的西方国家所赞赏，为实行议行合一制的社会主义国家所扬弃。二是司法机关在审理案件中实行法官独立只服从法律的原则。这种含义的司法独立，两种不同历史类型的国家都在提倡。这里所说的司法独立是第二含义的司法独立。

司法独立，司法机关在审理案件中实行法官独立只服从法律的原则，至少要具有两个条件，即法官的权能保障与法官的职业保障。

（一）法官的权能保障

法官的权能保障，即法官在执行职务、行使审判权时，应具有独立的能力。现代各国宪法对此多有规定。如联邦德国基本法规定：法官具有独立性，只服从法律；民主德国宪法规定：审判员、陪审员和社会法庭成员审判独立，只受德意志民主共和国宪法、法律和其他法规约束。其他国家的宪法也多有类似的规定。

各国宪法关于法官独立进行审判的规定，从形式上看颇为近似，但理论渊源有所不同。西方国家渊源于分权学说。这个学说分国家权力为立法、行政、司法三部分，由三机关分别行使，它的目的是为了反对集国家权力于国君一身的君主专制制度。法官独立审判原则的确立，使司法机关行使审判权时，得以摆脱王权的干涉、摆脱行政权的干涉，这是资产阶级反封建斗争的一项胜利成果。社会主义国家则渊源于民主集中制理论。这个理论强调国家权力属于人民，人民行使国家权力的机关为人民代表机关，人民代表机关代表人民统一集中地行使国家权力，但并不反对国家机关之间的权限分工，法官独立审判即是承认这种分工的结果。在民主集中制理论指导之下，一切其他的国家机关，包括审判机关，都要向国家权力机关负责，受它的监督。法官独立审判只是在他们审理具体案件时只服从法律，不受外来干涉，法官所隶属的审判机关不能脱离国家权力机关而独立地掌握司法权，这是社会主义国家和西方国家不同之处。

法官独立审判可以说是两种国家在两种不同理论的运用上的一种殊途同归。这不是一种巧合，而是两种不同国家都有此需要。因为任何统治阶级都需要使自己的上升为国家意志的法律得以贯彻执行，如果法官在进行审判时可以不服从法律，就意味着不服从统治者阶级。这是不能容许的。

(二)法官的职业保障

宪法中的法官独立只服从法律的规定，能防止立法机关、行政机关公然干涉审判工作，对法官的审判职能起着重要的保障作用。但是，法官若对其地位能否保持产生疑虑，那么宪法中关于法官独立只服从法律的规定便很难真正贯彻执行。因此，法官的职业保障便成为法官的职能保障的必要条件。

法官的职业保障包括职业的获得、保持和生活待遇。

法官职业的获得通常有任命和选举两种方式。法官的任命权通常由行政机关掌握，为避免行政机关对法院的控制，各国宪法多对这项任命权加以限制。如美国总统有权任命联邦最高法院法官，但须经参议院同意；日本最高法院院长以外的其他法官由内阁任命，但应于任命后举行众议院总选举时，交付国民审查，下级法院法官也由内阁任命，但任命各单由最高法院提出。此外，有的国家对法官的任命还辅以考选形式。如意大利宪法规定：法官的任命按考试选拔原则进行。法官的选举分直接选举和代议机关选举两种。苏联采用两种选举相结合的办法。根据苏联宪法规定：区(市)人民法院的人民审判员由区(市)公民按照普遍、平等、直接选举制，采用无记名投票方法选举产生；上级法院的人民审判员由其同级的人民代表苏维埃选举产生。其他社会主义国家如民主德国等也以类似的办法选举法官。任命与选举两相比较，以选举较为合乎法官的独立的要求，但选举产生的法官有时不一定是法律专门人才，因而也有它的缺陷。

法官职业的保持对其独立审判具有重大作用。因此，各国宪法都有关于法官的任期的规定。这种规定大致可分两种：一种是终身任职，一种是限期任职。如美国宪法规定：联邦最高法院与下级法院的法官为终身任职；苏联宪法规定：区(市)人民法院和上级人民法院的人民审判员任期五年；日本宪法规定：最高法院院长以外的法官和下级法院的法官任期十年。就常理而言，法官终身职能保证法官消除丧失职位的顾虑，更有利于审判独立。但在实行民主集中制的社会主义国家里，人民代表机关是一切其他国家机关的组织者和监督者，是统一集中地行使国家权力机关，如果在任期有限的人民代表机关之外，设置终身任职的法官，便会和民主集中制、国家权力机关对审判机关的监督发生矛盾。至于实行法官限期任职制的西方国家，则多有法官可以连任以及在法官任职期间除因特定原因、经特定程序之外不得免除、停止、调动其职务的规定，从而有利于保持法官职业的稳定，保障审判独立。

法官的生活待遇涉及法官在行使职权时能否不受物质引诱，依法审判，因而也是审判独立中的一个重要问题。现代国家对法官的工资待遇一般都比较优厚。有的国家还在宪法中明确规定法官的报酬在其任职期间不得减额，如日本宪法就作了这样的规定。在法官的生活待遇方面，西方国家比社会主义国家更为重视，值得社会主义国家借鉴、学习。

第五章　民主宪政与政党制度

第一节　政党的产生与政党的职能

一、政党的产生

政党是一个阶级的、具有政治纲领的组织。

政党作为一个阶级的组织，它并不和阶级同时产生，它是阶级、阶级斗争发展到一定历史阶段以后才产生出来的。

奴隶制、封建制时代不可能产生政党。那时的典型的政治统治形式是君主专制政体，其根本特征是王权高于一切。在统治阶级内部虽因争权夺利时常产生派别斗争，但各个派别都必须依附于君王。斗争的结果是顺君王、为君王所赞许者昌，逆君王、为君王所厌弃者亡。因而，在统治阶级内部不可能形成政党。至于统治阶级和被统治阶级之间的斗争虽然经常发生，其结果不是被统治阶级遭受镇压，就是奴隶、农民的斗争成为改朝换代的工具，不可能改变原来的政治统治形式，因而也不可能产生政党。即使是实行民主共和制的奴隶制、封建制国家，也由于奴隶主、封建主和奴隶、农民等统治阶级和被统治阶级不能提出明确的政治纲领，而不能产生政党。

在奴隶制和封建制的经济制度之下，生产者阶级摆脱不了对占有者阶级的人身依附关系，他们不可能因为经济利益而聚集起来组织政党。占有者阶级也因为处在封闭式的自然经济状态之中，彼此之间缺乏联系，没有竞争，也就没有组织政党的要求。

不论从政治、从经济的角度考察，在前资本主义国家里都不可能产生近代、现代意义的政党。然而，凡是有阶级斗争存在的地方，就有政治要求，就有相同的政治要求的人的聚集，就有政治性团体的产生。前资本主义国家中的政治性团体，可以说是政党的萌芽形态。

资产阶级作为独立的力量登上政治舞台是政党产生的前提条件；资本主义制度的确立，是政党赖以产生的现实基础。随着资本主义生产关系在封建社会内部孕育成长，产生了资产阶级，产生了资产阶级的启蒙思想家。这些启蒙思想家为资产阶级进行反对封建主阶级的斗争提供了理论武器，如天赋人权、人民主权、自由、平等、博爱、民主共和国、法治国等，从而把阶级斗争提高到以往所不曾有过的水平，使资产阶级所进行的反对封建主阶级的斗争具有明确的政治纲领。这样，就使资产阶级有可能组织自己的政党。

资产阶级取得革命胜利之后，建立了资本主义制度。它在政治上确立了资产阶级专政国家，为了表示新的国家比封建国家优越，它确立了资产阶级的民主制度。在这种民主制度之下，天赋人权原则以公民基本权利的形式确认下来了。人民主权原则也以普选产生的国家机关体现出来。这就使本阶级的各个阶层、各个利益集团为争取通过普选进入国家机关行使统治权而互相角逐。为了战胜对手，各个阶层、各个利益集团便不能不寻找合作者，结成更大的政治力量。政党就适应这种政治需要而产生出来了。

在资本主义经济制度之下，资本家为争夺市场、原料和投资场所，为追逐利润而开展着激烈的竞争。竞争的结果，使资本家阶级形成不同的利益集团，而各个利益集团为了在竞争中取得胜利，也不能不寻找合作者，结成更大的经济力量。政党也由于适应这种经济需要而产生出来。

资产阶级政党的产生，有其共同的政治的和经济的根源。但各资本主义国家政党的产生，却又因国情不同而有自己的独特历程。以英、美两国政党的产生为例：英国资本主义的发展与议会制度的形成，使资产阶级在取得革命胜利之前，即已在议会的下议院中形成一股反对王权的强大的政治力量；同时，封建贵族在下议院中也还保持着一定的势力。于是围绕着反对王权与保护王权的斗争，在议会中形成了两个政治派别，最终形成两个政党，即辉格党和托利党。美国建国初期，乔治·华盛顿是反对政党政治的。他在著名的《告别词》中说："一个派别对另一个派别的交替统治，由于党派纷争所产生的天然报复心理而使斗争愈演愈烈。在不同时代的国家中，这种交替统治干下了最令人厌恶的罪行，它本身就是一种可怕的专制主义。"①詹姆斯·麦迪逊最初也是反对政党政治的。他认为"党争就是一些公民，不论是全体公民中的多数或少数，团结在一起，被某种感情或利益所驱使，反对其他公民的权利，或者反对社会的和永久的和集体的利益。"②但是，他们未能阻止美国政党的产生，而且麦迪逊还放弃了他原来的意见，出任共和党领袖，于1800年当选为美国总统。可见在政党产生的具体历程上各个国家是不尽相同的。同时，从美国政党产生的历程中也可以看出，资本主义国家政党的产生是不以人们的意志为转移的。

资产阶级政党的产生促进了资本主义经济和资产阶级民主制的发展。而这种发展又壮大了无产阶级，并且使之受到教育和锻炼，使之明确了自己所肩负的历史使命是要消灭一切剥削制度，解放全人类。在完成这一历史使命的斗争过程中，无产阶级经历了多次的挫折。他们终于从失败中获得了教训，终于认识到，要消灭一切剥削制度，首先要在战胜资产阶级的斗争中加强自己的战斗力，组织政党。到19世绝40年代，在欧美的一些资本主义国家里，除了共产党之外，还成立了其他的工人政党。无产阶级政党的产生过程是曲折的，由于工人的自相竞争，政党组成后常常遭到破坏，但由于斗争的需要，遭受破坏的政党组织又总是不断地重新组织起来，而且一次比一次更为坚强有力。

二、政党的职能

政党产生之后，即开始建立自己的组织系统，根据自己的政治纲

① 转引自《美国政党和选举》，上海译文出版社1980年版，第2~3页。

② 《联邦党人文集》，商务印书馆中译本1982年版，第45页。

领进行活动，形成具有特定的组织与活动原则的政党制度。政党制度的形成，加强了政党的作用，使之更有利于实现自己的职能。

政党的职能主要是维护政权或夺取政权。代表统治阶级的政党把维护本阶级的政权放在首位，但在两党制和多党制的资本主义国家里，在野党也有夺取政权的职能。至于代表被统治阶级的政党，则没有维护政权的职能，只有夺取政权的职能。

(一)维护政权的职能

代表统治阶级的政党，在实现其维护政权的职能中，至为重要的是选择国家公职人员、决定国家政策。任何国家都是阶级专政的国家，它的国家权力都是通过国家公职人员按照一定的政策来实现的，都是由政党来领导的。著名法学家张友渔教授说："要实行无产阶级专政，就必须有共产党的领导。事实上，在任何国家，由任何阶级专政，都是通过统治阶级的政党来实现的。资本主义国家的政府是由资产阶级政党组成的，政府的首脑通常就是执政党的党魁，政府的主要成员主要都是执政党的成员。政府所实行的方针、政策都是由执政党决定的形式上是议会通过的，但是议会也是由作为议会多数党的执政党操纵的。可以说，没有哪一个国家不是经过统治阶级的政党领导的。"①张友渔教授在这里所说的政党的领导，主要是指选择国家公职人员和决定国家政策。

为了选择国家公职人员，政党要提出自己的候选人，组织、动员选民参加选举；对于非选举产生的国家公职人员，政党也要为自己推荐人选。为决定国家政策，政党要认真研究国情，使自己的决策符合本国的社会政治经济文化状况，促进国家的发展。然而，不论是选择国家公职人员，或者是决定国家政策，政党都必须把自己的意志变为国家意志，使之形成制度，订为法律。在已有既定制度和法律的国家里，则必须遵循制度和法律。这些制度和法律大都是属于宪法范围内的问题。因此，政党为维护政权而选择国家公职人员、决定国家政策的各种活动，都是宪政活动的一部分。政党的职能和国家的宪政有着

① 张友渔：《学习新宪法》，天津人民出版社 1982 年版，第 15 页。

密切的关系。

在两党制和多党制的资本主义国家里，各资产阶级政党以维护政权、维护本阶级的统治地位为共同目标，但它们之间又有执政党与在野党之分。作为执政党，除了维护阶级的统治地位之外，还必须协调与在野党的关系，争取选民的信任，以便在和其他政党的竞争中保持其执政党的地位。

在存在多党派的社会主义国家，虽然不存在轮流执政的问题，但也有共产党领导下的多党合作问题。共产党作为国家的领导党、执政党，必须协调和其他政党的关系，使之团结在自己的周围，共同维护政权，发展革命和建设事业。

(二)夺取政权的职能

代表被统治阶级的政党的首要职能，是夺取政权，使自己上升为统治阶级，否则它所代表的阶级的利益便不能真正实现。即使是代表统治阶级的政党，也有夺取政权、变在野党为执政党的问题。尽管各种政党都有夺取政权的职能，但它们在实现这一职能时，常因其所代表的阶级在国家中的地位不同而在方式上有所差异。

在通常情况下，代表同一阶级的各个政党的政纲总是基本相同的。它们之间争当执政党的方式一般是和平竞争。它们都在国家中取得了合法地位，通过选举达到自己的目的。西方学者常把组织选举当作政党的根本任务或基本职能，并非全无道理。同时，各政党为了通过选举战胜对手，必然展开争取选民的竞争。其结果是各种政治力量都想依附于一个最大政党的周围，但又由于选择的目标不一，因而产生旗鼓相当的两党制，或者产生多党制之下的政党联盟。阶级利益相同、政治纲领基本相同，是资本主义国家中资产阶级政党得以采用和平的选举方式夺取政权的根本原因。

至于同一国家中的代表不同阶级的政党，在通常情况下，代表统治阶级的政党和代表被统治阶级的政党，两者的政治纲领是根本对立的。被统治阶级的政党尽管有时也能取得合法地位，甚至可能发展成为能够和统治阶级相抗衡的强大的政治力量，但至今仍未发现通过和平的选举方式夺得政权的先例。法国共产党和意大利共产党曾经在议会中取得过相当多的议席，并且在政府中也取得了阁员、部长职位，似乎显现出和平夺得政权的前景，但终于被资产阶级各个政党的联合力量击败了。可否想象，当无产阶级政党强大到足以和资产阶级政党的联合力量相抗衡时，会出现无产阶级政党和平地夺取政权的局面？照常理推断，政权的阶级易手涉及统治阶级的根本利益。当统治阶级感到自己的统治地位发生动摇时，将不惜采取一切手段、甚至武力镇压的手段以维护自己的政权。因此，在资本主义国家里，无产阶级政党要实现夺取政权的职能，一般不能通过和平的方式，只能通过武力的方式。阶级利益不同，政治纲领相异，是敌对阶级的政党必须采用暴力方式的根本原因。

在现代国家中，政党通过和平的选举方式取得政权，必定以民主宪政制度中的选举法为依据；而通过暴力夺取政权，则往往产生新的民主宪政制度。

第二节　政党政治与宪法、法律规范的发展

政党的主要职能之一是维护其所代表的阶级的政权；而宪法的重要内容之一是确认和巩固统治阶级的政权。两者的关系十分密切。但是在政党政治尚不完备，政党制度尚未形成的时候，政党在民主宪政中的实践活动找不到宪法依据，它们不得不运用自己的创造能力开创先例，于是产生了许多关于政党活动的宪法惯例。随着政党政治的发展和政党制度的形成，一些国家出现了关于政党的组织与活动的宪法规范。现在，政党政治已进入宪法惯例与宪法规范同时适用的时代。

一、政党组织活动的宪法惯例

政党组织活动的宪法惯例主要有以下两种：

(一)选择国家公职人员的宪法惯例

现代国家中保持选择国家公职人员的宪法惯例的最明显的实例，是美国总统的选举和英国内阁的任命与下院议员的选举。

按照美国宪法的规定：当选总统的资格是年满三十五岁，在合众

国居住十四年的美国公民；选举总统的办法是由各州选民选举总统选举人，由总统选举人选举总统。宪法中没有任何关于政党参与选举的规定。可是美国总统选举的实践却是：在总统选举年，由民主、共和两党分别召开全国代表大会，在代表大会上各自提出总统候选人；两党公开地、直接地采取各种手段，利用各种宣传机器，为自己的候选人进行竞选活动；各州提出总统选举人的候选人名单时，各个候选人必须向选民宣布其政党倾向，然后由选民按政党提出的候选人名单投票；总统选举人在选举总统时，应投其本党所提出的候选人的赞成票。以上所说的美国政党在总统选举中的实际活动，都是美国宪法所没有规定和认可的，然而美国的民主、共和两党对自己的所作所为却理直气壮，美国选民对两党在总统选举中的各种控制活动也习以为常，不加反对，或者没有强烈的反抗。其重要原因，就是因为它已经形成宪法惯例。

按照英国的历史传统和宪政理论，内阁首相由英王任命，英王在行使这项任命权时可以自由裁量。但是随着政党的发展，英王在任命内阁首相时，已没有自由裁量的余地，他的任命以下议院多数党党魁为限。本世纪以来，只有三个内阁首相是由英王决定任命的，但英王的决定是由于当时的执政党未能产生无可争议的党魁才得以实现的。1923 年执政的保守党首相因病辞职，英王决定任命鲍尔温为首相，是因为该党在当时出现了两位可当领袖的其他人物，1937 年和 1940 年英王决定任命张伯伦、丘吉尔为首相，也是因为当时为下议院多数党的保守党没有明显的领袖。除此以外，经英王任命的内阁首相都不是由他自己的意志决定的。至于内阁阁员，在形式上由首相提名、英王任命，但除极少的例外情况之外，英王对首相提出的阁员名单一般都不表示反对，实际上也没有决定权。英王对内阁的任命以下议院多数党党魁及其所提内阁成员名单为限，事实上为责任内阁制所必需，但其合法性仍然来自宪法惯例。

英国下议院议员的选举采单区制，每一选区选出一名议员，得票最多者当选。议员候选人除列出姓名之外，还须列出其所属政党。这一宪法惯例对两党轮流执政起了保证作用。

（二）控制议会的宪法惯例

政党对议会的作用和影响，在少数现代国家中已由宪法或政党法加以规定和确认。但是多数国家政党对议会的控制，仍然依靠宪法惯例。这一点美国的表现尤为突出。美国政党在议会中的组织活动并无宪法依据，可是美国国会两院均有政党组织。这些政党组织有国会党团会议、指导委员会与政策委员会、委员会事务委员会、选举筹备委员会等。国会党团会议由两党在两院中的全体议员组成，它设主席一人，党团会议所作的决议，本党议员均应遵守；指导委员会与政策委员会由两党在两院中各自设立，它的任务是处理国会党团会议的日常工作，在很大的程度上支配着国会的活动；委员会事务委员会根据议员的资历、对党忠诚的程度以及他们所代表的地区和专业特长等条件安排党内参加常设委员会的人选；选举筹备委员会的任务是力图使本党在选举中获胜，在国会内占有多数议席。美国政党除了通过上述组织在国会发挥作用之外，还决定国会领导核心的人选。如众议院议长形式上由全院会议推选，实际上由众议院多数党决定；各常设委员会委员按两党议员人数的比例分配名额，委员会主席由多数党的议员担任；国会两院均有多数党与少数党的领袖。这些依照宪法惯例所产生的政党组织、领导和核心人物，实际上控制着美国国会。

西方国家的政党依靠宪法惯例选择国家公职人员、控制议会，几乎是一种普遍现象。很多国家议会的选举都由政党提出议员候选人名单；所有责任内阁制国家的内阁首相或总理，不论是由君主任命或由总统任命，其任命范围均以议会多数党党魁或政党联盟的领袖为限。西方国家的政党乐于借助宪法惯例实现对国家的统治，是因为宪法惯例具有灵活性、隐蔽性，能够适应资产阶级政党的需要。

社会主义国家刚刚出现的时候，也有一段时期没有在宪法中规定共产党在国家中的领导地位。1918 年的苏俄宪法只在全俄中央执行委员会会议规则中规定了党团代表的发言时限；1924 年苏联宪法没有任何关于政党的规定。但当时共产党对国家的领导并不是通过宪法惯例实现的。这两部宪法都宣布了苏维埃政权的无产阶级专政性质，共产党的领导是通过马克思主义关于无产阶级专政学说的理论宣传和对无产阶级专政的宪法解释获得公认的。

二、政党组织活动的宪法规范

西方国家多年的政党政治的实践，也产生了一些宪法规范。这些规范不如议会制度、政府制度、司法制度那么具有完整的体系，不能概括政党制度的全貌，但也涉及政党组织活动的某些重要内容。现分述如下：

(一)组建政党的宪法规范

组建政党的宪法依据，应出自宪法所规定的公民的结社权。但在早期宪法中，关于结社权的规定，并没有直接涉及公民可以运用这项权利组织政党的问题。最早显示组织政党的结社权的是德国的威玛宪法。它在确认德国人民有组织社团及法团的权利以后，接着规定："社团得依据民法规定，获得权利能力，此项权力能力的获得，不能因该社团为谋求政治上、社会上、宗教上的目的而予以拒绝。"第二次世界大战以后，西方国家开始在宪法中明确规定公民组织政党的权利。如意大利宪法规定：为了按照各种民主原则参加决定国家政策，一切公民均有自由组织政党之权利。南朝鲜宪法规定：自由建立政党，保障多数政党制。葡萄牙宪法规定：结社自由应包括建立或参加政治社团和政党的权利。

(二)确认政党作用的宪法规范

西方国家要求政党为维护资产阶级的统治权而发挥作用。它们的宪法强调各政党按照资产阶级民主原则进行活动。如前面引述的意大利宪法所规定的公民建立政党的权利即以按照民主原则参与决定国家政策为前提条件；南朝鲜宪法在规定"自由建立政党"之后，接着就规定政党的组织与活动必须是民主的；葡萄牙宪法也在组建政党的结社权之后，要求"通过这些政治团体和政党民主地进行工作，赋予人民意志以形式，并组织政治力量"。此外，法国宪法规定：各党派和政治团体协助选举的进行；各党派和团体可自由地组织和进行活动，但必须遵守国家主权原则和民主原则。联邦德国基本法规定：各政党应相互协作以实现国民的政治意愿；它们的建立是自由的，它们的内部组织必须与民主原则相符合。所有这些规定，在表述形式上不完全相同，但目的却是一致的，即要求各政党在发展资产阶级民主制、维护资产阶级统治权方面发挥作用。

(三)限制政党组织活动的宪法规范

西方国家发展政党政治的根本目的在于维护资产阶级的统治权。凡属和这个根本目的相违背的政党组织与活动都应受到限制。如意大利宪法规定"禁止以任何形式恢复已被解散的法西斯党"，就是因为法西斯党曾经给资产阶级的统治权造成极大的危害。再如联邦德国基本法规定："根据各政党的目的或根据其党员的态度判明，如企图破坏自由和民主的根本秩序，推翻这种秩序或阴谋颠覆德意志联邦共和国，都是违反宪法的。"其目的就是为了限制无产阶级政党的革命活动。西方国家对无产阶级政党的限制情况取决于这些政党是否对资产阶级的统治权构成直接威胁。因此，不同的国家、不同时期的同一国家，对无产阶级政党的限制情况各不相同。另外，西方国家对资产阶级政党也有限制性规定，但其限制内容只是细微末节。如葡萄牙宪法规定：政党不应使用与任何宗教和教会有直接联系的名称。这个规定渊源于政教分离的原则，它不影响政党奠定其纲领的哲学或意识形态。和对无产阶级政党的限制相比，显然要宽松得多。

社会主义国家也有关于政党组织与活动的宪法规范，但这种规范比较简单，而且都以共产党、工人党对国家的领导为基本内容。

三、政党组织活动的普通法规范

政党组织活动的普通法规范是宪法规范的具体化。它主要表现为两种形式：一是政党法；一是议会规程。联邦德国 1949 年公布施行基本法之后，于 1967 年制定了《关于政党的法律》。这个法律以联邦德国基本法为依据，确认了政党的地位和任务。它宣布政党是基本法所确认的自由民主制度的一个重要组成部分，它们通过自由而经常地对人民表达政治愿望所施加的影响，履行其为基本法所规定和保证的公共任务。这个法律还规定了政党内部的组织、经费、竞选以及对违宪政党的禁令的执行等细节。法国的国民议会规程有议会党团的专门规定。它宣布议员可因政治上相似而结成议会党团；它规定了议会党团成立的手续、成员变更的程序、在国民议会中发言的顺序和时限；它还规定了在宪法明确要求按议会党团比例任命人员的情况下，党团领袖负有如期向议长提出候选人名单的义务等。这些规定虽未全面涉及政党制度的各种细节问题，却为政党在议会中的组织活动提供了法律依据。

政党组织活动从原则性的宪法规范到具体的普通法规范的发展过程，是政党政治发展的结果，也是西方国家宪政体制发展的结果。而这一结果是和宪法规范的发展相联系的。但是，也有一些西方国家，在它的宪法中没有明确的关于政党组织活动的规定，却有禁止政党组织活动的普通法。如 1954 年美国的共产党管制法即宣布“共产党不受法律保护”，它还规定美国共产党或该党的继承者不得享有成立合法团体的任何权利、特权和豁免权。这完全是由于当时的统治者感到“共产主义威胁”，不能不出此下策。

社会主义国家中，共产党的领导地位已为宪法所确认，而且除了在革命时期曾经和共产党合作、在共产党领导下为革命胜利作过贡献的政党以外，一般不允许建立新的政党组织。因而以往的实际政治生活中，尚无制定政党组织活动的普通法规的迫切需要。随着政治体制改革的开展，为了更好地坚持和改善党对国家的领导，适当地制定一些政党组织活动方面的法规，似乎有益而无害。

第三节　政党斗争与宪政体制的关系

西方国家的各个资产阶级政党的政治纲领基本相同。这是由资产阶级具有整体的共同利益决定的。但是，在资产阶级内部却存在着各种不同的利益集团，它们的政党正是这些不同的利益集团的代表。各个利益集团的矛盾冲突必然表现为政党之间的斗争，这种斗争一般围绕着宪政体制进行，有时却促使宪政体制发生变化。

一、政党斗争的中心决定于宪政体制

西方国家政党斗争的根本目标是争夺国家的统治权。尽管这种统治权同是属于资产阶级，但由于各国的宪政体制不同，掌握统治权的核心部分就不一样，因而政党斗争的中心点也必然有所差异。

（一）总统制国家政党斗争的中心

总统制国家政党斗争的中心是争夺总统职位。以美国为例：总统是国家元首、政府首脑。他对外代表国家、对内领导国家；他掌握全部行政权，拥有一定的控制与影响立法权和司法权的权限；他担任国家武装力量的总司令，拥有巨大的军事方面的权力。可以说美国总统是全国政治生活的焦点，他在实现国家权力的过程中起着至为重要的作用。美国的民主党与共和党要争夺国家的统治权，首先要争夺总统职位。

美国总统是由选举产生的。四年一度的总统选举把两党的斗争引到最激烈的阶段。现任总统所在的党竭力宣扬总统的政绩，争取总统连任或本党的其他候选人登上总统宝座。而另一政党则竭力攻击、诋毁现任总统的各项政策，张扬其过失，争取自己的候选人当选总统。两党可谓煞费苦心，为争夺总统职位而不遗余力。

美国两党在夺取总统职位的同时，也进行着争夺国会两院议席的斗争。这种斗争很重要。总统所在的政党如在国会两院中占有多数议席，总统在行使职权、决定国策时就比较顺利；反之，总统所在党如居于国会一院或两院的少数，他便会遇到许多麻烦和阻碍。美国的政治实践中曾多次出现总统所在的政党在国会中居于少数党地位的情况，前任总统里根执政时就出现这种状况。但是，尽管如此，总统的地位并不因此降低，总统的作用并不因此丧失。和争夺议员席位的斗争相比，争夺总统职位的斗争仍然是政党斗争的重心。

法国是具有议会特点的总统制国家。总统在国家政治生活中地位崇高、作用重大。争夺总统职位也是政党斗争的中心环节。尽管法国的总统制具有议会制特点，政府总理从国民议会中的多数党或政党联盟中产生，有时甚至出现政府总理和总统不属于同一政党或政党联盟的现象，因而使总统在国务活动中遇到阻碍，如社会党的密特朗任上届总统的末期，政府总理就由保卫共和联盟的希拉克担任，总统与总理之间经常发生矛盾。但是，总统有权依据宪法的规定解散国民议会，重新选举，重新组织内阁，而政府总理却无权迫使总统辞职。1988 年密特朗再次当选总统之后，即宣布解散国民议会，谋求议会中的多数，谋求自己的同党担任政府总理。可见在法国，议员的选举固然为各政党所重视，但政党斗争的焦点却是争夺总统职位。

(二)议会政府制国家政党斗争的中心

前面说过，议会政府制或称责任内阁制。英国属于实行这种宪政体制的国家。它的内阁首相由英王任命，但英王的这项任命权只是一种形式上的权力。英王所任命的内阁首相只能是在下议院占多数议席的党魁。在这样的宪政体制之下，内阁首相大权独揽，成为民选的国王。但要获得这一职位，他所在的政党必须先获得下议院的多数议席。同时，下议院拥有立法权、财政权和监督政府权，要获得这些权力的政党，也必须争得议会的多数议席。可以说，英国的宪政体制的特点是，政党获得下议院议席的多寡，决定着它是否能够掌握国家权力。因此，英国政党斗争的中心是争夺议员席位。在英国的实际政治生活中，各政党总是全力以赴地从事议员竞选活动，力求从议员选举的胜利中成为执政党，掌握国家权力。不仅如此，英国的内阁首相有时为了蝉联首相职务，甚至在任期届满之前就选择有利于在议会争得多数议席的时期主动地呈请英王解散议会举行大选。这更足以说明英国的政党重视议员选举的程度。

(三)委员会制国家政党斗争的中心

瑞士实行委员会制。在这种宪政体制之下，由选举产生的议员组成的联邦议会拥有立法权，由联邦议会选举产生的委员组成的联邦委员会掌握行政权。立法权和行政权的获得都取决于议员的选举。任何政党要成为执政党、掌握国家权力，必须争取在联邦议会的选举中获得多数议席。瑞士的宪政体制和英国的宪政体制虽然不同，但政党斗争的中心却和英国一样，也放置于联邦议会议员选举之上。

二、政党斗争促进宪政体制的发展变化

资产阶级取得革命胜利之后，即掌握了国家权力，制定了宪法，确立了宪政体制。资产阶级政党在有些国家里在革命时期即已产生，在另一些国家里却是在革命胜利、制定宪法之后才产生出来的。不论产生情况如何，有一点却是共同的，即政党政治的发展是在宪政体制既经确立之后。早期的政党斗争，必然是根据宪法的规定，服从宪政体制。但是，随着政党政治的发展，政党之间的斗争却又不可避免地要引起宪政体制的发展变化。这种发展变化主要表现为以下两个方面。

(一)补充新内容

早期的资本主义国家宪法没有关于政党的组织与活动的规定，但在政党政治逐步发展的过程中，涉及这方面的宪法规范日益增多。本章第二节中所说的选择国家公职人员、控制议会的宪法惯例，组建政党、确认政党的作用、限制政党活动的宪法规范等等，都属于新的宪法内容。这些新内容的特点是它没有改变宪法所确认的宪政体制。

这里应该特别加以强调的是，上述新补充的宪法内容虽然没有改变原有的宪政体制，决不能由此低估它对原有的宪政体制的巨大影响和作用。

从宪政体制中的组织机构方面来说，除了前面所说的议会党团对议会的控制作用之外，在实行议会政府制的国家里出现了影子内阁，它对在野党进行夺权斗争起着重要作用。这种影子内阁是在本世纪初由英国首创的。它由在野党领袖指定本党的议员组成，或由在野党的全体议员选举产生；它在组织机构上设置与内阁相应的各部大臣或部长；它的任务是领导本党在下议院的各种活动，特别是议会辩论、不信任案的提出等活动，以便在大选中一旦获胜就转为正式内阁。可见它在夺权斗争中具有重大作用。

从宪政体制的实际运用来说，政党斗争给宪政体制增添的新内容使西方各国国家机关体系间的分权与制衡关系变为执政党内部的权力分配与协作关系或政党之间的分权与制衡关系。在议会政府国家里，

议会和政府均由议会中的多数党控制，议会和政府之间的分权与制衡实际上只是政党内部的分权与协作。在总统制国家里，总统和议会的多数党如属于同一政党，行政和立法的关系和议会政府制国家的这种关系相同；如总统和议会的多数党不属于同一政党，则行政与立法之间的分权与制衡关系就变成了政党之间的分权与制衡关系。此外，在宪政体制的运用中，有的国家在原有体制的基础上，通过宪法规范作了若干细节上的改变。如联邦德国是实行议会政府制的国家。它保持议会政府制的基本特征，即联邦总理在要求对他表示信任而又没有得到联邦议院多数支持时，即应辞职或提请联邦总统解散联邦议院。但联邦德国基本法规定，联邦议院在提请总统罢免总理时，必须根据多数议员的意见选出一名继任人，这一新规定通称为建设性的不信任案。这种具有改革性的规定是为了防止政党斗争中滥用议会的不信任权，造成政局动荡。

(二)改革旧体制

一个国家的宪政体制的确立，总有它独特的历史原因和现实需要。美国建立共和政体，采用总统制；英国保持君主效体，建立君主立宪国家，实行责任内阁制；其他如瑞士、联邦德国、日本等，都建立了各自的政体和政权组织形式。所有这些，都不是出于偶然的任意选择。因此，要改革旧的宪政体制，建立新的宪政体制，不是轻而易举的事情。

资本主义国家中通过暴力、政变方式改变宪政体制的事例屡见不鲜。如法兰西第三共和国成立之前，就由于复辟反复辟斗争不断进行而出现多次君主制与共和制的更替；德国资产阶级革命后，也曾出现过德意志帝国。但是政党斗争所引起的宪政体制的改变却并不多见。截至目前为止，还只有法国出现过这样的事例。

1946年通过的法兰西第四共和国宪法，因袭了自1875年第三共和国即已建立的责任内阁制宪政体制。由于法国是个多党制国家，没有一个政党强大得足以在国民议会的选举中获得多数议席，不得不由政党联盟组织内阁；而参加组阁的政党却又往往明争暗斗，以至议会对内阁的不信任案经常发生，倒阁现象时常出现。在第四共和国存在的不到十二年的时间里，法国的内阁更换了 21 次。1954 年开始的法属阿尔及利亚的独立运动，震撼了法国统治者。这个被称为“叛乱”的事件，直到 1957 年仍未平息，而且因为这个“叛乱”事件成为政党斗争的中心问题，从 1957 年 9 月到 1958 年 4 月，法国内阁就更换了三次。围绕着阿尔及利亚问题而产生的政党斗争，已经显示出责任内阁制不能适应法国的现实需要。于是 1958 年的第五共和国宪法应运而生，原来的责任内阁制发生改变。

法兰西第五共和国宪法虽然以立法、行政和司法应该明确地分立和平衡作为一项原则，保持了责任内阁制的某些特点。但是，这个宪法更加重视属于政治意外事件之上的国家仲裁，更加重视建立具有领导权威的总统权力，以防止政党斗争所产生的倒阁风浪。对于 1958 年法国宪法所建立的宪政体制，西方学者曾作过如下评述：麦克里底斯说：“议会制政府的崩溃，在阿尔及利亚军事上的束手无策，武装部队的叛乱态度，国内经济上的困难——所有这些最终导致法国恢复波拿巴主义传统，由一个人的领导来解决一切问题。”①芬纳认为：“在议会中居于多数的政党背景和总统的政党背景一致时，法国的总统制是一种超级的总统制。”②

法国宪政体制的改变有多种原因，但多党制的存在、政党之间的斗争使原来的责任内阁不能适应现实的需要，无疑是重要原因之一。

目前，西方国家如葡萄牙、比利时、意大利等国也都存在多党制，也因政党斗争而出现频繁的倒阁现象。其中意大利更加突出，这个国家自 1946 年到 1987 年 41 年的时间里，内阁的更替竟达 48 次，寿命最短的内阁只有九天。似乎可以说，在多党制国家里实行责任内阁制，容易招致政局不稳定，宜加改革。

① 麦克里底斯等：《现代政治制度（欧洲）》，1968 年英文版，第 174 页。

② 芬纳：《比较政府》，1978 年英文版，第 301 页。

后　记

本书是我最近两年在武汉大学讲授比较宪法学的讲稿的基础上编写而成的。新中国成立以后，由于法学教条主义和法律虚无主义的干扰，比较宪法学在很长一段时间内成为法学领域的禁区。党的十一届三中全会迎来了法学的春天，这一学科的研究工作才开始起步。但研究队伍仍嫌太少，而亟待探索的问题却又太多。本书的问世，如能作为引玉之砖、引起同行们的研究兴趣，在扩展研究队伍方面起点作用，我就心满意足了。

本书在编写出版过程中，承蒙老学友王应瑄教授慨允担任出版社兼职编辑，并在技术处理、文字修改、论点更正等方面提供了不少帮助，谨致谢意。

作者的水平有限，缺点错误在所难免，敬希读者批评指正。

作　者

1988 年夏于武昌珞珈山